“绿十字”安全基础建设新知丛书

安全生产法律法规知识

“‘绿十字’安全基础建设新知丛书”编委会　编

中国劳动社会保障出版社

图书在版编目(CIP)数据

安全生产法律法规知识/《"绿十字"安全基础建设新知丛书》编委会编. —北京：中国劳动社会保障出版社，2014
（"绿十字"安全基础建设新知丛书）
ISBN 978-7-5167-0814-9

Ⅰ.①安… Ⅱ.①绿… Ⅲ.①安全生产法-基本知识-中国 Ⅳ.①D922.54

中国版本图书馆 CIP 数据核字(2014)第 029514 号

中国劳动社会保障出版社出版发行
（北京市惠新东街 1 号　邮政编码：100029）
*
新华书店经销
北京地质印刷厂印刷　三河市华东印刷装订厂装订
787 毫米×1092 毫米　16 开本　18.25 印张　356 千字
2014 年 2 月第 1 版　2014 年 2 月第 1 次印刷
定价：45.00 元

读者服务部电话：（010）64929211/64921644/84643933
发行部电话：（010）64961894
出版社网址：http://www.class.com.cn

编 委 会

内容提要

近年来，我国的安全工作逐步走向法制化的轨道，各种安全生产与职业卫生规定以正式法律条文的形式确定下来，加强了安全生产工作的监察力度，安全生产法律法规体系逐步完善。目前，我国已基本建成了有关安全生产和职业卫生的法律法规体系，随着时间的推移，这些法律将会逐步完善，其可操作性也越来越强。

了解有关安全生产法律法规知识，遵法守法，依法办事，是对企业以及企业职工的基本要求。本书对安全生产法律法规体系进行了介绍，对《中华人民共和国安全生产法》、《中华人民共和国职业病防治法》、《中华人民共和国消防法》、《中华人民共和国特种设备安全法》、《中华人民共和国道路交通安全法》等重要法律法规知识以及相关部门规章知识进行了介绍，还对国务院《关于进一步加强企业安全生产工作的通知》和《关于坚持科学发展安全发展　促进安全生产形势持续稳定好转的意见》这两个重要文件进行了介绍。通过对本书法律法规知识的学习，可以更好地建立稳定持久的长效工作机制，提高企业本质安全水平，实现安全生产的长治久安，使安全生产有可靠的法律保障。

前　言

党中央、国务院高度重视安全生产工作，确立了安全发展理念和“安全第一、预防为主、综合治理”的方针，采取一系列重大举措加强安全生产工作，目前，以《安全生产法》为基础的安全生产法律法规体系不断完善，以“关爱生命、关注安全”为主旨的安全文化建设不断深入，安全生产形势也在不断好转，事故起数、重特大事故起数连续几年持续下降。

“十二五”时期，是全面建设小康社会的重要战略机遇期，是深化改革、扩大开放、加快转变经济发展方式的攻坚阶段，也是实现安全生产状况根本好转的关键时期。安全生产工作既要解决长期积累的深层次、结构性和区域性问题，又要积极应对新情况、新挑战，任务十分艰巨。随着经济发展和社会进步，全社会对安全生产的期望不断提高，广大从业人员安全健康观念不断增强，对加强安全监管、改善作业环境、保障职工安全健康权益等方面的要求越来越高。

2003—2013年的十年间，国务院先后发布了许多重要的安全生产法律法规，国家安全监管总局也制定了一系列安全生产监管规章，开始逐渐形成比较完善的安全生产法律法规体系。企业也迫切需要按照国家安全监管总局制定的安全生产“十二五”规划和工作部署，按照新的法律法规、部门规章的精神和实际需要的新知识丛书。

由于这些变化，我们在2003年出版的“‘绿十字’安全生产教育培训丛书”的基础上，根据新的法律法规、部门规章组织编写了“‘绿十字’安全基础建设新知丛书”，以满足企业在安全管理、安全教育、技术培训方面的要求。

本套丛书内容全面、重点突出，主要分为四个部分，即安全管理知识、安全培训知识、通用技术知识、行业安全知识。在这套丛书中，介绍了新的相关法律法规知识、企业安全管理知识、班组安全管理知识、行业安全知识和通用技术知识。读者对象主要为安全生产监管人员、企业管理人员、企业班组长和员工。

本套丛书的编写人员除安全生产方面的专家外，还有许多来自企业，其中大部分人对企业的各项工作十分熟悉，有着切身的感受，从选材、叙述、语言文字等方面更加注重班组的实际需要。

在企业安全生产工作中，人是起决定作用的关键因素，企业安全生产工作都需要具体人员来贯彻落实，企业的生产、技术、经营等活动也需要人员来实现。因此，加强人员的安全培训，实际上就是在保障企业的安全。安全生产是人们共同的追求与期盼，是国家经济发展的需要，也是企业发展的需要。

“‘绿十字’安全基础建设新知丛书”编委会

2014年1月

目 录

第一章 安全生产法律法规体系

安全生产法律法规是保障社会生产过程中人民生命安全健康以及保护国家、集体、人民财产安全的法律规范的总称，是我国法制建设与法律法规体系中的一个组成部分。安全关系到每一位职工的切身利益和生命，就企业来讲，能否做到安全生产，关系到整个企业的经济效益与形象，还关系到企业的生存发展。企业只有按照法律法规的要求，积极做好安全生产各项工作，在思想上高度重视安全，真正做到“安全第一、预防为主”，并采取行之有效的措施，才能真正避免安全事故的发生，防患于未然。

第一节 安全生产管理体制与法制

我国是一个法治国家，宪法明确提出“依法治国，建设社会主义法治国家”。建立和完善中国特色社会主义法律体系是依法治国的基础和保障，安全生产法规建设是依法治安，依法兴安，实现“安全发展”的重要手段。近年来，国家先后制定出台了一系列安全生产法律法规、部门规章、地方性法规和地方政府规章，初步建立起了具有中国特色的以《中华人民共和国安全生产法》（以下简称《安全生产法》）为母法的安全生产法律体系。

一、安全生产法律法规的制定依据

制定安全生产法规主要依据是《中华人民共和国宪法》（以下简称《宪法》）。《宪法》是普通法的立法基础和依据，也是安全法规的立法基础和依据。《宪法》第四十二条规定：“国家通过各种途径，创造劳动就业条件，加强劳动保护，改善劳动条件……”第四十三条规定：“中华人民共和国劳动者有休息的权利。国家发展劳动者休息和休养的设施，规定职工的工作时间和休假制度。”第四十八条规定：“妇女享有同男子平等的权利，国家保护妇女的权利和利益。”

此外，《宪法》中关于母亲和儿童受国家的保护、公民有受教育的权利、公民必须遵守劳动纪律、遵守公共秩序、尊重社会公德以及国家逐步改善人民物质生活等规定，都是安全生产法规中必须遵循的原则。

安全法规就是根据上述原则制定的预防事故、预防职业危害、劳逸结合、女工和未成年工保护等方面具体的法规和制度，以法律形式保障职工的安全健康，促进生产。

安全法规主要是调整生产过程中和商品流通过程中人与人之间、人与自然之间的关系，维护劳动法律关系中的权利与义务、生产与安全的辩证关系，以保障职工在生产过程中的安全和健康。

在现代化大生产条件下，要使成千上万的人按照统一的意志共同协调工作而又不发生事故，必须制定安全法规限制人们的行为，规定人们应该做什么，不应该做什么，可以做什么、禁止做什么以及如何做等。安全法规中还要规定违反法规应该承担的责任，规定对失职人员可进行行政处分和经济处罚，直至追究刑事责任等。

安全法规除了具有法律约束效能外，还具有指导和推动安全工作的功效。

二、我国现阶段的安全生产管理体制

依据《安全生产法》的有关规定，我国目前实行的安全生产管理体制是："生产经营单位负责、国家依法监督管理、群众监督检查、劳动者遵章守纪"。它体现了"安全第一，预防为主"的安全生产管理方针，强调了"管生产必须管安全"的原则，明确了生产经营单位和企业在安全生产管理中的职责。

1. 生产经营单位负责

"生产经营单位负责"就是生产经营单位在其经营活动中必须对企业的安全工作负全面责任。在安全管理体制中，将"生产经营单位负责"放在首位，这说明党和国家把安全生产法律、法规和政策的落脚点放在生产经营单位，而生产经营单位又是职工的工作场所，是国民经济的重要基础，也是伤亡事故和职业病发生的主要场所。保护职工在劳动过程中的安全与健康，保障其基本权益不受损害，为职工创造良好的劳动条件等，只有"生产经营单位负责"才能实现。因此，安全管理作为生产经营单位经营管理的重要组成部分，发挥着极大的保障作用。此外，"生产经营单位负责"的另一层含义是，生产经营单位作为独立的法人团体，生产经营单位法定代表人是安全生产第一责任人，对生产经营单位发生的事故应当承担法律责任、行政责任和经济责任。所以，生产经营单位的经营管理者必须为职工的生产活动提供全面的安全卫生保障。

2. 国家依法监督管理

即国家授权设立的监察机构，以国家名义并运用国家权力，对生产经营单位和企业、事业以及有关机关履行劳动安全健康职责和执行安全生产法规、政策的情况，依法进行纠正和处罚，如下达监察意见通知书、行政处罚意见书，作出限期整改和停产整顿的决定，必要时，可提请当地人民政府或行业主管部门关闭企业。国家依法监督管理是一种带有国家强制性的监督，具有相对的独立性、公正性和权威性。

3. 群众监督检查

“群众监督检查”是安全管理不可缺少的重要环节。它包括各级工会、社会团体、民主党派、新闻单位等对安全生产工作的监督。其中工会监督是最基本的监督形式，是指工会组织代表职工群众依法对安全生产法律、法规的贯彻实施情况进行监督，维护职工劳动安全卫生方面的合法权益。针对政府和生产经营单位行政方面存在的忽视劳动安全的问题，提出批评和建议，甚至抗议以至支持职工拒绝操作，组织职工撤离危害作业现场。对严重损害职工利益的违法行为，向司法机关提出控告。

4. 劳动者遵章守纪

在事故致因中，人的不安全行为占有十分重要的位置。除了不断地改善生产条件，消除、控制生产过程中各种不安全因素外，预防事故最有效的措施是劳动者自觉地遵章守纪。遵章守纪就是遵守安全生产方面的法规、制度、规范标准和纪律。为使劳动者能够自觉地遵章守纪，必须加强安全生产思想教育，牢固树立安全第一的思想。在安全管理工作中，采取有效的教育措施，并建立相应的激励机制，激发广大职工安全生产的积极性和自觉性，变“要我安全”为“我要安全”；要采取强制措施，建立相应的约束机制，规范、约束人们的行为。

三、我国目前的安全生产法律体系

1. 安全生产法律法规以及立法的意义

安全生产法律法规是保障社会生产过程中人民生命安全健康，以及保护国家、集体、人民财产安全的法律规范的总称；是我国法制建设与法律法规体系中的一个组成部分。它以《宪法》为依据，涉及刑法、民商法、经济法、行政法、社会法、诉讼及非讼程序法等诸多实体法的有关内容以及配套的有关条例、部门规章、技术规程及标准等法规。

安全生产事关人民群众生命财产安全，事关改革发展和社会稳定大局。随着社会经济活动日趋活跃和复杂，特别是经济成分、组织形式日益多样化，我国的安全生产问题越来越突出。安全状况与安全生产法制建设密切相关。加强安全生产立法，对强化安全生产监督管理，规范生产经营单位和从业人员的安全生产行为，遏制重、特大事故，维护人民群众的生命安全，保障生产经营活动顺利进行，促进经济发展和保持社会稳定，具有重大而深远的意义。

2. 安全生产法律法规体系

根据我国立法体系的特点以及安全生产法规调整的范围不同，安全生产法律法规体系由若干层次构成（如图 1—1 所示）。按层次由高到低为：国家根本法，国家基本法、劳动综合法、安全生产与健康综合法、专门安全法、行政法规、安全标准。

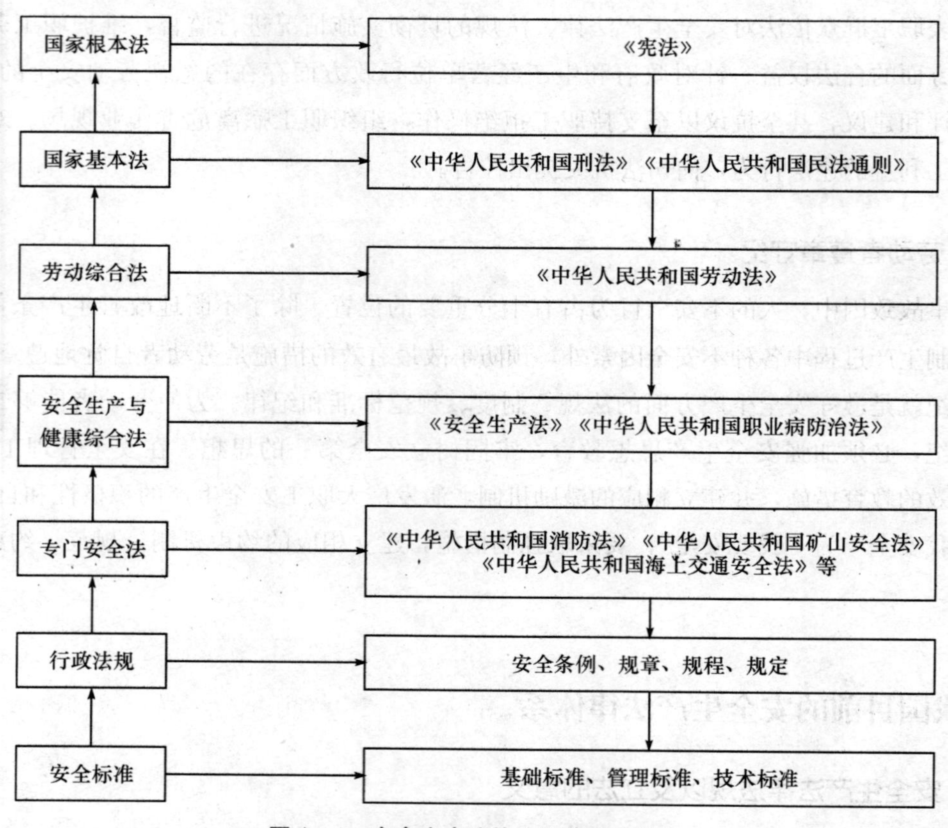

图 1—1 安全生产法律法规体系及结构

安全生产法律法规按照层次由高到低依次是：

（1）国家根本法。我国的根本法是《宪法》，它是其他所有法律的基础和根本，其他任何法律必须在《宪法》确立的基本原则框架内制定并发挥效力，任何其他法律不得与国家《宪法》发生冲突。

（2）国家基本法。我国的基本法律是《中华人民共和国刑法》（以下简称《刑法》）与《中华人民共和国民法通则》（以下简称《民法通则》）。国家法律调整的两个基本对象一个是刑事责任，另一个则是民事责任。刑法为了惩罚犯罪、保护人民而设立；而民法则是为了保障公民、法人合法的民事权益、正确调整民事关系而设立。

（3）劳动综合法。《中华人民共和国劳动法》（以下简称《劳动法》）是一部有关劳动关系的综合法律，明确规定了劳动者和用人单位的权利与义务，其中包括劳动者和用人单位在安全生产和职业卫生方面的权利与义务。它是各类安全生产法的基础。

（4）安全生产与职业健康基本法。在生产过程中，对人的危害一方面来自事故伤害，另一方面来自各种职业病造成的伤害。而《安全生产法》和《中华人民共和国职业病防治法》（以下简称《职业病防治法》）正是针对这两个方面而制定法律，因此它们是安全生产与健康的基本法。

（5）专门安全法。是指国家针对某些特殊的领域与行业制定的专门安全法，如《中华人民共和国矿山安全法》（以下简称《矿山安全法》）《中华人民共和国消防法》（以下简称《消防法》）《中华人民共和国道路交通安全法》（以下简称《道路交通安全法》）等。

（6）行政法规。党中央、国务院对安全工作非常重视，近年来推出了很多有关安全的行政法规，如《工伤保险条例》《建设工程安全生产管理条例》等。

（7）安全规章。国家相关部委在其所管辖的领域内，各自对安全生产与职业卫生制定了规章。如国家安全生产监督管理总局制定了《安全生产违法行为行政处罚办法》《特种作业人员安全技术培训考核管理规定》等，公安部制定了《消防监督检查规定》《火灾事故调查规定》等。这些规章对各自领域的安全法律法规做出了更加具体和明确的规定，是对安全生产的经验的总结，也是对安全生产法的进一步补充。

（8）标准。安全生产标准是安全生产法规体系中的一个重要组成部分，也是安全生产管理的基础和监督执法工作的重要技术依据。安全生产标准大致分为设计规范类，安全生产设备、工具类，生产工艺安全卫生类，防护用品类四类标准。

（9）国际公约。经我国批准的有关安全与卫生国际公约，也是我国安全生产法规的重要组成部分。国际公约经其会员国权力机关批准后，批准国应采取措施使公约发生效力，对批准的公约负有国际法的义务。因此，国际公约一旦经政府批准，就具有与本国法律同等的效力。

3. 安全生产法规从内容划分的三种类型

安全生产法规从内容上划分主要有以下三类：

（1）安全生产管理法规。安全生产管理法规也称安全管理法规，是指国家为搞好安全生产，加强劳动保护，保障职工安全健康所制定的管理规范。这里主要是指规定领导和管理原则、管理制度的管理规范。从广义上讲，国家立法、监察、监督检查和教育也属管理范畴。

安全生产管理方面法规规范的主要内容有：确定安全生产方针、政策、原则；明确安全生产体制和安全生产责任制；制订和实施安全生产措施计划及确定安全经费的来源；“三同时”“五同时”规定；安全检查制度；安全教育制度；事故管理制度；女职工和未成年工的特殊保护、禁止使用童工的规定；工时、休假制度；个人防护用品用具、保健食品管理等非技术性管理规定。

（2）安全技术法规。国家为了消除或控制生产过程中的危险因素，防止发生人身伤亡事故所制定的技术性与组织性法规，统称为安全技术法规。它以“规定”“规则”“标准”的形式出现，大多是单项规定。

安全技术法规规定的主要内容大体可分为如下几个方面：工矿企业设计、建设的安全技术，机器设备的安全装置，特种设备的安全措施，防火、防爆安全规则，锅炉压力容器安全技术，工作环境的安全条件，劳动者的个体防护等。某些行业还有一些特殊的安全技术问题，如矿山，特别是煤矿，突出的问题是预防井下开采中水、火、瓦斯、煤尘和冒顶片帮五大灾害的安全技术措施；化工企业主要是解决防火、防爆、防毒、防腐蚀的安全技术问题；建筑安装工程则主要是解决高空作业中的高空坠落、物体打击以及土石方工程和拆除工程等方面的问题等。对这些，国家有关部门都制定了专门的安全技术法规。

安全技术范围极广，法规也比较多，不但专业性强，而且规定得很具体。在制定安全生产法规时，一般只重点强调某个方面或采用“准用性规范”的形式。但所有单项的安全技术规则在评估企业安全管理水平，进行“三同时”审查验收或分析处理事故时，都可以作为法律规范性文件的附件和依据，同样具有法律效力。所以企业应根据其产业性质与所使用的设备，组织有关人员学习、掌握、运用相关的安全技术规定、规则或标准。

（3）职业卫生法规。职业卫生法规是指国家为了改善劳动条件，保护职工在劳动过程中的健康，预防和消除职业中毒而制定的各种法律规范。这里既包括劳动卫生工程技术措施，也包括预防医学保健措施方面的规定。

其主要内容包括工矿企业设计、建设的劳动卫生规定，防止粉尘危害、防止有毒物质的危害、防止物理性危害因素的危害、劳动卫生及个体防护和劳动卫生辅助设施等。劳动卫生法规和安全技术法规一样具有法律效力。

第二节　安全生产的意义与方针原则

安全生产是一个系统工程，需要建立在各种支持基础之上，而安全生产的法规体系尤为重要。建国以来，我国按照“安全第一，预防为主”的安全生产方针，先后制定了一系列的安全生产、劳动保护的法规，还制定和颁布了数百项安全卫生方面的国家标准，从而不断推动企业的安全生产，促使生产更加安全。

一、安全生产的政治与经济意义

安全生产既是贯穿生产活动始终的经济问题，也是保障人民生命财产安全、促进稳定的社会问题，是一切生产活动正常运行的前提条件。为了保障生产劳动过程中的人身安全、产品和设备安全以及交通运输安全，必须搞好安全生产，加强安全生产管理。

1. 安全生产的政治意义

安全生产是指在劳动生产过程中，努力改善劳动条件，克服不安全因素，防止伤亡事故的发生，使劳动生产在保证劳动者安全健康和国家财产及人民生命财产安全的前提下顺利进行。

当前，我国经济体制改革的方向是向社会主义市场经济过渡。我国市场经济的鲜明特点是它的社会主义特性。这个特性要求，确立工人阶级的主人翁地位，维护职工的合法权益，发挥工人阶级的积极性和创造性。无论在过渡过程中，还是在过渡完成后，都不能以牺牲劳动者和广大人民群众的生命安全和身体健康为代价，以资本的野蛮积累手段来实现市场经济。只有切实做到有效地维护劳动者劳动保护的权利，才称得上社会主义市场经济。

从维护人权的角度出发，搞好安全生产和劳动保护是我国人权事业的重要任务之一。人的一生主要是在劳动中度过的，搞好安全生产，保障劳动者的生命财产安全，就是维护劳动过程中劳动者最大的人权。随着我国人民生活水平的不断提高，人们争取劳动安全、健康的愿望必然会更加强烈。这就要求我们必须更加重视安全生产与劳动保护工作。

2. 安全生产的经济意义

搞好安全生产是企业生产和国民经济健康发展的前提。没有安全健康的生产条件，企业生产正常进行是不可能的，国民经济健康稳定发展也是不可想象的。随着我国经济快速发展，经济规模不断扩大，历史遗留的安全隐患问题没有得到完全解决，新的问题又不断出现，惨痛的事故教训和严重的经济损失表明，严峻的安全生产形势已经严重地影响了我国经济的健康稳定发展。大量事实和事故损失数据说明，国民经济要坚持可持续发展战略，必须高度重视安全生产。

搞好安全生产，有利于调节企业内部的劳动关系，促进企业外部的社会稳定。避免和减少因劳动条件恶劣而引发的劳动纠纷以及因伤亡事故和职业病引发的劳动关系激化进而发展为影响社会稳定的突发事件。特别是计划生育政策的贯彻实施，独生子女劳动大军进入劳动力市场，使人们对伤亡事故和职业病越来越敏感，心理承受能力越来越差，搞不好安全生产，就很有可能影响社会稳定。

二、安全生产方针和原则

1. 安全生产方针

《安全生产法》明确规定："安全生产管理，坚持安全第一、预防为主的方针。"

（1）安全第一。安全生产的目的是保护劳动者在劳动过程中的安全和健康，保障生产活动的正常进行。没有安全，就没有生产，就会造成人员伤亡和财产损失。进一步讲，没有安全，就没有国民经济的健康稳定发展；没有安全，就不能促进社会稳定，人民生活幸福。因此，必须在一切生产和社会活动中把安全工作放在第一位，把安全生产工作作为一切经济工作的头等大事，给予充分的重视，坚决做到不安全不生产，先安全后生产。这就是"安全第一"。坚持"安全第一"，要求每位职工都应自觉遵章守纪，坚决与"三违"现象作斗争，在具体生产活动中，坚持把安全生产工作摆在首位，真正做到不安全不生产，先安全后生产。

（2）预防为主。"预防为主"就是要把安全生产的重点放在预防事故上。就安全生产来说，任何人从事任何工作，都必须预先考虑可能会发生哪些事故，事前有无征兆，如何发现，应采取哪些防范措施；一旦出现险情，应如何处理；如果发生事故，应如何抢救、自救、避险、逃生等。只有通过预防，才能真正有效地减少事故，降低事故损失，达到安全生产的目的。预防是实现安全生产的基本途径和根本保障。

"安全第一"和"预防为主"讲的是一个问题的两个方面，前者是解决认识问题，后者是解决方法问题。只有先解决认识问题，把安全的位置摆正了，才能脚踏实地地做好事故预防；反过来，只有脚踏实地地预防事故，才能实现安全生产目标。

2. 安全生产原则

为了确保"安全第一、预防为主"方针的落实，还必须遵守一把手全面负责，管生产必须管安全，安全具有否决权，"四不放过"等原则。

（1）一把手全面负责的原则。《安全生产法》第五条规定："生产经营单位的主要负责人对本单位的安全生产工作全面负责"。坚持一把手全面负责的原则，有利于在全体员工中树立"安全第一"的思想，有利于协调各有关部门共同解决安全生产重大问题。一把手全面负责的原则，不仅适用于生产经营单位，也适用于地方政府。

（2）管生产必须管安全的原则。有生产就有安全问题，安全是生产的前提，生产是安全的载体，两者密不可分。坚持这一原则就是要把二者看作统一的整体进行统筹安排，管生产的领导者也必须是管安全的领导者，负有兼顾安全与生产两者的责任。在这方面，我国历来坚持"五同时"和"三同时"的规定。"五同时"即在计划、布置、检查、评比、总结生产工作的时候，必须同时计划、布置、检查、评比、总结安全工作；“三同时”即在新建、改建、扩建工程中，安全生产设施必须与主体工程同时设计、同时施工、同时投入生产和使用。这两项规定充分体现了“管生产必须管安全”的原则，也是一切企事业单位生产经营管理的基本原则。

（3）安全具有否决权的原则。安全工作状况如何，是衡量企业经营管理工作好坏的一项基本标准。该原则要求：在对企业各项指标考核及评选先进时，首先要考核安全指标的完成情况。安全指标没完成，其他指标完成得再好，也不能评为先进，安全具有一票否决的作用。

（4）四不放过的原则。“四不放过”是指对发生事故的原因分析不清不放过；广大职工群众没受到教育不放过；安全防范措施不落实不放过；事故责任者没得到处理不放过。坚持“四不放过”原则，就是抓住事故不放，深刻吸取事故教训，采取有效的组织和技术措施，防止类似事故重复发生。

三、企业安全生产的自我约束机制

安全生产的主体是企业，建立企业安全生产的自我约束机制，是搞好安全生产的关键。企业安全生产自我约束机制是指企业在生产过程中，自觉服从国家的安全生产方针、政策和法规，在企业内部建立良好的安全生产运行机制，使安全与生产处于和谐统一的整体之中。

实现企业安全生产自我约束机制，首先必须在企业内部建立完善的安全组织管理体系，然后做好以下几个方面的工作：一是落实各级人员、各个岗位的安全生产责任制；二是建立健全安全规章制度、安全操作规程并严格执行；三是实行安全目标管理，加强信息反馈和控制；四是坚持安全教育和培训，逐步提高全体职工安全技术水平和安全素质；五是开展各种安全检查、评价工作，将安全考核纳入职工绩效考核之中；六是保证安全卫生技术措施的经费和项目的实施效果；七是重视事故的调查、分析，对险肇事故的信息也能有效地收集；八是不断总结经验，研究安全生产的新情况、新问题，应用新技术、新方法，以适应企业管理环境的不断变化。

完全依靠企业自发地做好上述工作是不可能的，必须通过企业的外部环境对企业加以约束，使企业从被动地适应外部约束逐渐转化为主动地自我约束。外部约束的形成主要是依靠法制的力量。要通过制定完善的安全生产法规和标准，加强国家安全监察的执法力度，同时通过各种渠道和采取各种手段进行宣传教育，使企业领导和全体职工牢固树立安全生产的法制观念，并自觉用安全法规约束自己的行为。要使企业领导和管理人员充分认识到，管理不善，责任心不强、违反规章制度、强令工人违章冒险作业等造成事故，使职工的生命和财产遭受重大损失，是犯罪行为，不但要受到行政和经济处罚，而且要受到法律制裁。只有从领导到每一个职工都从思想上真正认识到这一点，企业的安全生产自我约束机制才有可能实现。

第三节　安全生产法规体系建设及发展

安全生产法制建设是加强安全监管监察、规范企业生产经营行为、促进安全生产形势稳定好转的重要保障。党中央、国务院高度重视安全生产法制建设，制定出台了一系列法律法规。目前我国已基本建立了中国特色的安全生产法律体系，但是与当前经济社会发展、安全生产形势等要求相比，还存在一定的差距，人们的安全法律意识比较淡薄，在安全生产领域还存在有法不依、执法不严的问题。因此，加快安全生产法规体系建设的任务依然非常艰巨。

一、安全生产法规体系建设状况

1. 安全生产法规体系的现状

新中国成立 60 多年来，我国颁布并在用的有关安全生产的主要法律法规约 3 000 多项，内容包括安全卫生类、三同时类、伤亡事故类、女工和未成年工保护类、职业培训考核类、特种设备类、防护用品类及检测检验类。

改革开放以来，我国安全生产法制建设有了很大进展，先后制定并颁布了《海上交通安全法》《中华人民共和国矿山安全法》《劳动法》《中华人民共和国煤炭法》（以下简称《煤炭法》）《中华人民共和国建筑法》（以下简称《建筑法》）《消防法》《安全生产法》《职业病防治法》《道路交通安全法》《中华人民共和国特种设备安全法》（以下简称《特种设备安全法》）等法律法规。有关部门也根据安全生产的法律法规先后制定了有关安全生产规程、安全技术标准、技术规范。各省、自治区、直辖市也根据有关法律的授权和本地区实际工作需要，相继制定了一些地方性的安全生产法规、规章。

这些法律、法规、规章构成了我国安全生产法律法规体系的重要内容，对提高安全生产管理水平，减少伤亡事故，促进安全生产起到了重要作用。特别是《安全生产法》的公布实施，是我国安全生产领域影响深远的一件大事，填补了我国安全生产立法的空白，是安全生产法规体系建设的里程碑，它标志着我国安全生产工作进入了一个新阶段。

我国政府历来十分重视安全生产工作，在“安全第一，预防为主”的总体方针下，使安全法规体系建立得到发展。目前我国的安全法规遵循“三级立法”的原则，即在国家法规、政策的统一指导下，充分发挥地方立法的积极性，形成全国人大、国务院及其部门、地方立法部门的三级立法体系。

我国安全生产法规体系初步完善，至少覆盖如下八个方面的法律法规：综合性安全生产法律、法规和规章，矿山安全法规子体系，危险物品安全法规子体系，建筑业安全法规子体系，交通运输安全法规子体系，公众聚集场所及消防安全法规子体系，其他安全生产法规子体系和我国已批准的国际劳工安全卫生公约，从而初步建立起了比较健全的安全生产法规体系。

安全生产法规体系建设是一项艰巨、漫长的工作，每一个法律法规和标准的制定，都需要大量的调查、实验、试验等研究工作，只有在大量研究的基础上，才能制定出适合国情的安全生产法律法规和标准。由于对安全生产法律法规和标准研究不够，尤其在市场经济初步发展的过程中暴露出来的新问题、新情况，立法工作没有跟上，有些方面法规还是空白，某些安全生产法律法规还停留在计划经济模式下，不能适应时代发展的要求。

2. 国家安全生产立法逐步健全

改革开放以来，特别是近十多年，全国人大、国务院先后制定出台了《安全生产法》《矿山安全法》《劳动法》《〈刑法〉修正案（六）》《道路交通安全法》《特种设备安全法》《中华人民共和国危险化学品安全管理条例》《中华人民共和国安全生产许可证条例》《中华人民共和国生产安全事故报告和调查处理条例》等40多部安全生产法律、行政法规。

在部门规章方面，国家安全生产监督管理总局和国务院有关部门相继制定了80多部部门规章，其中原国家安全生产监督管理局及国家安全生产监督管理总局制定出台了《安全生产违法行为行政处罚办法》等50多部部门规章，交通运输、住房和城乡建设、公安等国务院有关部门制定出台了30多部部门规章。

为了正确适用安全生产法律，惩治安全生产违法行为，最高人民法院、最高人民检察院制定出台了《关于办理危害矿山生产安全刑事案件具体应用法律若干问题的解释》《关于审理非法采矿、破坏性采矿刑事案件具体应用法律若干问题的解释》等司法解释。

在国家加快立法的同时，地方性立法也不断加快。据统计，《安全生产法》出台后，全国31个省（区、市）全部制定出台了相应的地方性法规或者地方政府规章，其中北京、河南等30个省（区、市）制定了《安全生产条例》，青海省制定了安全生产政府规章。此外，福建等26个省（区、市）制定出台了《〈矿山安全法〉实施办法》，新疆回族自治区制定出台了《安全生产事故隐患排查治理条例》。

3. 安全生产立法中存在的主要问题

在安全生产立法中，还存在着以下几方面比较突出的问题。

（1）法规修订不及时，内容过时。由于受立法资源、立法机制等制约，现有法律法规中，有的已制定了十年以上至今未修订，已不能适应当前安全生产工作的需要，尤其是法律责任追究过轻，与当前经济社会发展水平不适应，不利于依法治安、重典治乱。

（2）部分法规缺失，跟不上安全生产工作的需要。面对经济发展方式转变，兼并重组整合工作推进，产业结构调整不断深化、农民工大量涌现等安全生产工作的新情况、新问题、新矛盾，以及生产安全事故应急处置能力不足等问题，加强和规范安全生产中介服务、市场安全准入、应急管理、职业危害防治等法规缺乏，不能满足安全生产监管工作的需要。

（3）法规质量有待提高，科学民主立法不够。部分法规立法调查研究不够，征求意见点少面窄，社会透明度低，公众参与少，导致部分立法质量不高，缺乏可操作性和实效性，基层安全监管监察部门难以执行。

（4）法规之间衔接不够，缺乏整体性。我国现有的安全生产立法，是体制转型时期的安全生产立法。安全监管体制几经变化，立、改、废等立法活动频繁，法律法规稳定性差，法律、法规及规章之间衔接不够、部分内容重复交叉，缺乏法律体系的整体设计和完整性。

二、安全生产立法的“十二五”规划

为加快完善安全生产法律法规体系，推进安全生产形势的根本好转，2011 年 12 月 15 日，国家安全生产监管总局制定印发了《安全生产立法“十二五”规划》。

1. 安全生产立法的基本原则

安全生产立法的基本原则，主要有法制统一原则，制定、修订并重原则，统筹兼顾、重点突出原则等。

（1）法制统一原则。在中国特色社会主义法律体系大框架下制定安全生产立法规划。根据《中华人民共和国立法法》的要求，依据法定权限，遵守法定程序制定和修订安全生产法律法规和部门规章。立法既要做好安全生产法律法规与相关领域法律法规的衔接，又要做好安全生产法律体系内部各子体系之间的衔接。

（2）制定、修订并重原则。统筹考虑相关安全生产立法的制定和修订工作。立法不仅要考虑现实需要，还要放眼长远，保证法律法规在较长时期的适用性。既要考虑填补立法的空白，解决无法可依的问题，也要及时修订内容过时的法律法规和规章，解决法律法规的适用性问题。制定、修订齐头并进，为安全生产工作提供制度保障。

（3）统筹兼顾、重点突出原则。分清轻重缓急，合理安排各个项目的先后顺序。重点加强煤矿、非煤矿山、危险化学品、烟花爆竹、冶金等重点领域的立法；加强中介机构、应急管理、职业健康等法律空白领域的法规规章制定工作，填补立法空白。同时，统筹兼顾其他领域的立法，总体推进，健全安全生产法律体系。

2. 安全生产立法的“十二五”规划要求

在完善法律法规和政策标准体系过程中，要提高依法依规安全生产能力。

（1）健全安全生产法律制度。加快推动《安全生产法》等相关法律法规的制定和修订。建立法规、规章运行评估机制和定期清理制度。制定安全设施“三同时”、淘汰落后工艺设备、从业人员资格准入、重大危险源安全管理、危险化学品安全管理、职业危害防控、应急管理等方面以及与法律、法规相配套的规章制度。推动地方加强安全生产立法，根据本地区安全生产形势和特点，研究制定亟须的地方性法规和规章。

（2）完善安全生产技术标准。制定实施安全生产标准中长期规划。提高和完善行业准入条件中的安全生产要求。完善公众参与、专家论证和政府审定发布相结合的标准制定机制。建立健全标准适时修订、定期清理和跟踪评价制度。鼓励工业相对集中的地区先行制定地方性安全技术标准。鼓励大型企业和高新技术集成度大的行业，根据科技进步和经济发展，率先制定企业新产品、新材料、新工艺安全技术标准。

（3）规范企业生产经营行为。全面推动企业安全生产标准化工作，实现岗位达标、专业达标和企业达标。加强企业班组安全建设。强化对境外中资企业的安全生产工作指导与管理，严格落实境内投资主体和派出企业安全生产监督责任。建立完善企业安全生产累进奖励制度。严格执行企业主要负责人和领导班子成员轮流现场带班制度。

（4）提高安全生产执法效力。建立严格执法与指导服务、现场执法与网络监控、全面检查与重点监管相结合的安全生产专项执法和联合执法机制。推行安全监管监察执法政务公开。完善行政执法评议考核和群众投诉举报制度。健全安全生产“一票否决”和事故查处分级挂牌督办制度。强化事故技术原因调查分析，及时向社会公布事故调查处理结果。落实安全生产属地管理责任，建立完善“覆盖全面、监管到位、监督有力”的政府监管和社会监督体系。

3.“十二五”安全生产立法重点任务

《安全生产立法“十二五”规划》提出“十二五”立法5项重点任务。

（1）加快《安全生产法》的修订。该法自2002年制定颁布实施以来，对建立安全生产法律体系，加强安全生产工作，预防生产安全事故，保障人民群众生命财产安全发挥了巨大作用。但是，随着我国经济社会的不断发展，安全生产工作中的一些深层次矛盾和问题亟须通过修订予以妥善解决。国务院2012年立法计划将《安全生产法》修订列为一类计划。

（2）加快《矿山安全法》的修订。该法自1992年制定颁布实施以来，对有效防止矿山事故，保障矿山职工在劳动过程中的安全与健康，起到了巨大的推动作用。但由于矿山安全监督管理体制发生的变化，国家对矿山闭坑安全、尾矿库安全和非固态矿产资源、海域矿产资源开发的安全生产缺乏法律规定以及与现行的法律法规不衔接等原因，该法已不适应当前矿山安全生产工作的需要。国务院 2012 年立法计划将矿山安全法修订列为二类计划。

（3）加快《安全生产监督管理条例》《煤矿安全监察条例》《安全生产应急管理条例》《建设项目安全设施“三同时”条例》和《职业卫生监督检查条例》的制定和修订。《安全生产监督管理条例》《建设项目安全设施“三同时”条例》《安全生产应急管理条例》《职业卫生监督检查条例》分别是贯彻落实《安全生产法》《突发事件应对法》《职业病防治法》的重要配套行政法规。《煤矿安全监察条例》是规范煤矿安全监察工作的重要法规。

（4）加快矿山、危险化学品、职业卫生和应急管理的立法。矿山领域除修订《矿山安全法》《煤矿安全监察条例》外，还有《非煤矿矿山企业安全生产许可证实施办法》《非煤矿矿山建设项目安全设施设计审查与竣工验收办法》《煤矿瓦斯等级鉴定暂行办法》《煤矿瓦斯抽采达标暂行规定》《煤矿安全培训规定》等 15 个立法项目，占全部立法项目的 26%；属于危险化学品（包括烟花爆竹）的立法项目有《危险化学品生产企业安全生产许可证实施办法》《危险化学品建设项目安全监督管理办法》《危险化学品经营许可证管理办法》等 14 件，占全部立法项目的 22%；职业卫生领域除制定《职业卫生监督检查条例》外，还有《作业场所职业危害申报管理办法》《使用有毒物品作业场所职业卫生安全许可证实施办法》等 11 个立法项目，占全部立项项目的 18%；属于应急管理的立法项目，除制定《安全生产应急管理条例》外，还有《安全生产应急救援队伍管理规定》《安全生产应急演练规定》等 6 件，占全部立法项目的 10%。

（5）加快行政许可和监督管理的立法。规范行政许可的条件、程序和时限，严格安全准入，是保障安全生产的前提基础。加强对生产经营单位的监督管理，推进生产经营单位依法生产经营，是保障安全生产的重要手段。《规划》中涉及行政许可的项目有《煤矿企业安全生产许可证实施办法》《危险化学品生产企业安全生产许可证实施办法》《危险化学品经营许可证管理办法》等 15 个，占全部规章项目的 26%；涉及监督管理的项目有《尾矿库安全监督管理规定》《小型露天采石场安全管理与监督检查规定》《危险化学品重大危险源监督管理暂行规定》等 16 个，占全部规章项目的 28%；两项相加占全部规章项目的 50% 以上。

第二章 《安全生产法》有关知识

《安全生产法》是我国第一部全面规范安全生产的专门法律，是我国安全生产法律体系的主体法，是各类生产经营单位及其从业人员实现安全生产所必须遵循的行为准则，是各级人民政府及其有关部门进行监督管理和行政执法的法律依据，是制裁各种安全生产违法犯罪行为的有力武器。安全生产事关人民群众生命财产安全，也关系到国民经济持续快速健康发展和社会稳定大局。《安全生产法》的施行，是我国安全生产法制进程中新的里程碑，它标志着我国安全生产法制建设进入了一个新的阶段。

第一节 贯彻实施《安全生产法》的目的与意义

《安全生产法》的贯彻实施，有利于依法规范各类生产经营单位的安全生产工作；有利于加强各级人民政府对安全生产的领导；有利于加强各级安全生产监督管理部门和有关部门对安全生产的监督管理和依法行政；有利于保障职工劳动安全的权利和提高从业人员的素质；有利于依法制裁各种安全生产违法行为，防止和减少生产安全事故，促进经济发展。

一、制定《安全生产法》的目的

《安全生产法》于 2002 年 6 月 29 日第九届全国人大常委会第二十八次会议通过，自 2002 年 11 月 1 日起施行。

《安全生产法》分为七章九十七条，各章内容为：第一章总则，第二章生产经营单位的安全生产保障，第三章从业人员的权利和义务，第四章安全生产的监督管理，第五章生产安全事故的应急救援与调查处理，第六章法律责任，第七章附则。

制定《安全生产法》的目的是加强安全生产监督管理，防止和减少生产安全事故，保障人民群众生命和财产安全，促进经济发展。

《安全生产法》规定：在中华人民共和国领域内从事生产经营活动的单位（以下统称生产经营单位）的安全生产，适用本法；有关法律、行政法规对消防安全和道路交通安全、铁路交通安全、水上交通安全、民用航空安全另有规定的，适用其规定。

二、贯彻实施《安全生产法》的重要意义

《安全生产法》的颁布和实施，对全面加强我国安全生产法制建设，增强全民族的安全法律意识，维护劳动者和广大人民群众的合法权益，强化安全生产监督管理，规范生产经营单位的安全生产，遏制重、特大事故的发生，促进经济发展和维护社会稳定，有着重要的现实意义和深远的历史意义。

1. 有利于保护广大职工的生命安全，维护合法权益

重视和保护广大职工的生命和健康权，是贯穿《安全生产法》的主线，也是《安全生产法》的立法宗旨。《安全生产法》通过对“生产经营单位的安全生产保障”“从业人员的权利义务”“安全生产的监督管理”以及“法律责任”等方面的有关规定，系统地、全面地明确了从业人员应当获得哪些安全生产保障的权利及如何维护这种权利的渠道和法律手段。各级政府主管部门和各类生产经营单位负责人以及各级工会组织，必须以对人民群众高度负责的精神和强烈的政治责任感，重视人的价值，履行自己的职责和义务，关注安全，关爱生命。

2. 有利于依法规范生产经营单位的安全生产工作

《安全生产法》对生产经营单位必须具备的安全生产条件，主要负责人的安全生产职责、特种作业人员的资质、安全投入、安全建设工程和安全设施、安全管理机构和人员配置、生产经营现场的安全管理等安全生产保障措施和安全生产违法行为应负的法律责任，作出了严格、明确的规定。这对促进生产经营单位提高人员素质，严格规章制度和明确安全生产责任、改善安全技术装备、加强现场管理、消除事故隐患和减少事故，提高企业管理水平，都具有重要意义。

3. 有利于各级人民政府加强对安全生产工作的领导

《安全生产法》确定了各级人民政府在安全生产中的地位、任务和责任，要求各级人民政府，特别是地方人民政府要真正把安全生产当作重要工作来抓，处理好安全生产与稳定发展的关系，加强领导，采取有力措施，遏制重、特大事故发生，促进地方经济发展。

4. 有利于安全生产监督管理部门依法行政，加强监管

《安全生产法》规定各级安全生产监督管理部门依法对安全生产工作实施综合监督管理，其他有关部门依照《安全生产法》和其他相关法律、行政法规规定的职责范围，对有

关的安全生产工作实施监督管理。这就依法界定了综合监督管理与专项监督管理的关系，有利于综合监管部门与专项监管部门依法各司其职，相互协调，齐抓共管。

5. 有利于提高从业人员的安全素质

《安全生产法》在赋予企业的从业人员获得安全生产保障权利的同时，还明确规定了他们必须履行遵章守规，服从管理，接受培训，提高安全技能，及时发现、处理和报告事故隐患、不安全因素等法定义务及其法律责任。从业人员应切实履行这些义务，逐步提高自身的安全素质，严格遵守安全规程和规章制度，及时有效地避免和消除事故隐患，从而掌握安全生产的主动权。

6. 有利于制裁各种违法犯罪行为

《安全生产法》针对近年来主要的安全生产违法行为，设定了严厉的法律责任，其范围之广，力度之大是空前的。这为各级安全生产监督管理部门坚持有法必依、执法必严、违法必究的法制原则，严惩那些敢于以身试法的违法犯罪分子，提供了强大的法律武器。以法律做保障，可有效促进安全生产的健康发展。

三、《安全生产法》确立了九项基本法律制度

在《安全生产法》中，确立以下九项基本法律制度。

1. 安全生产责任制度

明确规定各级政府、各个部门、各级领导、各类人员在各自的职责范围内对安全生产工作应负的责任，对贯彻落实“安全第一、预防为主”的安全生产方针和其他各项法律制度至关重要。安全生产责任制度是安全生产管理工作最基本的制度，国务院在1963年发布的《国务院关于加强企业生产中安全工作的几项规定》中就明确规定了安全生产责任制度，在其后发布的有关安全生产的法规和文件中也有一些有关安全生产责任制度的规定。在《安全生产法》中确立政府、生产经营单位或者负责管理公共设施及场所的单位（以下简称业主）、生产经营设备或者材料制造和供应者、业主负责人和员工的安全生产责任，并明确规定各级人民政府对本行政区域的安全生产工作负有领导责任，可切实加强对安全生产工作的监督和管理。

2. 员工的权利与义务制度

在生产经营过程中，员工有知晓他们可能面临的任何潜在的危险的权利，有参与判别

和解决他们所面临的安全生产问题的权利。在确认自己或其他人的安全健康受到威胁的情况下，有拒绝工作的权利。当发现危及员工生命安全的情况时，他们有停止工作或撤离危险场所的权利。在发现业主违反安全生产法律法规和标准，不履行其责任的情况时，员工有向有关部门检举和控告的权利。这些都是国际公认的准则，并在有关国际公约中有明确规定。《安全生产法》进一步把员工应有的权利规范化、制度化，明确规定员工的知情权、参与权、拒绝危险工作权、停止危险工作权、检举控告权和获得工伤保险的权利。同时明确规定员工应履行的义务。员工应当有接受安全培训的义务，有如实向安全生产监督管理部门和有关机关反映安全生产情况和事故情况的义务等。

3. 安全生产基本条件制度

良好的工作环境和劳动条件是实现安全生产、避免和减少人员伤亡、财产损失的重要保障。《安全生产法》在现行有关法律法规规定的基础上，对生产经营场所、生产经营设备和设施、公共设施和场所应具备的基本安全条件作出明确规定。

4. "三同时"制度

新建、改建、扩建工程的安全设施必须与主体工程同时设计、同时施工、同时投入生产或者使用，这是多年来的一贯要求，并在《劳动法》《矿山安全法》中作了明确规定。作为调整安全生产工作的综合性法律，《安全生产法》进一步把包括建设工程安全预评价制度、设计审查制度和竣工验收制度在内的"三同时"制度规范化、制度化，以保证生产经营场所、公共设施和场所具备必要的安全条件。

5. 安全培训教育制度

安全培训教育制度是安全生产管理工作的重要制度之一，也是一项重要的安全生产管理手段。为保障员工的安全和健康，有必要把安全培训教育制度作为一项强制性的法律制度，在《安全生产法》中明确规定企业招收新工人未经安全培训合格不得安排上岗，特种作业人员未取得安全操作资格证书不得上岗，危险行业的企业负责人和安全管理人员未经安全培训合格不得任职等，以提高生产经营单位负责人和员工的法制观念、安全生产意识、安全管理水平和安全操作技能。

6. 事故应急救援制度

为保障员工和其他人员在事故发生时得到及时救援，尽可能减少人员伤亡和财产损失，《安全生产法》确立事故应急救援制度，并主要从以下两方面规范这项制度：一是要求地方人民政府合理规划和建立区域事故应急救援机构，制定重大事故应急救援预案；二是要求生产经营、储存易燃易爆、剧毒物品的单位、矿山和水上运输等企业，必须建立事故应急救援组织，并配备必要的装备和器材。这项制度还应与《消防法》《海上交通安全法》《矿山安全法》等法律中的相关制度相衔接。

7. 事故调查处理制度

我国很早就建立了事故调查处理制度，国务院1953年发布的《工人职员伤亡事故报告规程》，1989年发布的《特别重大事故调查程序暂行规定》，1990年发布的《企业职工伤亡事故报告和处理规定》就是专门规范这一制度的行政法规。但是，随着我国经济体制改革的深化，生产经营单位的所有制形式发生了很大变化，政府管理企业的方式和安全生产监督管理体制也发生了很大的变化，原来的制度已不能适应现时的需要。针对当前事故调查处理工作中存在的问题，有必要在《安全生产法》中规范和完善事故处理制度。这一制度主要应包括事故报告、事故调查、事故批复结案和事故统计分析等内容。在确立这一制度时，要与有关法律的规定相衔接。

8. 行政责任追究制度

行政责任追究制度是对有权管理和审批涉及安全生产事项的单位和有关人员在行使管理和审批权时发生的过错或渎职行为追究责任的制度。根据对以往发生事故的分析，因审批管理过错或渎职而造成的事故大量存在，因此，在《安全生产法》中确立行政责任追究制度非常必要。《国务院关于特大安全事故行政责任追究的规定》为确立这项法律制度奠定了基础。

9. 监督管理制度

为保障各项法律制度和其他有关安全生产法律、法规的有效实施，《安全生产法》还确立了监督管理制度，并在这一制度中明确安全生产监督管理体制，明确各级政府安全生产监督管理部门的职责权限、监督管理手段和监督管理程序，明确安全监督管理人员的资格和监督检查职权。在确立安全生产监督管理制度时，要正确处理好现行法律已确立的专业监督管理制度之间的关系，避免出现政府部门之间的职责交叉。

第二节 《安全生产法》的主要内容

法律是上层建筑的重要组成部分。社会主义的经济基础决定了社会主义法律的本质。

《安全生产法》的制定，是由我国的生产力发展水平和安全生产水平决定的。为了加强安全生产监督管理，遏制事故，减少人民生命安全和财产损失，保证社会主义现代化建设的顺利进行，必须坚持“安全第一、预防为主”的方针，采取加强法制等重大举措，为实现安全生产的稳定好转创造更好的法制环境。

一、《安全生产法》总则中的有关规定

在《安全生产法》第一章“总则”中，对一些重大事项和原则做出了明确的规定。有关规定有：

◆安全生产管理，坚持安全第一、预防为主的方针。

◆生产经营单位必须遵守本法和其他有关安全生产的法律、法规，加强安全生产管理，建立、健全安全生产责任制度，完善安全生产条件，确保安全生产。

◆生产经营单位的主要负责人对本单位的安全生产工作全面负责。

◆生产经营单位的从业人员有依法获得安全生产保障的权利，并应当依法履行安全生产方面的义务。

◆工会依法组织职工参加本单位安全生产工作的民主管理和民主监督，维护职工在安全生产方面的合法权益。

◆国务院和地方各级人民政府应当加强对安全生产工作的领导，支持、督促各有关部门依法履行安全生产监督管理职责。

县级以上人民政府对安全生产监督管理中存在的重大问题应当及时予以协调、解决。

◆国务院负责安全生产监督管理的部门依照本法，对全国安全生产工作实施综合监督管理；县级以上地方各级人民政府负责安全生产监督管理的部门依照本法，对本行政区域内安全生产工作实施综合监督管理。

◆国务院有关部门应当按照保障安全生产的要求，依法及时制定有关的国家标准或者行业标准，并根据科技进步和经济发展适时修订。

生产经营单位必须执行依法制定的保障安全生产的国家标准或者行业标准。

◆各级人民政府及其有关部门应当采取多种形式，加强对有关安全生产的法律、法规和安全生产知识的宣传，提高职工的安全生产意识。

◆国家实行生产安全事故责任追究制度，依照本法和有关法律、法规的规定，追究生产安全事故责任人员的法律责任。

◆国家鼓励和支持安全生产科学技术研究和安全生产先进技术的推广应用，提高安全生产水平。

◆国家对在改善安全生产条件、防止生产安全事故、参加抢险救护等方面取得显著成

绩的单位和个人，给予奖励。

二、对生产经营单位的规定和要求

《安全生产法》在第二章“生产经营单位的安全生产保障”中，对生产经营单位规定了保障安全生产的责任和义务，要求必须按照法律规定，履行应承担的责任和义务。有关规定有：

◆生产经营单位应当具备《安全生产法》和有关法律、行政法规和国家标准或者行业标准规定的安全生产条件；不具备安全生产条件的，不得从事生产经营活动。

◆生产经营单位的主要负责人对本单位安全生产工作负有下列职责：

(1) 建立、健全本单位安全生产责任制。

(2) 组织制定本单位安全生产规章制度和操作规程。

(3) 保证本单位安全生产投入的有效实施。

(4) 督促、检查本单位的安全生产工作，及时消除生产安全事故隐患。

(5) 组织制定并实施本单位的生产安全事故应急救援预案。

(6) 及时、如实报告生产安全事故。

◆生产经营单位应当具备的安全生产条件所必需的资金投入，由生产经营单位的决策机构、主要负责人或者个人经营的投资人予以保证，并对由于安全生产所必需的资金投入不足导致的后果承担责任。

◆矿山、建筑施工单位和危险物品的生产、经营、储存单位，应当设置安全生产管理机构或者配备专职安全生产管理人员。其他生产经营单位，从业人员超过三百人的，应当设置安全生产管理机构或者配备专职安全生产管理人员；从业人员在三百人以下的，应当配备专职或者兼职的安全生产管理人员，或者委托具有国家规定的相关专业技术资格的工程技术人员提供安全生产管理服务。

◆生产经营单位的主要负责人和安全生产管理人员必须具备与本单位所从事的生产经营活动相应的安全生产知识和管理能力。

◆生产经营单位应当对从业人员进行安全生产教育和培训，保证从业人员具备必要的安全生产知识，熟悉有关的安全生产规章制度和安全操作规程，掌握本岗位的安全操作技能。未经安全生产教育和培训合格的从业人员，不得上岗作业。

◆生产经营单位采用新工艺、新技术、新材料或者使用新设备，必须了解、掌握其安全技术特性，采取有效的安全防护措施，并对从业人员进行专门的安全生产教育和培训。

◆生产经营单位的特种作业人员必须按照国家有关规定经专门的安全作业培训，取得特种作业操作资格证书，方可上岗作业。

◆生产经营单位新建、改建、扩建工程项目（以下统称建设项目）的安全设施，必须与主体工程同时设计、同时施工、同时投入生产和使用。安全设施投资应当纳入建设项目概算。

◆矿山建设项目和用于生产、储存危险物品的建设项目，应当分别按照国家有关规定进行安全条件论证和安全评价。

◆生产经营单位应当在有较大危险因素的生产经营场所和有关设施、设备上，设置明显的安全警示标志。

◆安全设备的设计、制造、安装、使用、检测、维修、改造和报废，应当符合国家标准或者行业标准。

生产经营单位必须对安全设备进行经常性维护、保养，并定期检测，保证正常运转。维护、保养、检测应当做好记录，并由有关人员签字。

◆生产经营单位使用的涉及生命安全、危险性较大的特种设备，以及危险物品的容器、运输工具，必须按照国家有关规定，由专业生产单位生产，并经取得专业资质的检测、检验机构检测、检验合格，取得安全使用证或者安全标志，方可投入使用。检测、检验机构对检测、检验结果负责。

◆国家对严重危及生产安全的工艺、设备实行淘汰制度。生产经营单位不得使用国家明令淘汰、禁止使用的危及生产安全的工艺、设备。

◆生产经营单位生产、经营、运输、储存、使用危险物品或者处置废弃危险物品，必须执行有关法律、法规和国家标准或者行业标准，建立专门的安全管理制度，采取可靠的安全措施，接受有关主管部门依法实施的监督管理。

◆生产经营单位对重大危险源应当登记建档，进行定期检测、评估、监控，并制定应急预案，告知从业人员和相关人员在紧急情况下应当采取的应急措施。

◆生产、经营、储存、使用危险物品的车间、商店、仓库不得与员工宿舍在同一座建筑物内，并应当与员工宿舍保持安全距离。

生产经营场所和员工宿舍应当设有符合紧急疏散要求、标志明显、保持畅通的出口。禁止封闭、堵塞生产经营场所或者员工宿舍的出口。

◆生产经营单位进行爆破、吊装等危险作业，应当安排专门人员进行现场安全管理，确保操作规程的遵守和安全措施的落实。

◆生产经营单位应当教育和督促从业人员严格执行本单位的安全生产规章制度和安全操作规程；并向从业人员如实告知作业场所和工作岗位存在的危险因素、防范措施以及事故应急措施。

◆生产经营单位必须为从业人员提供符合国家标准或者行业标准的劳动防护用品，并监督、教育从业人员按照使用规则佩戴、使用。

◆生产经营单位的安全生产管理人员应当根据本单位的生产经营特点，对安全生产状况进行经常性检查；对检查中发现的安全问题，应当立即处理；不能处理的，应当及时报告本单位有关负责人。检查及处理情况应当记录在案。

◆生产经营单位应当安排用于配备劳动防护用品、进行安全生产培训的经费。

◆两个以上生产经营单位在同一作业区域内进行生产经营活动，可能危及对方生产安全的，应当签订安全生产管理协议，明确各自的安全生产管理职责和应当采取的安全措施，并指定专职安全生产管理人员进行安全检查与协调。

◆生产经营单位不得将生产经营项目、场所、设备发包或者出租给不具备安全生产条件或者相应资质的单位或者个人。

生产经营项目、场所有多个承包单位、承租单位的，生产经营单位应当与承包单位、承租单位签订专门的安全生产管理协议，或者在承包合同、租赁合同中约定各自的安全生产管理职责；生产经营单位对承包单位、承租单位的安全生产工作统一协调、管理。

◆生产经营单位发生重大生产安全事故时，单位的主要负责人应当立即组织抢救，并不得在事故调查处理期间擅离职守。

◆生产经营单位必须依法参加工伤社会保险，为从业人员缴纳保险费。

三、对从业人员的权利和义务的规定和要求

《安全生产法》在第三章“从业人员的权利和义务”中，对从业人员的权利和义务作了明确的规定。从业人员获得安全生产保障的权利，是依靠生产经营单位及其主要负责人忠实地履行其法定义务来实现的。对此，《安全生产法》第四条规定，生产经营单位必须遵守《安全生产法》和其他有关安全生产法律、法规，加强安全生产管理，建立健全安全生产制度，改善安全生产条件，确保安全生产。

对从业人员权利和义务的有关规定有：

◆生产经营单位与从业人员订立的劳动合同，应当载明有关保障从业人员劳动安全、防止职业危害的事项，以及依法为从业人员办理工伤社会保险的事项。

生产经营单位不得以任何形式与从业人员订立协议，免除或者减轻其对从业人员因生产安全事故伤亡依法应承担的责任。

◆生产经营单位的从业人员有权了解其作业场所和工作岗位存在的危险因素、防范措施及事故应急措施，有权对本单位的安全生产工作提出建议。

◆从业人员有权对本单位安全生产工作中存在的问题提出批评、检举、控告；有权拒绝违章指挥和强令冒险作业。

生产经营单位不得因从业人员对本单位安全生产工作提出批评、检举、控告或者拒绝

违章指挥、强令冒险作业而降低其工资、福利等待遇或者解除与其订立的劳动合同。

◆从业人员发现直接危及人身安全的紧急情况时，有权停止作业或者在采取可能的应急措施后撤离作业场所。

生产经营单位不得因从业人员在紧急情况下停止作业或者采取紧急撤离措施而降低其工资、福利等待遇或者解除与其订立的劳动合同。

◆因生产安全事故受到损害的从业人员，除依法享有工伤社会保险外，依照有关民事法律尚有获得赔偿的权利的，有权向本单位提出赔偿要求。

◆从业人员在作业过程中，应当严格遵守本单位的安全生产规章制度和操作规程，服从管理，正确佩戴和使用劳动防护用品。

◆从业人员应当接受安全生产教育和培训，掌握本职工作所需的安全生产知识，提高安全生产技能，增强事故预防和应急处理能力。

◆从业人员发现事故隐患或者其他不安全因素，应当立即向现场安全生产管理人员或者本单位负责人报告；接到报告的人员应当及时予以处理。

◆工会有权对建设项目的安全设施与主体工程同时设计、同时施工、同时投入生产和使用情况进行监督，提出意见。

工会对生产经营单位违反安全生产法律、法规，侵犯从业人员合法权益的行为，有权要求纠正；发现生产经营单位违章指挥、强令冒险作业或者发现事故隐患时，有权提出解决的建议，生产经营单位应当及时研究答复；发现危及从业人员生命安全的情况时，有权向生产经营单位建议组织从业人员撤离危险场所，生产经营单位必须立即作出处理。

工会有权依法参加事故调查，向有关部门提出处理意见，并要求追究有关人员的责任。

四、对安全生产的监督管理的有关规定

《安全生产法》在第四章“安全生产的监督管理”中，对安全生产的监督管理有关事项作了明确规定。有关规定有：

◆县级以上地方各级人民政府应当根据本行政区域内的安全生产状况，组织有关部门按照职责分工，对本行政区域内容易发生重大生产安全事故的生产经营单位进行严格检查；发现事故隐患，应当及时处理。

◆负有安全生产监督管理职责的部门对涉及安全生产的事项进行审查、验收，不得收取费用；不得要求接受审查、验收的单位购买其指定品牌或者指定生产、销售单位的安全设备、器材或者其他产品。

◆负有安全生产监督管理职责的部门依法对生产经营单位执行有关安全生产的法律、法规和国家标准或者行业标准的情况进行监督检查，行使以下职权：

（1）进入生产经营单位进行检查，调阅有关资料，向有关单位和人员了解情况。

（2）对检查中发现的安全生产违法行为，当场予以纠正或者要求限期改正；对依法应当给予行政处罚的行为，依照本法和其他有关法律、行政法规的规定作出行政处罚决定。

（3）对检查中发现的事故隐患，应当责令立即排除；重大事故隐患排除前或者排除过程中无法保证安全的，应当责令从危险区域内撤出作业人员，责令暂时停产停业或者停止使用；重大事故隐患排除后，经审查同意，方可恢复生产经营和使用。

（4）对有根据认为不符合保障安全生产的国家标准或者行业标准的设施、设备、器材予以查封或者扣押，并应当在十五日内依法作出处理决定。

监督检查不得影响被检查单位的正常生产经营活动。

◆生产经营单位对负有安全生产监督管理职责的部门的监督检查人员（以下统称安全生产监督检查人员）依法履行监督检查职责，应当予以配合，不得拒绝、阻挠。

◆负有安全生产监督管理职责的部门应当建立举报制度，公开举报电话、信箱或者电子邮件地址，受理有关安全生产的举报；受理的举报事项经调查核实后，应当形成书面材料；需要落实整改措施的，报经有关负责人签字并督促落实。

◆任何单位或者个人对事故隐患或者安全生产违法行为，均有权向负有安全生产监督管理职责的部门报告或者举报。

◆县级以上各级人民政府及其有关部门对报告重大事故隐患或者举报安全生产违法行为的有功人员，给予奖励。具体奖励办法由国务院负责安全生产监督管理的部门会同国务院财政部门制定。

五、对生产安全事故的应急救援与调查处理的有关规定

《安全生产法》在第五章“生产安全事故的应急救援与调查处理”中，对生产安全事故的应急救援与调查处理有关事项作了明确规定。有关规定有：

◆县级以上地方各级人民政府应当组织有关部门制定本行政区域内特大生产安全事故应急救援预案，建立应急救援体系。

◆危险物品的生产、经营、储存单位以及矿山、建筑施工单位应当建立应急救援组织；生产经营规模较小，可以不建立应急救援组织的，应当指定兼职的应急救援人员。

危险物品的生产、经营、储存单位以及矿山、建筑施工单位应当配备必要的应急救援器材、设备，并进行经常性维护、保养，保证正常运转。

◆生产经营单位发生生产安全事故后，事故现场有关人员应当立即报告本单位负责人。

单位负责人接到事故报告后，应当迅速采取有效措施，组织抢救，防止事故扩大，减少人员伤亡和财产损失，并按照国家有关规定立即如实报告当地负有安全生产监督管理职

责的部门，不得隐瞒不报、谎报或者拖延不报，不得故意破坏事故现场、毁灭有关证据。

◆负有安全生产监督管理职责的部门接到事故报告后，应当立即按照国家有关规定上报事故情况。负有安全生产监督管理职责的部门和有关地方人民政府对事故情况不得隐瞒不报、谎报或者拖延不报。

◆有关地方人民政府和负有安全生产监督管理职责的部门的负责人接到重大生产安全事故报告后，应当立即赶到事故现场，组织事故抢救。任何单位和个人都应当支持、配合事故抢救，并提供一切便利条件。

◆事故调查处理应当按照实事求是、尊重科学的原则，及时、准确地查清事故原因，查明事故性质和责任，总结事故教训，提出整改措施，并对事故责任者提出处理意见。事故调查和处理的具体办法由国务院制定。

◆生产经营单位发生生产安全事故，经调查确定为责任事故的，除了应当查明事故单位的责任并依法予以追究外，还应当查明对安全生产的有关事项负有审查批准和监督职责的行政部门的责任，对有失职、渎职行为的，依照《安全生产法》第七十七条的规定追究法律责任。

◆任何单位和个人不得阻挠和干涉对事故的依法调查处理。

◆县级以上地方各级人民政府负责安全生产监督管理的部门应当定期统计分析本行政区域内发生生产安全事故的情况，并定期向社会公布。

六、对法律责任的有关规定

《安全生产法》在第六章“法律责任”中，对法律责任有关事项作了明确规定。有关规定有：

◆生产经营单位的决策机构、主要负责人，个人经营的投资人不依照《安全生产法》规定保证安全生产所必需的资金投入，致使生产经营单位不具备安全生产条件的，责令限期改正，提供必需的资金；逾期未改正的，责令生产经营单位停产停业整顿。

有前款违法行为，导致发生生产安全事故，构成犯罪的，依照刑法有关规定追究刑事责任；尚不够刑事处罚的，对生产经营单位的主要负责人给予撤职处分，对个人经营的投资人处 2 万元以上 20 万元以下的罚款。

◆生产经营单位的主要负责人未履行本法规定的安全生产管理职责的，责令限期改正；逾期未改正的，责令生产经营单位停产停业整顿。

生产经营单位的主要负责人有前款违法行为，导致发生生产安全事故，构成犯罪的，依照刑法有关规定追究刑事责任；尚不够刑事处罚的，给予撤职处分或者处 2 万元以上 20 万元以下的罚款。

生产经营单位的主要负责人依照前款规定受刑事处罚或者撤职处分的，自刑罚执行完毕或者受处分之日起，5年内不得担任任何生产经营单位的主要负责人。

◆生产经营单位有下列行为之一的，责令限期改正；逾期未改正的，责令停产停业整顿，可以并处2万元以下的罚款：

（1）未按照规定设立安全生产管理机构或者配备安全生产管理人员的。

（2）危险物品的生产、经营、储存单位以及矿山、建筑施工单位的主要负责人和安全生产管理人员未按照规定经考核合格的。

（3）未按照本法第二十一条、第二十二条的规定对从业人员进行安全生产教育和培训，或者未按照本法第三十六条的规定如实告知从业人员有关的安全生产事项的。

（4）特种作业人员未按照规定经专门的安全作业培训并取得特种作业操作资格证书，上岗作业的。

◆生产经营单位有下列行为之一的，责令限期改正；逾期未改正的，责令停止建设或者停产停业整顿，可以并处5万元以下的罚款；造成严重后果，构成犯罪的，依照刑法有关规定追究刑事责任：

（1）矿山建设项目或者用于生产、储存危险物品的建设项目没有安全设施设计或者安全设施设计未按照规定报经有关部门审查同意的。

（2）矿山建设项目或者用于生产、储存危险物品的建设项目的施工单位未按照批准的安全设施设计施工的。

（3）矿山建设项目或者用于生产、储存危险物品的建设项目竣工投入生产或者使用前，安全设施未经验收合格的。

（4）未在有较大危险因素的生产经营场所和有关设施、设备上设置明显的安全警示标志的。

（5）安全设备的安装、使用、检测、改造和报废不符合国家标准或者行业标准的。

（6）未对安全设备进行经常性维护、保养和定期检测的。

（7）未为从业人员提供符合国家标准或者行业标准的劳动防护用品的。

（8）特种设备以及危险物品的容器、运输工具未经取得专业资质的机构检测、检验合格，取得安全使用证或者安全标志，投入使用的。

（9）使用国家明令淘汰、禁止使用的危及生产安全的工艺、设备的。

◆未经依法批准，擅自生产、经营、储存危险物品的，责令停止违法行为或者予以关闭，没收违法所得；违法所得10万元以上的，并处违法所得1倍以上5倍以下的罚款；没有违法所得或者违法所得不足10万元的，单处或者并处2万元以上10万元以下的罚款；造成严重后果，构成犯罪的，依照刑法有关规定追究刑事责任。

◆生产经营单位有下列行为之一的，责令限期改正；逾期未改正的，责令停产停业整顿，可以并处 2 万元以上 10 万元以下的罚款；造成严重后果，构成犯罪的，依照刑法有关规定追究刑事责任：

（1）生产、经营、储存、使用危险物品，未建立专门安全管理制度，未采取可靠的安全措施或者不接受有关主管部门依法实施的监督管理的。

（2）对重大危险源未登记建档，或者未进行评估、监控，或者未制定应急预案的。

（3）进行爆破、吊装等危险作业，未安排专门管理人员进行现场安全管理的。

◆生产经营单位将生产经营项目、场所、设备发包或者出租给不具备安全生产条件或者相应资质的单位或者个人的，责令限期改正，没收违法所得；违法所得 5 万元以上的，并处违法所得 1 倍以上 5 倍以下的罚款；没有违法所得或者违法所得不足 5 万元的，单处或者并处 1 万元以上 5 万元以下的罚款；导致发生生产安全事故给他人造成损害的，与承包方、承租方承担连带赔偿责任。

生产经营单位未与承包单位、承租单位签订专门的安全生产管理协议或者未在承包合同、租赁合同中明确各自的安全生产管理职责，或者未对承包单位、承租单位的安全生产统一协调、管理的，责令限期改正；逾期未改正的，责令停产停业整顿。

◆两个以上生产经营单位在同一作业区域内进行可能危及对方安全生产的生产经营活动，未签订安全生产管理协议或者未指定专职安全生产管理人员进行安全检查与协调的，责令限期改正；逾期未改正的，责令停产停业。

◆生产经营单位有下列行为之一的，责令限期改正；逾期未改正的，责令停产停业整顿；造成严重后果，构成犯罪的，依照刑法有关规定追究刑事责任：

（1）生产、经营、储存、使用危险物品的车间、商店、仓库与员工宿舍在同一座建筑内，或者与员工宿舍的距离不符合安全要求的。

（2）生产经营场所和员工宿舍未设有符合紧急疏散需要、标志明显、保持畅通的出口，或者封闭、堵塞生产经营场所或者员工宿舍出口的。

◆生产经营单位与从业人员订立协议，免除或者减轻其对从业人员因生产安全事故伤亡依法应承担的责任的，该协议无效；对生产经营单位的主要负责人、个人经营的投资人处 2 万元以上 10 万元以下的罚款。

◆生产经营单位的从业人员不服从管理，违反安全生产规章制度或者操作规程的，由生产经营单位给予批评教育，依照有关规章制度给予处分；造成重大事故，构成犯罪的，依照刑法有关规定追究刑事责任。

◆生产经营单位主要负责人在本单位发生重大生产安全事故时，不立即组织抢救或者在事故调查处理期间擅离职守或者逃匿的，给予降职、撤职的处分，对逃匿的处 15 日以下拘留；构成犯罪的，依照刑法有关规定追究刑事责任。

生产经营单位主要负责人对生产安全事故隐瞒不报、谎报或者拖延不报的，依照前款规定处罚。

◆生产经营单位发生生产安全事故造成人员伤亡、他人财产损失的，应当依法承担赔偿责任，拒不承担或者其负责人逃匿的，由人民法院依法强制执行。

生产安全事故的责任人未依法承担赔偿责任，经人民法院依法采取执行措施后，仍不能对受害人给予足额赔偿的，应当继续履行赔偿义务；受害人发现责任人有其他财产的，可以随时请求人民法院执行。

第三节 与《安全生产法》相关的重要规定

《安全生产法》的立法目的，是为了加强安全生产的监督管理，防止和减少生产安全事故，保障人民群众生命和财产安全，促进经济发展。按照《安全生产法》的立法目的，在《安全生产法》之后，陆续颁布实施了一系列重要的法律法规。在此主要介绍国务院《安全生产许可证条例》，国家安监总局《安全生产违法行为行政处罚办法》，监察部、国家安监总局《安全生产领域违法违纪行为政纪处分暂行规定》《安全生产监管监察职责和行政执法责任追究的暂行规定》。

一、《安全生产许可证条例》相关要点

2004年1月7日，国务院第34次常务会议通过《安全生产许可证条例》（国务院令第397号），自公布之日（2004年1月13日）起施行。

制定《安全生产许可证条例》的目的，是根据《中华人民共和国安全生产法》的有关规定，为了严格规范安全生产条件，进一步加强安全生产监督管理，防止和减少生产安全事故。

《安全生产许可证条例》分为二十四条，主要内容为：

◆国家对矿山企业、建筑施工企业和危险化学品、烟花爆竹、民用爆破器材生产企业（以下统称企业）实行安全生产许可制度。企业未取得安全生产许可证的，不得从事生产活动。

◆国务院安全生产监督管理部门负责中央管理的非煤矿矿山企业和危险化学品、烟花爆竹生产企业安全生产许可证的颁发和管理。

◆省、自治区、直辖市人民政府建设主管部门负责建筑施工企业安全生产许可证的颁发和管理，并接受国务院建设主管部门的指导和监督。

◆国务院国防科技工业主管部门负责民用爆破器材生产企业安全生产许可证的颁发和管理。

◆企业取得安全生产许可证，应当具备下列安全生产条件：

（1）建立、健全安全生产责任制，制定完备的安全生产规章制度和操作规程。

（2）安全投入符合安全生产要求。

（3）设置安全生产管理机构，配备专职安全生产管理人员。

（4）主要负责人和安全生产管理人员经考核合格。

（5）特种作业人员经有关业务主管部门考核合格，取得特种作业操作资格证书。

（6）从业人员经安全生产教育和培训合格。

（7）依法参加工伤保险，为从业人员缴纳保险费。

（8）厂房、作业场所和安全设施、设备、工艺符合有关安全生产法律、法规、标准和规程的要求。

（9）有职业危害防治措施，并为从业人员配备符合国家标准或者行业标准的劳动防护用品。

（10）依法进行安全评价。

（11）有重大危险源检测、评估、监控措施和应急预案。

（12）有生产安全事故应急救援预案、应急救援组织或者应急救援人员，配备必要的应急救援器材、设备。

（13）法律、法规规定的其他条件。

◆企业进行生产前，应当依照本条例的规定向安全生产许可证颁发管理机关申请领取安全生产许可证，并提供本条例第六条规定的相关文件、资料。安全生产许可证颁发管理机关应当自收到申请之日起45日内审查完毕，经审查符合本条例规定的安全生产条件的，颁发安全生产许可证；不符合本条例规定的安全生产条件的，不予颁发安全生产许可证，书面通知企业并说明理由。

煤矿企业应当以矿（井）为单位，在申请领取煤炭生产许可证前，依照本条例的规定取得安全生产许可证。

◆安全生产许可证的有效期为3年。安全生产许可证有效期满需要延期的，企业应当于期满前3个月向原安全生产许可证颁发管理机关办理延期手续。

企业在安全生产许可证有效期内，严格遵守有关安全生产的法律法规，未发生死亡事故的，安全生产许可证有效期届满时，经原安全生产许可证颁发管理机关同意，不再审查，安全生产许可证有效期延期3年。

◆安全生产许可证颁发管理机关应当建立、健全安全生产许可证档案管理制度，并定期向社会公布企业取得安全生产许可证的情况。

◆煤矿企业安全生产许可证颁发管理机关、建筑施工企业安全生产许可证颁发管理机关、民用爆破器材生产企业安全生产许可证颁发管理机关，应当每年向同级安全生产监督管理部门通报其安全生产许可证颁发和管理情况。

◆国务院安全生产监督管理部门和省、自治区、直辖市人民政府安全生产监督管理部门对建筑施工企业、民用爆破器材生产企业、煤矿企业取得安全生产许可证的情况进行监督。

◆企业不得转让、冒用安全生产许可证或者使用伪造的安全生产许可证。

◆企业取得安全生产许可证后，不得降低安全生产条件，并应当加强日常安全生产管理，接受安全生产许可证颁发管理机关的监督检查。

安全生产许可证颁发管理机关应当加强对取得安全生产许可证的企业的监督检查，发现其不再具备本条例规定的安全生产条件的，应当暂扣或者吊销安全生产许可证。

◆安全生产许可证颁发管理机关工作人员在安全生产许可证颁发、管理和监督检查工作中，不得索取或者接受企业的财物，不得谋取其他利益。

◆监察机关依照《中华人民共和国行政监察法》的规定，对安全生产许可证颁发管理机关及其工作人员履行本条例规定的职责实施监察。

◆任何单位或者个人对违反本条例规定的行为，有权向安全生产许可证颁发管理机关或者监察机关等有关部门举报。

◆违反本条例规定，未取得安全生产许可证擅自进行生产的，责令停止生产，没收违法所得，并处10万元以上50万元以下的罚款；造成重大事故或者其他严重后果，构成犯罪的，依法追究刑事责任。

◆违反本条例规定，安全生产许可证有效期满未办理延期手续，继续进行生产的，责令停止生产，限期补办延期手续，没收违法所得，并处5万元以上10万元以下的罚款；逾期仍不办理延期手续，继续进行生产的，依照本条例第十九条的规定处罚。

◆违反本条例规定，转让安全生产许可证的，没收违法所得，处10万元以上50万元以下的罚款，并吊销其安全生产许可证；构成犯罪的，依法追究刑事责任；接受转让的，依照本条例第十九条的规定处罚。

冒用安全生产许可证或者使用伪造的安全生产许可证的，依照本条例第十九条的规定处罚。

◆本条例规定的行政处罚，由安全生产许可证颁发管理机关决定。

二、《国务院关于特大安全事故行政责任追究的规定》相关要点

2001年4月21日，国务院公布《关于特大安全事故行政责任追究的规定》（国务院令

第 302 号)，自公布之日起施行。

制定《关于特大安全事故行政责任追究的规定》的目的，是为了有效地防范特大安全事故的发生，严肃追究特大安全事故的行政责任，保障人民群众生命、财产安全。本规定分为二十四条，对相关事项做了规定。

《关于特大安全事故行政责任追究的规定》主要内容如下：

◆地方人民政府主要领导人和政府有关部门正职负责人对下列特大安全事故的防范、发生，依照法律、行政法规和本规定的规定有失职、渎职情形或者负有领导责任的，依照本规定给予行政处分；构成玩忽职守罪或者其他罪的，依法追究刑事责任：

（1）特大火灾事故；

（2）特大交通安全事故；

（3）特大建筑质量安全事故；

（4）民用爆炸物品和化学危险品特大安全事故；

（5）煤矿和其他矿山特大安全事故；

（6）锅炉、压力容器、压力管道和特种设备特大安全事故；

（7）其他特大安全事故。

地方人民政府和政府有关部门对特大安全事故的防范、发生直接负责的主管人员和其他直接责任人员，比照本规定给予行政处分；构成玩忽职守罪或者其他罪的，依法追究刑事责任。

特大安全事故肇事单位和个人的刑事处罚、行政处罚和民事责任，依照有关法律、法规和规章的规定执行。

◆地方各级人民政府及政府有关部门应当依照有关法律、法规和规章的规定，采取行政措施，对本地区实施安全监督管理，保障本地区人民群众生命、财产安全，对本地区或者职责范围内防范特大安全事故的发生、特大安全事故发生后的迅速和妥善处理负责。

◆地方各级人民政府应当每个季度至少召开一次防范特大安全事故工作会议，由政府主要领导人或者政府主要领导人委托政府分管领导人召集有关部门正职负责人参加，分析、布置、督促、检查本地区防范特大安全事故的工作。会议应当作出决定并形成纪要，会议确定的各项防范措施必须严格实施。

◆市（地、州）、县（市、区）人民政府应当组织有关部门按照职责分工对本地区容易发生特大安全事故的单位、设施和场所安全事故的防范明确责任、采取措施，并组织有关部门对上述单位、设施和场所进行严格检查。

◆市（地、州）、县（市、区）人民政府必须制定本地区特大安全事故应急处理预案。本地区特大安全事故应急处理预案经政府主要领导人签署后，报上一级人民政府备案。

◆市（地、州）、县（市、区）人民政府应当组织有关部门对本规定第二条所列各类特大安全事故的隐患进行查处；发现特大安全事故隐患的，责令立即排除；特大安全事故隐患排除前或者排除过程中，无法保证安全的，责令暂时停产、停业或者停止使用。法律、行政法规对查处机关另有规定的，依照其规定。

◆市（地、州）、县（市、区）人民政府及其有关部门对本地区存在的特大安全事故隐患，超出其管辖或者职责范围的，应当立即向有管辖权或者负有职责的上级人民政府或者政府有关部门报告；情况紧急的，可以立即采取包括责令暂时停产、停业在内的紧急措施，同时报告；有关上级人民政府或者政府有关部门接到报告后，应当立即组织查处。

◆中小学校对学生进行劳动技能教育以及组织学生参加公益劳动等社会实践活动，必须确保学生安全。严禁以任何形式、名义组织学生从事接触易燃、易爆、有毒、有害等危险品的劳动或者其他危险性劳动。严禁将学校场地出租作为从事易燃、易爆、有毒、有害等危险品的生产、经营场所。

中小学校违反前款规定的，按照学校隶属关系，对县（市、区）、乡（镇）人民政府主要领导人和县（市、区）人民政府教育行政部门正职负责人，根据情节轻重，给予记过、降级直至撤职的行政处分；构成玩忽职守罪或者其他罪的，依法追究刑事责任。

中小学校违反本条第一款规定的，对校长给予撤职的行政处分，对直接组织者给予开除公职的行政处分；构成非法制造爆炸物罪或者其他罪的，依法追究刑事责任。

◆依法对涉及安全生产事项负责行政审批（包括批准、核准、许可、注册、认证、颁发证照、竣工验收等，下同）的政府部门或者机构，必须严格依照法律、法规和规章规定的安全条件和程序进行审查；不符合法律、法规和规章规定的安全条件的，不得批准；不符合法律、法规和规章规定的安全条件，弄虚作假，骗取批准或者勾结串通行政审批工作人员取得批准的，负责行政审批的政府部门或者机构除必须立即撤销原批准外，应当对弄虚作假骗取批准或者勾结串通行政审批工作人员的当事人依法给予行政处罚；构成行贿罪或者其他罪的，依法追究刑事责任。

负责行政审批的政府部门或者机构违反前款规定，对不符合法律、法规和规章规定的安全条件予以批准的，对部门或者机构的正职负责人，根据情节轻重，给予降级、撤职直至开除公职的行政处分；与当事人勾结串通的，应当开除公职；构成受贿罪、玩忽职守罪或者其他罪的，依法追究刑事责任。

◆对依照本规定取得批准的单位和个人，负责行政审批的政府部门或者机构必须对其实施严格监督检查；发现其不再具备安全条件的，必须立即撤销原批准。

负责行政审批的政府部门或者机构违反前款规定，不对取得批准的单位和个人实施严格监督检查，或者发现其不再具备安全条件而不立即撤销原批准的，对部门或者机构的正职负责人，根据情节轻重，给予降级或者撤职的行政处分；构成受贿罪、玩忽职守罪或者其他罪的，依法追究刑事责任。

◆对未依法取得批准，擅自从事有关活动的，负责行政审批的政府部门或者机构发现或者接到举报后，应当立即予以查封、取缔，并依法给予行政处罚；属于经营单位的，由工商行政管理部门依法相应吊销营业执照。

负责行政审批的政府部门或者机构违反前款规定，对发现或者举报的未依法取得批准而擅自从事有关活动的，不予查封、取缔、不依法给予行政处罚，工商行政管理部门不予吊销营业执照的，对部门或者机构的正职负责人，根据情节轻重，给予降级或者撤职的行政处分；构成受贿罪、玩忽职守罪或者其他罪的，依法追究刑事责任。

◆市（地、州）、县（市、区）人民政府依照本规定应当履行职责而未履行，或者未按照规定的职责和程序履行，本地区发生特大安全事故的，对政府主要领导人，根据情节轻重，给予降级或者撤职的行政处分；构成玩忽职守罪的，依法追究刑事责任。

负责行政审批的政府部门或者机构、负责安全监督管理的政府有关部门，未依照本规定履行职责，发生特大安全事故的，对部门或者机构的正职负责人，根据情节轻重，给予撤职或者开除公职的行政处分；构成玩忽职守罪或者其他罪的，依法追究刑事责任。

◆发生特大安全事故，社会影响特别恶劣或者性质特别严重的，由国务院对负有领导责任的省长、自治区主席、直辖市市长和国务院有关部门正职负责人给予行政处分。

◆特大安全事故发生后，有关县（市、区）、市（地、州）和省、自治区、直辖市人民政府及政府有关部门应当按照国家规定的程序和时限立即上报，不得隐瞒不报、谎报或者拖延报告，并应当配合、协助事故调查，不得以任何方式阻碍、干涉事故调查。

特大安全事故发生后，有关地方人民政府及政府有关部门违反前款规定的，对政府主要领导人和政府部门正职负责人给予降级的行政处分。

◆特大安全事故发生后，有关地方人民政府应当迅速组织救助，有关部门应当服从指挥、调度，参加或者配合救助，将事故损失降到最低限度。

◆特大安全事故发生后，省、自治区、直辖市人民政府应当按照国家有关规定迅速、如实发布事故消息。

◆地方人民政府或者政府部门阻挠、干涉对特大安全事故有关责任人员追究行政责任的，对该地方人民政府主要领导人或者政府部门正职负责人，根据情节轻重，给予降级或者撤职的行政处分。

◆任何单位和个人均有权向有关地方人民政府或者政府部门报告特大安全事故隐患，有权向上级人民政府或者政府部门举报地方人民政府或者政府部门不履行安全监督管理职责或者不按照规定履行职责的情况。接到报告或者举报的有关人民政府或者政府部门，应当立即组织对事故隐患进行查处，或者对举报的不履行、不按照规定履行安全监督管理职责的情况进行调查处理。

◆监察机关依照行政监察法的规定，对地方各级人民政府和政府部门及其工作人员履行安全监督管理职责实施监察。

◆对特大安全事故以外的其他安全事故的防范、发生追究行政责任的办法，由省、自治区、直辖市人民政府参照本规定制定。

三、《安全生产违法行为行政处罚办法》相关要点

新修订的《安全生产违法行为行政处罚办法》（国家安全生产监督管理总局令第 15 号）自 2008 年 1 月 1 日起施行。原国家安全生产监督管理局（国家煤矿安全监察局）2003 年 5 月 19 日公布的《安全生产违法行为行政处罚办法》、2001 年 4 月 27 日公布的《煤矿安全监察程序暂行规定》同时废止。

制定《安全生产违法行为行政处罚办法》的目的，是依照行政处罚法、安全生产法及其他有关法律、行政法规的规定，为了制裁安全生产违法行为，规范安全生产行政处罚工作。《安全生产违法行为行政处罚办法》分为六章六十八条，各章内容为：第一章总则，第二章行政处罚的种类、管辖，第三章行政处罚的程序，第四章行政处罚的适用，第五章行政处罚的执行和备案，第六章附则。

1.《安全生产违法行为行政处罚办法》总则中有关规定

在《安全生产违法行为行政处罚办法》第一章“总则”中，对相关事项作了规定。

◆县级以上人民政府安全生产监督管理部门对生产经营单位及其有关人员在生产经营活动中违反有关安全生产的法律、行政法规、部门规章、国家标准、行业标准和规程的违法行为（以下统称安全生产违法行为）实施行政处罚，适用本办法。

煤矿安全监察机构依照本办法和煤矿安全监察行政处罚办法，对煤矿、煤矿安全生产中介机构等生产经营单位及其有关人员的安全生产违法行为实施行政处罚。

有关法律、行政法规对安全生产违法行为行政处罚的种类、幅度或者决定机关另有规定的，依照其规定。

◆对安全生产违法行为实施行政处罚，应当遵循公平、公正、公开的原则。

安全生产监督管理部门或者煤矿安全监察机构（以下统称安全监管监察部门）及其行政执法人员实施行政处罚，必须以事实为依据。行政处罚应当与安全生产违法行为的事实、性质、情节以及社会危害程度相当。

◆生产经营单位及其有关人员对安全监管监察部门给予的行政处罚，依法享有陈述权、申辩权和听证权；对行政处罚不服的，有权依法申请行政复议或者提起行政诉讼；因违法给予行政处罚受到损害的，有权依法申请国家赔偿。

2. 行政处罚的种类、管辖的有关规定

在《安全生产违法行为行政处罚办法》第二章“行政处罚的种类、管辖”中，对相关事项作了规定。

◆安全生产违法行为行政处罚的种类：

（1）警告。

（2）罚款。

（3）责令改正、责令限期改正、责令停止违法行为。

（4）没收违法所得、没收非法开采的煤炭产品、采掘设备。

（5）责令停产停业整顿、责令停产停业、责令停止建设、责令停止施工。

（6）暂扣或者吊销有关许可证，暂停或者撤销有关执业资格、岗位证书。

（7）关闭。

（8）拘留。

（9）安全生产法律、行政法规规定的其他行政处罚。

法律、行政法规将前款的责令改正、责令限期改正、责令停止违法行为规定为现场处理措施的除外。

◆县级以上安全监管监察部门应当按照本章的规定，在各自的职责范围内对安全生产违法行为行政处罚行使管辖权。

安全生产违法行为的行政处罚，由安全生产违法行为发生地的县级以上安全监管监察部门管辖。中央企业及其所属企业、有关人员的安全生产违法行为的行政处罚，由安全生产违法行为发生地的设区的市级以上安全监管监察部门管辖。

◆安全生产违法行为构成犯罪的，安全监管监察部门应当将案件移送司法机关，依法追究刑事责任；尚不够刑事处罚但依法应当给予行政处罚的，由安全监管监察部门管辖。

◆上级安全监管监察部门可以直接查处下级安全监管监察部门管辖的案件，也可以将自己管辖的案件交由下级安全监管监察部门管辖。

下级安全监管监察部门可以将重大、疑难案件报请上级安全监管监察部门管辖。

◆上级安全监管监察部门有权对下级安全监管监察部门违法或者不适当的行政处罚予以纠正或者撤销。

3. 行政处罚程序的有关规定

在《安全生产违法行为行政处罚办法》第三章“行政处罚的程序”中，对相关事项作了规定。

◆安全生产行政执法人员在执行公务时，必须出示省级以上安全生产监督管理部门或

者县级以上地方人民政府统一制作的有效行政执法证件。其中对煤矿进行安全监察，必须出示国家安全生产监督管理总局统一制作的煤矿安全监察员证。

◆安全监管监察部门及其行政执法人员在监督检查时发现生产经营单位存在事故隐患的，应当按照下列规定采取现场处理措施：

（1）能够立即排除的，应当责令立即排除。

（2）重大事故隐患排除前或者排除过程中无法保证安全的，应当责令从危险区域撤出作业人员，并责令暂时停产停业、停止建设、停止施工或者停止使用，限期排除隐患。

隐患排除后，经安全监管监察部门审查同意，方可恢复生产经营和使用。

◆对有根据认为不符合安全生产的国家标准或者行业标准的在用设施、设备、器材，安全监管监察部门应当依法予以查封或者扣押，并在15日内按照下列规定作出处理决定：

（1）能够修理、更换的，责令予以修理、更换；不能修理、更换的，不准使用。

（2）依法采取其他行政强制措施或者现场处理措施。

（3）依法给予行政处罚。

（4）经核查予以查封或者扣押的设备、设施、器材符合国家标准或者行业标准的，解除查封或者扣押。

实施查封、扣押，应当当场下达查封、扣押决定书和被查封、扣押的财物清单。在交通不便地区，或者不及时查封、扣押可能影响案件查处，或者存在事故隐患可能导致生产安全事故的，可以先行实施查封、扣押，并在48小时内补办查封、扣押决定书，送达当事人。

◆生产经营单位被责令限期改正或者限期进行隐患排除治理的，应当在规定限期内完成。因不可抗力无法在规定限期内完成的，应当在进行整改或者治理的同时，于限期届满前10日内提出书面延期申请，安全监管监察部门应当在收到申请之日起5日内书面答复是否准予延期。

生产经营单位提出复查申请或者整改、治理限期届满的，安全监管监察部门应当自申请或者限期届满之日起10日内进行复查，填写复查意见书，由被复查单位和安全监管监察部门复查人员签名后存档。逾期未整改、未治理或者整改、治理不合格的，安全监管监察部门应当依法给予行政处罚。

◆安全监管监察部门在作出行政处罚决定前，应当填写行政处罚告知书，告知当事人作出行政处罚决定的事实、理由、依据，以及当事人依法享有的权利，并送达当事人。当事人应当在收到行政处罚告知书之日起3日内进行陈述、申辩，或者依法提出听证要求，逾期视为放弃上述权利。

◆安全监管监察部门应当充分听取当事人的陈述和申辩，对当事人提出的事实、理由和证据，应当进行复核；当事人提出的事实、理由和证据成立的，安全监管监察部门应当采纳。安全监管监察部门不得因当事人陈述或者申辩而加重处罚。

◆安全监管监察部门对安全生产违法行为实施行政处罚，应当符合法定程序，制作行政执法文书。

4. 行政处罚适用的有关规定

在《安全生产违法行为行政处罚办法》第四章“行政处罚的适用”中，对相关事项作了规定。

◆生产经营单位的决策机构、主要负责人、个人经营的投资人（包括实际控制人，下同）未依法保证下列安全生产所必需的资金投入，致使生产经营单位不具备安全生产条件的，责令限期改正，提供必需的资金，并可以对生产经营单位处1万元以上3万元以下罚款，对生产经营单位的主要负责人、个人经营的投资人处5千元以上1万元以下罚款；逾期未改正的，责令生产经营单位停产停业整顿：

（1）未按规定缴存和使用安全生产风险抵押金的。

（2）未按规定足额提取和使用安全生产费用的。

（3）国家规定的其他安全生产所必需的资金投入。

生产经营单位主要负责人、个人经营的投资人有前款违法行为，导致发生生产安全事故的，依照《生产安全事故报告和调查处理条例》的规定给予处罚。

◆生产经营单位的主要负责人未依法履行安全生产管理职责，导致生产安全事故发生的，依照《生产安全事故报告和调查处理条例》的规定给予处罚。

◆生产经营单位及其主要负责人或者其他人员有下列行为之一的，给予警告，并可以对生产经营单位处1万元以上3万元以下罚款，对其主要负责人、其他有关人员处1千元以上1万元以下的罚款：

（1）违反操作规程或者安全管理规定作业的。

（2）违章指挥从业人员或者强令从业人员违章、冒险作业的。

（3）发现从业人员违章作业不加制止的。

（4）超过核定的生产能力、强度或者定员进行生产的。

（5）对被查封或者扣押的设施、设备、器材，擅自启封或者使用的。

（6）故意提供虚假情况或者隐瞒存在的事故隐患以及其他安全问题的。

（7）对事故预兆或者已发现的事故隐患不及时采取措施的。

（8）拒绝、阻碍安全生产行政执法人员监督检查的。

（9）拒绝、阻碍安全监管监察部门聘请的专家进行现场检查的。

（10）拒不执行安全监管监察部门及其行政执法人员的安全监管监察指令的。

◆危险物品的生产、经营、储存单位以及矿山企业、建筑施工单位有下列行为之一的，责令改正，并可以处 1 万元以上 3 万元以下的罚款：

（1）未建立应急救援组织或者未按规定签订救护协议的。

（2）未配备必要的应急救援器材、设备，并进行经常性维护、保养，保证正常运转的。

◆生产经营单位与从业人员订立协议，免除或者减轻其对从业人员因生产安全事故伤亡依法应承担的责任的，该协议无效；对生产经营单位的主要负责人、个人经营的投资人按照下列规定处以罚款：

（1）在协议中减轻因生产安全事故伤亡对从业人员依法应承担的责任的，处 2 万元以上 5 万元以下的罚款。

（2）在协议中免除因生产安全事故伤亡对从业人员依法应承担的责任的，处 5 万元以上 10 万元以下的罚款。

◆生产经营单位不具备法律、行政法规和国家标准、行业标准规定的安全生产条件，经责令停产停业整顿仍不具备安全生产条件的，安全监管监察部门应当提请有管辖权的人民政府予以关闭；人民政府决定关闭的，安全监管监察部门应当依法吊销其有关许可证。

◆生产经营单位转让安全生产许可证的，没收违法所得，吊销安全生产许可证，并按照下列规定处以罚款：

（1）接受转让的单位和个人未发生生产安全事故的，处 10 万元以上 30 万元以下的罚款。

（2）接受转让的单位和个人发生生产安全事故但没有造成人员死亡的，处 30 万元以上 40 万元以下的罚款。

（3）接受转让的单位和个人发生人员死亡生产安全事故的，处 40 万元以上 50 万元以下的罚款。

◆知道或者应当知道生产经营单位未取得安全生产许可证或者其他批准文件擅自从事生产经营活动，仍为其提供生产经营场所、运输、保管、仓储等条件的，责令立即停止违法行为，有违法所得的，没收违法所得，并处违法所得 1 倍以上 3 倍以下的罚款，但是最高不得超过 3 万元；没有违法所得的，处 5 千元以上 1 万元以下的罚款。

◆生产经营单位及其有关人员弄虚作假，骗取或者勾结、串通行政审批工作人员取得安全生产许可证书及其他批准文件的，撤销许可及批准文件，并按照下列规定处以罚款：

（1）生产经营单位有违法所得的，没收违法所得，并处违法所得 1 倍以上 3 倍以下的罚款，但是最高不得超过 3 万元；没有违法所得的，处 5 千元以上 1 万元以下的罚款。

（2）对有关人员处 1 千元以上 1 万元以下的罚款。

有前款规定违法行为的生产经营单位及其有关人员在 3 年内不得再次申请该行政许可。

生产经营单位及其有关人员未依法办理安全生产许可证书变更手续的，责令限期改正，并对生产经营单位处 1 万元以上 3 万元以下的罚款，对有关人员处 1 千元以上 5 千元以下的罚款。

◆未取得相应资格、资质证书的机构及其有关人员从事安全评价、认证、检测、检验工作，责令停止违法行为，并按照下列规定处以罚款：

（1）机构有违法所得的，没收违法所得，并处违法所得1倍以上3倍以下的罚款，但是最高不得超过3万元；没有违法所得的，处5千元以上1万元以下的罚款。

（2）有关人员处5千元以上1万元以下的罚款。

◆生产经营单位及其有关人员触犯不同的法律规定，有两个以上应当给予行政处罚的安全生产违法行为的，安全监管监察部门应当适用不同的法律规定，分别裁量，合并处罚。

◆对同一生产经营单位及其有关人员的同一安全生产违法行为，不得给予两次以上罚款的行政处罚。

◆生产经营单位及其有关人员有下列情形之一的，应当从重处罚：

（1）危及公共安全或者其他生产经营单位安全的，经责令限期改正，逾期未改正的。

（2）一年内因同一违法行为受到两次以上行政处罚的。

（3）拒不整改或者整改不力，其违法行为呈持续状态的。

（4）拒绝、阻碍或者以暴力威胁行政执法人员的。

◆生产经营单位及其有关人员有下列情形之一的，应当从轻或者减轻行政处罚：

（1）主动消除或者减轻安全生产违法行为危害后果的。

（2）受他人胁迫实施安全生产违法行为的。

（3）配合安全监管监察部门查处安全生产违法行为有立功表现的。

（4）其他依法应予从轻或者减轻行政处罚的。

安全生产违法行为轻微并及时纠正，没有造成危害后果的，不予行政处罚。

5. 行政处罚的执行和备案的有关规定

在《安全生产违法行为行政处罚办法》第五章“行政处罚的执行和备案”中，对相关事项作了规定。

◆安全监管监察部门实施行政处罚时，应当同时责令生产经营单位及其有关人员停止、改正或者限期改正违法行为。

◆本办法所称的违法所得，按照下列规定计算：

（1）生产、加工产品的，以生产、加工产品的销售收入作为违法所得。

（2）销售商品的，以销售收入作为违法所得。

（3）提供安全生产中介、租赁等服务的，以服务收入或者报酬作为违法所得。

（4）销售收入无法计算的，按当地同类同等规模的生产经营单位的平均销售收入计算。

（5）服务收入、报酬无法计算的，按照当地同行业同种服务的平均收入或者报酬计算。

◆行政处罚决定依法作出后，当事人应当在行政处罚决定的期限内，予以履行；当事人逾期不履行的，作出行政处罚决定的安全监管监察部门可以采取下列措施：

（1）到期不缴纳罚款的，每日按罚款数额的3%加处罚款。

（2）根据法律规定，将查封、扣押的设施、设备、器材拍卖所得价款抵缴罚款。

（3）申请人民法院强制执行。

当事人对行政处罚决定不服申请行政复议或者提起行政诉讼的，行政处罚不停止执行，法律另有规定的除外。

◆安全生产行政执法人员当场收缴罚款的，应当出具省、自治区、直辖市财政部门统一制发的罚款收据；当场收缴的罚款，应当自收缴罚款之日起2日内，交至所属安全监管监察部门；安全监管监察部门应当在2日内将罚款缴付指定的银行。

◆行政处罚执行完毕后，案件材料应当按照有关规定立卷归档。

案卷立案归档后，任何单位和个人不得擅自增加、抽取、涂改和销毁案卷材料。未经安全监管监察部门负责人批准，任何单位和个人不得借阅案卷。

四、《安全生产领域违法违纪行为政纪处分暂行规定》相关要点

《安全生产领域违法违纪行为政纪处分暂行规定》（以下简称《暂行规定》）（监察部、国家安全生产监督管理总局令第11号）已经监察部2006年10月30日第8次部长办公会议、国家安全生产监督管理总局2006年9月26日第23次局长办公会议通过，自公布之日（2006年11月22日）起施行。

《暂行规定》分为二十一条；制定本规定的目的，是根据《中华人民共和国行政监察法》《安全生产法》及其他有关法律法规，加强安全生产工作，惩处安全生产领域违法违纪行为，促进安全生产法律法规的贯彻实施，保障人民群众生命财产和公共财产安全。

◆国家行政机关及其公务员，企业、事业单位中由国家行政机关任命的人员有安全生产领域违法违纪行为，应当给予处分的，适用本规定。

◆有安全生产领域违法违纪行为的国家行政机关，对其直接负责的主管人员和其他直接责任人员，以及对有安全生产领域违法违纪行为的国家行政机关公务员（以下统称有关责任人员），由监察机关或者任免机关按照管理权限，依法给予处分。

有安全生产领域违法违纪行为的企业、事业单位，对其直接负责的主管人员和其他直接责任人员，以及对有安全生产领域违法违纪行为的企业、事业单位工作人员中由国家行政机关任命的人员（以下统称有关责任人员），由监察机关或者任免机关按照管理权限，依法给予处分。

◆国家行政机关及其公务员有下列行为之一的，对有关责任人员，给予警告、记过或

者记大过处分；情节较重的，给予降级或者撤职处分；情节严重的，给予开除处分：

（1）不执行国家安全生产方针政策和安全生产法律、法规、规章以及上级机关、主管部门有关安全生产的决定、命令、指示的。

（2）制定或者采取与国家安全生产方针政策以及安全生产法律、法规、规章相抵触的规定或者措施，造成不良后果或者经上级机关、有关部门指出仍不改正的。

◆国家行政机关及其公务员有下列行为之一的，对有关责任人员，给予警告、记过或者记大过处分；情节较重的，给予降级或者撤职处分；情节严重的，给予开除处分：

（1）向不符合法定安全生产条件的生产经营单位或者经营者颁发有关证照的。

（2）对不具备法定条件的机构、人员的安全生产资质、资格予以批准认定的。

（3）对经责令整改仍不具备安全生产条件的生产经营单位，不撤销原行政许可、审批或者不依法查处的。

（4）违法委托单位或者个人行使有关安全生产的行政许可权或者审批权的。

（5）有其他违反规定实施安全生产行政许可或者审批行为的。

◆国家行政机关及其公务员有下列行为之一的，对有关责任人员，给予警告、记过或者记大过处分；情节较重的，给予降级或者撤职处分；情节严重的，给予开除处分：

（1）批准向合法的生产经营单位或者经营者超量提供剧毒品、火工品等危险物资，造成后果的。

（2）批准向非法或者不具备安全生产条件的生产经营单位或者经营者，提供剧毒品、火工品等危险物资或者其他生产经营条件的。

◆国家行政机关公务员利用职权或者职务上的影响，违反规定为个人和亲友谋取私利，有下列行为之一的，给予警告、记过或者记大过处分；情节较重的，给予降级或者撤职处分；情节严重的，给予开除处分：

（1）干预、插手安全生产装备、设备、设施采购或者招标投标等活动的。

（2）干预、插手安全生产行政许可、审批或者安全生产监督执法的。

（3）干预、插手安全生产中介活动的。

（4）有其他干预、插手生产经营活动危及安全生产行为的。

◆国家行政机关及其公务员有下列行为之一的，对有关责任人员，给予警告、记过或者记大过处分；情节较重的，给予降级或者撤职处分；情节严重的，给予开除处分：

（1）未按照有关规定对有关单位申报的新建、改建、扩建工程项目的安全设施，与主体工程同时设计、同时施工、同时投入生产和使用中组织审查验收的。

（2）发现存在重大安全隐患，未按规定采取措施，导致生产安全事故发生的。

（3）对发生的生产安全事故瞒报、谎报、拖延不报，或者组织、参与瞒报、谎报、拖延不报的。

（4）生产安全事故发生后，不及时组织抢救的。

（5）对生产安全事故的防范、报告、应急救援有其他失职、渎职行为的。

◆国家行政机关及其公务员有下列行为之一的，对有关责任人员，给予警告、记过或者记大过处分；情节较重的，给予降级或者撤职处分；情节严重的，给予开除处分：

（1）阻挠、干涉生产安全事故调查工作的。

（2）阻挠、干涉对事故责任人员进行责任追究的。

（3）不执行对事故责任人员的处理决定，或者擅自改变上级机关批复的对事故责任人员的处理意见的。

◆国家行政机关公务员有下列行为之一的，给予警告、记过或者记大过处分；情节较重的，给予降级或者撤职处分；情节严重的，给予开除处分：

（1）本人及其配偶、子女及其配偶违反规定在煤矿等企业投资入股或者在安全生产领域经商办企业的。

（2）违反规定从事安全生产中介活动或者其他营利活动的。

（3）在事故调查处理时，滥用职权、玩忽职守、徇私舞弊的。

（4）利用职务上的便利，索取他人财物，或者非法收受他人财物，在安全生产领域为他人谋取利益的。

对国家行政机关公务员本人违反规定投资入股煤矿的处分，法律、法规另有规定的，从其规定。

◆国有企业及其工作人员有下列行为之一的，对有关责任人员，给予警告、记过或者记大过处分；情节较重的，给予降级、撤职或者留用察看处分；情节严重的，给予开除处分：

（1）未取得安全生产行政许可及相关证照或者不具备安全生产条件从事生产经营活动的。

（2）弄虚作假，骗取安全生产相关证照的。

（3）出借、出租、转让或者冒用安全生产相关证照的。

（4）未按照有关规定保证安全生产所必需的资金投入，导致产生重大安全隐患的。

（5）新建、改建、扩建工程项目的安全设施，不与主体工程同时设计、同时施工、同时投入生产和使用，或者未按规定审批、验收，擅自组织施工和生产的。

（6）被依法责令停产停业整顿、吊销证照、关闭的生产经营单位，继续从事生产经营活动的。

◆国有企业及其工作人员有下列行为之一，导致生产安全事故发生的，对有关责任人员，给予警告、记过或者记大过处分；情节较重的，给予降级、撤职或者留用察看处分；情节严重的，给予开除处分：

（1）对存在的重大安全隐患，未采取有效措施的。

（2）违章指挥，强令工人违章冒险作业的。

（3）未按规定进行安全生产教育和培训并经考核合格，允许从业人员上岗，致使违章作业的。

（4）制造、销售、使用国家明令淘汰或者不符合国家标准的设施、设备、器材或者产品的。

（5）超能力、超强度、超定员组织生产经营，拒不执行有关部门整改指令的。

（6）拒绝执法人员进行现场检查或者在被检查时隐瞒事故隐患，不如实反映情况的。

（7）有其他不履行或者不正确履行安全生产管理职责的。

◆国有企业及其工作人员有下列行为之一的，对有关责任人员，给予记过或者记大过处分；情节较重的，给予降级、撤职或者留用察看处分；情节严重的，给予开除处分：

（1）对发生的生产安全事故瞒报、谎报或者拖延不报的。

（2）组织或者参与破坏事故现场、出具伪证或者隐匿、转移、篡改、毁灭有关证据，阻挠事故调查处理的。

（3）生产安全事故发生后，不及时组织抢救或者擅离职守的。

生产安全事故发生后逃匿的，给予开除处分。

◆国有企业及其工作人员不执行或者不正确执行对事故责任人员作出的处理决定，或者擅自改变上级机关批复的对事故责任人员的处理意见的，对有关责任人员，给予警告、记过或者记大过处分；情节较重的，给予降级、撤职或者留用察看处分；情节严重的，给予开除处分。

◆国有企业负责人及其配偶、子女及其配偶违反规定在煤矿等企业投资入股或者在安全生产领域经商办企业的，对由国家行政机关任命的人员，给予警告、记过或者记大过处分；情节较重的，给予降级、撤职或者留用察看处分；情节严重的，给予开除处分。

◆承担安全评价、培训、认证、资质验证、设计、检测、检验等工作的机构及其工作人员，出具虚假报告等与事实不符的文件、材料，造成安全生产隐患的，对有关责任人员，给予警告、记过或者记大过处分；情节较重的，给予降级、降职或者撤职处分；情节严重的，给予开除留用察看或者开除处分。

◆法律、法规授权的具有管理公共事务职能的组织以及国家行政机关依法委托的组织及其工勤人员以外的工作人员有安全生产领域违法违纪行为，应当给予处分的，参照本规定执行。

企业、事业单位中除由国家行政机关任命的人员外，其他人员有安全生产领域违法违纪行为，应当给予处分的，由企业、事业单位参照本规定执行。

◆有安全生产领域违法违纪行为，需要给予组织处理的，依照有关规定办理。

◆有安全生产领域违法违纪行为，涉嫌犯罪的，移送司法机关依法处理。

五、《安全生产监管监察职责和行政执法责任追究的暂行规定》相关要点

2009 年 5 月 27 日，国家安全生产监督管理总局局长办公会议审议通过《安全生产监管监察职责和行政执法责任追究的暂行规定》（国家安全生产监督管理总局令第 24 号），自 2009 年 10 月 1 日起施行。

制定《安全生产监管监察职责和行政执法责任追究的暂行规定》的目的，是根据《公务员法》《安全生产法》《安全生产许可证条例》等法律法规和国务院有关规定，为促进安全生产监督管理部门、煤矿安全监察机构及其行政执法人员依法履行职责，落实行政执法责任，保障公民、法人和其他组织合法权益。本规定分为六章四十七条，各章内容为：第一章总则，第二章安全生产监管监察和行政执法职责，第三章责任追究的范围与承担责任的主体，第四章责任追究的方式与适用，第五章责任追究的机关与程序，第六章附则。

1. 总则中的有关规定

在《安全生产监管监察职责和行政执法责任追究的暂行规定》第一章“总则”中，对相关事项作了规定。

◆县级以上人民政府安全生产监督管理部门、煤矿安全监察机构（以下统称安全监管监察部门）及其内设机构、行政执法人员履行安全生产监管监察职责和实施行政执法责任追究，适用本规定；法律、法规对行政执法责任追究或者党政领导干部问责另有规定的，依照其规定。

本规定所称行政执法责任追究，是指对作出违法、不当的安全监管监察行政执法行为（以下简称行政执法行为），或者未履行法定职责的安全监管监察部门及其内设机构、行政执法人员，实施行政责任追究（以下简称责任追究）。

◆责任追究应当遵循公正公平、有错必纠、责罚相当、惩教结合的原则，做到事实清楚、证据确凿、定性准确、处理适当、程序合法、手续完备。

◆责任追究实行回避制度。与违法、不当行政执法行为或者责任人有利害关系，或者有其他特殊关系，可能影响公正处理的人员，实施责任追究时应当回避。安全监管监察部门负责人的回避由该部门负责人集体讨论决定，其他人员的回避由该部门负责人决定。

2. 安全生产监管监察和行政执法职责的有关规定

在《安全生产监管监察职责和行政执法责任追究的暂行规定》第二章“安全生产监管监察和行政执法职责”中，对相关事项作了规定。

◆县级以上人民政府安全生产监督管理部门依法对本行政区域内安全生产工作实施综合监督管理，指导协调和监督检查本级人民政府有关部门依法履行安全生产监督管理职责；对本行政区域内没有其他行政主管部门负责安全生产监督管理的生产经营单位实施安全生产监督管理；对下级人民政府安全生产工作进行监督检查。

煤矿安全监察机构依法履行国家煤矿安全监察职责，实施煤矿安全监察行政执法，对煤矿安全进行重点监察、专项监察和定期监察，对地方人民政府依法履行煤矿安全生产监督管理职责的情况进行监督检查。

◆安全监管监察部门应当依照法律、法规、规章和本级人民政府、上级安全监管监察部门规定的安全监管监察职责，根据各自的监管监察权限、行政执法人员数量、监管监察的生产经营单位状况、技术装备和经费保障等实际情况，制定本部门年度安全监管或者煤矿安全监察执法工作计划。

◆安全监管监察部门应当按照各自权限，依照法律、法规、规章和国家标准或者行业标准规定的安全生产条件和程序，履行下列行政许可职责：

（1）矿山建设项目和用于生产、储存危险物品的建设项目安全设施的设计审查、竣工验收。

（2）矿山企业、危险化学品和烟花爆竹生产企业的安全生产许可。

（3）危险化学品经营许可。

（4）非药品类易制毒化学品生产、经营许可。

（5）烟花爆竹经营（批发、零售）许可。

（6）矿山、危险化学品、烟花爆竹生产经营单位主要负责人、安全生产管理人员的安全资格认定和特种作业人员（特种设备作业人员除外）操作资格认定。

（7）煤矿矿用产品安全标志认证机构资质的认可。

（8）矿山救护队资质认定。

（9）安全生产检测检验、安全评价机构资质的认可。

（10）安全培训机构资质的认可。

（11）使用有毒物品作业场所职业卫生安全许可。

（12）注册助理安全工程师资格、注册安全工程师执业资格的考试和注册。

（13）法律、行政法规和国务院设定的其他行政许可。

行政许可申请人对其申请材料实质内容的真实性负责。安全监管监察部门对符合法定条件的申请，应当依法予以受理，并作出准予或者不予行政许可的决定。根据法定条件和程序，需要对申请材料的实质内容进行核实的，应当指派两名以上行政执法人员进行核查。

对未依法取得行政许可或者验收合格擅自从事有关活动的生产经营单位，安全监管监察部门发现或者接到举报后，属于本部门行政许可职责范围的，应当及时依法查处；属于其他部门行政许可职责范围的，应当及时移送相关部门。对已经依法取得本部门行政许可的生产经营单位，发现其不再具备安全生产条件的，安全监管监察部门应当依法暂扣或者吊销原行政许可证件。

◆安全监管监察部门应当按照年度安全监管和煤矿安全监察执法工作计划、现场检查方案，对生产经营单位是否具备有关法律、法规、规章和国家标准或者行业标准规定的安全生产条件进行监督检查，重点监督检查下列事项：

（1）依法取得有关安全生产行政许可的情况。

（2）作业场所职业危害防治的情况。

（3）建立和落实安全生产责任制、安全生产规章制度和操作规程、作业规程的情况。

（4）按照国家规定提取和使用安全生产费用、安全生产风险抵押金，以及其他安全生产投入的情况。

（5）依法设置安全生产管理机构和配备安全生产管理人员的情况。

（6）从业人员接受安全生产教育、培训，取得有关安全资格证书的情况。

（7）新建、改建、扩建工程项目的安全设施与主体工程同时设计、同时施工、同时投入生产和使用，以及按规定办理设计审查和竣工验收的情况。

（8）在有较大危险因素的生产经营场所和有关设施、设备上，设置安全警示标志的情况。

（9）对安全设备设施的维护、保养、定期检测的情况。

（10）重大危险源登记建档、定期检测、评估、监控和制定应急预案的情况。

（11）教育和督促从业人员严格执行本单位的安全生产规章制度和安全操作规程，并向从业人员如实告知作业场所和工作岗位存在的危险因素、防范措施以及事故应急措施的情况。

（12）为从业人员提供符合国家标准或者行业标准的劳动防护用品，并监督、教育从业人员按照使用规则正确佩戴和使用的情况。

（13）在同一作业区域内进行生产经营活动，可能危及对方生产安全的，与对方签订安全生产管理协议，明确各自的安全生产管理职责和应当采取的安全措施，并指定专职安全生产管理人员进行安全检查与协调的情况。

（14）对承包单位、承租单位的安全生产工作实行统一协调、管理的情况。

（15）组织安全生产检查，及时排查治理生产安全事故隐患的情况。

（16）制定、实施生产安全事故应急预案，以及有关应急预案备案的情况。

（17）危险物品的生产、经营、储存单位以及矿山企业建立应急救援组织或者兼职救援队伍、签订应急救援协议，以及应急救援器材、设备的配备、维护、保养的情况。

（18）按照规定报告生产安全事故的情况。

（19）依法应当监督检查的其他情况。

◆安全监管监察部门在监督检查中，发现生产经营单位存在安全生产违法行为或者事故隐患的，应当依法采取下列现场处理措施：

（1）当场予以纠正；

（2）责令限期改正、限期达到要求。

（3）责令立即停止作业（施工）、立即停止使用、立即排除事故隐患。

（4）责令从危险区域撤出作业人员。

（5）责令暂时停产停业、停止建设、停止施工或者停止使用。

（6）依法应当采取的其他现场处理措施。

◆被责令限期改正、限期达到要求、暂时停产停业、停止建设、停止施工或者停止使用的生产经营单位提出复查申请或者整改、治理限期届满的，安全监管监察部门应当自收到申请或者限期届满之日起10日内进行复查，并填写复查意见书，由被复查单位和安全监管监察部门复查人员签名后存档。

煤矿安全监察机构依照有关规定将复查工作移交给县级以上地方人民政府负责煤矿安全生产监督管理的部门的，应当及时将相应的执法文书抄送该部门并备案。县级以上地方人民政府负责煤矿安全生产监督管理的部门应当自收到煤矿申请或者限期届满之日起10日内进行复查，并填写复查意见书，由被复查煤矿和复查人员签名后存档，并将复查意见书及时抄送移交复查的煤矿安全监察机构。

对逾期未整改、治理或者整改、治理不合格的生产经营单位，安全监管监察部门应当依法给予行政处罚，并依法提请县级以上地方人民政府按照规定的权限决定关闭。

◆安全监管监察部门在监督检查中，发现生产经营单位存在安全生产非法、违法行为的，有权依法采取下列行政强制措施：

（1）对有根据认为不符合安全生产的国家标准或者行业标准的在用设施、设备、器材，予以查封或者扣押，并应当在作出查封、扣押决定之日起15日内依法作出处理决定。

（2）扣押相关的证据材料和违法物品，临时查封有关场所。

（3）法律、法规规定的其他行政强制措施。

实施查封、扣押的，应当当场下达查封、扣押决定书和被查封、扣押的财物清单。在交通不便地区，或者不及时查封、扣押可能影响案件查处，或者存在事故隐患可能造成生产安全事故的，可以先行实施查封、扣押，并在48小时内补办查封、扣押决定书，送达当事人。

◆安全监管监察部门在监督检查中，发现生产经营单位存在的安全问题涉及有关地方人民政府或其有关部门的，应当及时向有关地方人民政府报告或其有关部门通报。

◆安全监管监察部门应当严格依照法律、法规和规章规定的行政处罚的行为、种类、幅度和程序，按照各自的管辖权限，对监督检查中发现的生产经营单位及有关人员的安全生产非法、违法行为实施行政处罚。

生产经营单位拒不执行安全监管监察部门行政处罚决定的，作出行政处罚决定的安全监管监察部门可以依法申请人民法院强制执行；拒不执行处罚决定可能导致生产安全事故的，应当及时向有关地方人民政府报告或其有关部门通报。

◆安全监管监察部门对生产经营单位及其从业人员作出现场处理措施、行政强制措施和行政处罚决定等行政执法行为前，应当充分听取当事人的陈述、申辩，对其提出的事实、理由和证据，应当进行复核。当事人提出的事实、理由和证据成立的，应当予以采纳。

安全监管监察部门对生产经营单位及其从业人员作出现场处理措施、行政强制措施和行政处罚决定等行政执法行为时，应当依法制作有关法律文书，并按照规定送达当事人。

◆安全监管监察部门应当依法履行下列生产安全事故报告和调查处理职责：

（1）建立值班制度，并向社会公布值班电话，受理事故报告和举报。

（2）按照法定的时限、内容和程序逐级上报和补报事故。

（3）接到事故报告后，按照规定派人立即赶赴事故现场，组织或者指导协调事故救援。

（4）按照规定组织或者参加事故调查处理。

（5）对事故发生单位落实事故防范和整改措施的情况进行监督检查。

（6）依法对事故责任单位和有关责任人员实施行政处罚。

（7）依法应当履行的其他职责。

◆安全监管监察部门应当依法受理、调查和处理本部门法定职责范围内的举报事项，并形成书面材料。调查处理情况应当答复举报人，但举报人的姓名、名称、住址不清的除外。对不属于本部门职责范围的举报事项，应当依法予以登记，并告知举报人向有权机关提出。

◆安全监管监察部门应当依法受理行政复议申请，审理行政复议案件，并作出处理或者决定。

3. 责任追究的范围与承担责任的主体有关规定

在《安全生产监管监察职责和行政执法责任追究的暂行规定》第三章“责任追究的范围与承担责任的主体”中，对相关事项作了规定。

◆安全监管监察部门及其内设机构、行政执法人员履行本规定第二章规定的行政执法职责，有下列违法或者不当的情形之一，致使行政执法行为被撤销、变更、确认违法，或者被责令履行法定职责、承担行政赔偿责任的，应当实施责任追究：

（1）超越、滥用法定职权的。

（2）主要事实不清、证据不足的。

（3）适用依据错误的。

（4）行政裁量明显不当的。

（5）违反法定程序的。

（6）未按照年度安全监管或者煤矿安全监察执法工作计划、现场检查方案履行法定职责的。

（7）其他违法或者不当的情形。

前款所称的行政执法行为被撤销、变更、确认违法，或者被责令履行法定职责、承担行政赔偿责任，是指行政执法行为被人民法院生效的判决、裁定，或者行政复议机关等有权机关的决定予以撤销、变更、确认违法或者被责令履行法定职责、承担行政赔偿责任的情形。

◆有下列情形之一的，安全监管监察部门及其内设机构、行政执法人员不承担责任：

（1）因生产经营单位、中介机构等行政管理相对人的行为，致使安全监管监察部门及其内设机构、行政执法人员无法作出正确行政执法行为的。

（2）因有关行政执法依据规定不一致，致使行政执法行为适用法律、法规和规章依据不当的。

（3）因不能预见、不能避免并不能克服的不可抗力致使行政执法行为违法、不当或者未履行法定职责的。

（4）违法、不当的行政执法行为情节轻微并及时纠正，没有造成不良后果或者不良后果被及时消除的。

（5）按照批准、备案的安全监管或者煤矿安全监察执法工作计划、现场检查方案和法律、法规、规章规定的方式、程序已经履行安全生产监管监察职责的。

（6）对发现的安全生产非法、违法行为和事故隐患已经依法查处，因生产经营单位及其从业人员拒不执行安全生产监管监察指令导致生产安全事故的。

（7）生产经营单位非法生产或者经责令停产停业整顿后仍不具备安全生产条件，安全监管监察部门已经依法提请县级以上地方人民政府决定取缔或者关闭的。

（8）对拒不执行行政处罚决定的生产经营单位，安全监管监察部门已经依法申请人民法院强制执行的。

（9）安全监管监察部门已经依法向县级以上地方人民政府提出加强和改善安全生产监督管理建议的。

（10）依法不承担责任的其他情形。

◆承办人直接作出违法或者不当行政执法行为的，由承办人承担责任。

◆因安全监管监察部门指派不具有行政执法资格的单位或者人员执法，致使行政执法行为违法或者不当的，由指派部门及其负责人承担责任。

◆两名以上行政执法人员共同作出违法或者不当行政执法行为的，由主办人员承担主要责任，其他人员承担次要责任；不能区分主要、次要责任人的，共同承担责任。

4. 责任追究的方式与适用有关规定

在《安全生产监管监察职责和行政执法责任追究的暂行规定》第四章“责任追究的方式与适用”中，对相关事项作了规定。

◆对安全监管监察部门及其内设机构的责任追究包括下列方式：

（1）责令限期改正。

（2）通报批评。

（3）取消当年评优评先资格。

（4）法律、法规和规章规定的其他方式。

对行政执法人员的责任追究包括下列方式：

（1）批评教育。

（2）离岗培训。

（3）取消当年评优评先资格。

（4）暂扣行政执法证件。

（5）调离执法岗位。

（6）法律、法规和规章规定的其他方式。

◆对安全监管监察部门及其内设机构、行政执法人员实施责任追究时，应当根据违法、不当行政执法行为的事实、性质、情节和对社会的危害程度，依照本规定的有关条款决定。

◆违法或者不当行政执法行为的情节较轻、危害较小的，对安全监管监察部门责令限期改正，对行政执法人员予以批评教育或者离岗培训，并取消当年评优评先资格。

违法或者不当行政执法行为的情节较重、危害较大的，对安全监管监察部门责令限期改正，予以通报批评，并取消当年评优评先资格；对行政执法人员予以调离执法岗位或者暂扣行政执法证件，并取消当年评优评先资格。

5. 责任追究的机关与程序有关规定

在《安全生产监管监察职责和行政执法责任追究的暂行规定》第五章“责任追究的机关与程序”有关规定中，对相关事项作了规定。

◆安全生产监督管理部门及其负责人的责任，按照干部管理权限，由其上级安全生产监督管理部门或者本级人民政府行政监察机关追究；所属内设机构和其他行政执法人员的责任，由所在安全生产监督管理部门追究。

煤矿安全监察机构及其负责人的责任，按照干部管理权限，由其上级煤矿安全监察机构追究；所属内设机构及其行政执法人员的责任，由所在煤矿安全监察机构追究。

◆安全监管监察部门进行责任追究，按照下列程序办理：

（1）负责法制工作的机构自行政执法行为被确认违法、不当之日起 15 日内，将有关当事人的情况书面通报本部门负责行政监察工作的机构。

（2）负责行政监察工作的机构自收到法制工作机构通报或者直接收到有关行政执法行为违法、不当的举报之日起 60 日内调查核实有关情况，提出责任追究的建议，报本部门领导班子集体讨论决定。

（3）负责人事工作的机构自责任追究决定作出之日起 15 日内落实决定事项。

法律、法规对责任追究的程序另有规定的，依照其规定。

◆安全监管监察部门作出责任追究决定前，负责行政监察工作的机构应当将追究责任的有关事实、理由和依据告知当事人，并听取其陈述和申辩。对其合理意见，应当予以采纳。

《行政执法责任追究决定书》应当送到当事人，以及当事人所在的单位和内设机构。责任追究决定作出后，作出决定的安全监管监察部门应当派人与当事人谈话，做好思想工作，督促其做好工作交接等后续工作。

当事人对责任追究决定不服的，可以依照《公务员法》等规定申请复核和提出申诉。申诉期间，不停止责任追究决定的执行。

◆对当事人的责任追究情况应当作为其考核、奖惩、任免的重要依据。安全监管监察部门负责人事工作的机构应当将责任追究的有关材料记入当事人个人档案。

六、《安全生产行政处罚自由裁量适用规则（试行）》相关要点

2010 年 6 月 17 日，国家安全生产监督管理总局局长办公会议审议通过《安全生产行政处罚自由裁量适用规则（试行）》（国家安全生产监督管理总局令第 31 号），自 2010 年 10 月 1 日起施行。

制定《安全生产行政处罚自由裁量适用规则（试行）》的目的，是根据《行政处罚法》《安全生产法》《职业病防治法》等法律、行政法规和部门规章的规定，为了正确适用安全生产法律、行政法规和部门规章，规范安全生产监督管理部门合法、适当地行使行政处罚自由裁量权。本规则分为五章二十五条，各章内容为：第一章总则，第二章行政处罚自由裁量的考量原则，第三章行政处罚自由裁量的适用规则，第四章行政处罚自由裁量的审核与监督，第五章附则。

1. 总则中的有关规定

在《安全生产行政处罚自由裁量适用规则（试行）》第一章“总则”中，对相关事项

作了规定。

◆县级以上安全生产监督管理部门或其委托实施行政处罚的组织或者机构（以下统称安全监管执法机关）依照安全生产法律、行政法规和部门规章作出行政处罚行使自由裁量权的，适用本规则；具体实施行政处罚需要自由裁量的，参照《安全生产行政处罚自由裁量标准）》（以下简称《标准）》执行。

煤矿安全监察机构对煤矿安全生产违法行为作出行政处罚行使自由裁量权的，适用《煤矿安全监察行政处罚自由裁量实施标准（试行）》。

法律、行政法规和地方性法规对行政处罚自由裁量另有规定的，适用其规定；原国家安全监管局、国家安全监管总局公布的部门规章与本规则不一致的，适用本规则。

◆本规则所称的行政处罚自由裁量权，是指安全监管执法机关在对安全生产违法行为实施行政处罚时，根据立法目的和行政处罚的原则，在法律、行政法规和部门规章规定的行政处罚的种类和幅度内，综合考量违法的事实、性质、手段、后果、情节和改正措施等因素，正确、适当地确定行政处罚的种类、幅度或者作出不予行政处罚决定的选择适用权限。

◆各级安全监管执法机关应当加强对各自管辖范围内安全生产行政处罚自由裁量行为的监督检查。

上级安全监管执法机关有权对下级安全监管执法机关违法或者不当的行政处罚予以纠正或者撤销。

2. 行政处罚自由裁量的考量原则的有关规定

在《安全生产行政处罚自由裁量适用规则（试行）》第二章“行政处罚自由裁量的考量原则”中，对相关事项作了规定。

◆行使行政处罚自由裁量权，应当遵循程序法定原则，严格遵守法律、行政法规和部门规章规定的程序。

◆行使行政处罚自由裁量权，应当遵循合法、公平、公正、公开的原则，过罚相当的原则和处罚与教育相结合的原则，依法维护公民、法人和其他组织的合法权益，确保行政处罚自由裁量权行使的合法性和合理性。

◆行使行政处罚自由裁量权，应当以事实为依据、以法律为准绳，全面分析违法行为的主体、客体、主观方面、客观方面等因素，综合裁量，合理确定应否给予行政处罚或者应当给予行政处罚的种类、幅度。给予行政处罚的种类、幅度应当与违法行为的事实、性质、情节、认知态度以及社会危害程度相当。

对同一类违法主体实施的性质相同、情节相近或者相似、危害后果基本相当的违法行为，在行使行政处罚自由裁量权时，适用的法律依据、处罚种类应当基本一致，处罚幅度应当基本相当。

◆同一个违法行为违反不同法律、行政法规或者部门规章规定的，在适用具体法律条文时应当遵循下列原则：

（1）优先适用法律效力高的规定。

（2）法律效力相同，属于特别规定的优先适用。

（3）法律效力相同，生效时间在后的优先适用。

◆法律对同一个违法行为设定了行政处罚的，按照下列原则行使自由裁量权：

（1）同一法律规定实施某个违法行为应当（可以）处以罚款的行政处罚确定的，参照《标准》对其罚款幅度予以细化。

（2）同一法律规定实施某个违法行为应当（可以）处以不同种类（包括警告、没收违法所得、暂扣或者吊销许可证等）的行政处罚的，参照《标准》给予相应种类的行政处罚。

（3）同一法律规定实施某个违法行为根据情节轻重不同处以不同种类的行政处罚的，参照《标准》确定的情节给予相应种类的行政处罚。

◆生产经营单位及其有关人员违反不同的法律规定，或者违反同一条款的不同违法情形，有两个以上应当给予行政处罚的违法行为的，应当适用不同的法律规定或者同一法律条款规定的不同违法情形，分别裁量，合并处罚。

3. 行政处罚自由裁量的适用规则有关规定

在《安全生产行政处罚自由裁量适用规则（试行）》第三章“行政处罚自由裁量的适用规则”中，对相关事项作了规定。

◆法律、行政法规或者部门规章规定应当先予责令改正或者责令限期改正的，应当先予书面责令当事人在规定期限内予以改正；当事人逾期不改正的，再依法决定行政处罚。

◆法律、行政法规或者部门规章规定的多种处罚应当并处的，不得选择适用；规定可以并处的，可以选择适用。

法律、行政法规或者部门规章明确规定的处罚种类可以单处也可以并处的，可以选择适用，但应分清主罚项和次罚项。

法律、行政法规规定应当先予没收物品、没收违法所得，再作其他处罚的，不得直接选择适用其他处罚。

◆法律、行政法规或者部门规章已经规定处罚种类的，实施自由裁量权时，不得改变行政处罚种类；对当事人实施罚款的，其罚款额不得高于法律、行政法规或者部门规章规定数额的上限，也不得低于其规定数额的下限。

◆当事人有下列情形之一的，应当依法从轻处罚：

（1）已满 14 周岁不满 18 周岁的公民实施安全生产违法行为的。

（2）主动消除或者减轻安全生产违法行为危害后果的。

（3）受他人胁迫实施安全生产违法行为的。

（4）配合安全监管执法机关查处安全生产违法行为，有立功表现的。

（5）主动投案，向安全监管执法机关如实交待自己的违法行为的。

（6）具有法律、行政法规规定的其他从轻处罚情形的。

有从轻处罚情节的，应当在法定处罚幅度的中档以下确定行政处罚标准，但不得低于法定处罚幅度的下限。

◆当事人有下列情形之一的，应当依法从重处罚：

（1）危及公共安全或者其他生产经营单位及其人员安全，经责令限期改正，逾期未改正的。

（2）一年内因同一种安全生产违法行为受到两次以上行政处罚的。

（3）拒不整改或者整改不力，其违法行为处于持续状态的。

（4）拒绝、阻碍或者以暴力威胁行政执法人员的。

（5）在处置突发事件期间实施安全生产违法行为的。

（6）隐匿、销毁违法行为证据的。

（7）违法行为情节恶劣，造成人身死亡（重伤、急性工业中毒）或者严重社会影响的。

（8）故意实施违法行为的。

（9）对举报人、证人打击报复的。

（10）未依法排查治理事故隐患的。

（11）发生生产安全事故后逃匿或者瞒报、谎报的。

（12）具有法律、行政法规规定的其他从重处罚情形的。

有从重处罚情节的，应当在法定处罚幅度内选择较高或者最高幅度确定处罚标准，但不得高于法定处罚幅度上限。

◆当事人有下列情形之一的，不予处罚：

（1）证据不足，安全生产违法事实不能成立的。

（2）安全生产违法行为轻微并及时纠正，没有造成危害后果的。

（3）不满 14 周岁的公民实施安全生产违法行为的。

（4）精神病病人在不能辨认或者不能控制自己行为时实施安全生产违法行为的。

（5）安全生产违法行为在两年内未被发现的，法律另有规定的除外。

（6）具有法律、行政法规、部门规章规定的其他情形的。

4. 行政处罚自由裁量的审核与监督有关规定

在《安全生产行政处罚自由裁量适用规则（试行）》第四章“行政处罚自由裁量的审

核与监督”中，对相关事项作了规定。

◆除当场行政处罚外，行政处罚自由裁量结果实行审核制度。

案件调查终结后，案件承办人员应当对拟作出行政处罚的种类和幅度提出建议，并说明行使自由裁量权的事实、理由和依据：案件审核人员应当对处罚依据、额度等提出审核意见，并将审核意见报送安全监管执法机关负责人审查决定：安全监管执法机关已经成立行政处罚案件审核委员会的，审核意见报案件审核委员会审查决定。

对安全生产违法行为给予从轻或者从重处罚的自由裁量结果，应当由安全监管执法机关的负责人集体讨论决定。

◆行政处罚案件实行备案审查制度。

各级安全监管执法机关负责法制工作的机构负责本机关行政处罚案件的备案审查工作，对各类安全生产行政处罚案件的实体内容、执法程序、自由裁量的合法性、适当性以及相关证据进行事后审查，并定期对行政执法案卷进行复查和监督。

◆行使安全生产行政处罚自由裁量权的裁量结果应当公开，允许社会公众查阅，但涉及国家秘密、商业秘密或者个人隐私的除外。

◆行政监察机关对安全监管执法机关及其工作人员行使行政处罚自由裁量权实施监察。

安全监管执法机关及其工作人员行使行政处罚自由裁量权明显不当的，必须及时予以纠正；对有关责任人员依照《安全生产监管监察职责和行政执法责任追究的暂行规定》处理。

第三章 《职业病防治法》有关知识

目前我国职业病危害人群覆盖面广，接触职业危害的人数、职业病患者累计病例居高不下，中小企业职业病危害严重，职业病防治工作形势不容乐观。特别是随着经济运行环境日益复杂，我国职业病危害转移问题十分严重，职业病发病率呈上升趋势，并且出现传统职业病危害尚未得到完全控制，新的职业病危害又不断产生的情况，这对劳动者的健康构成新的威胁。

第一节 开展职业病防治的意义和目标

劳动力资源是社会的宝贵资源，是经济社会可持续发展的重要保障。坚持科学发展观，以人为本，依法保护劳动者健康是维护最广大人民根本利益的必然要求，也是构建社会主义和谐社会的必然要求。

一、开展职业病防治的重要意义

1. 充分认识职业病的危害

我国的劳动者人数众多，职业病危害也十分严重，职业病发病率呈现出逐年上升的趋势，对劳动者的健康构成威胁。需要注意的是，许多小企业缺乏职业卫生保障，特别容易导致职业病的发生，而这些小企业却是大批农村劳动力的主要就业单位。此外，由于许多农民工进入各类缺乏职业卫生保障的企业，加上人员的流动性和不稳定性，带来的各种职业病危害明显增加，对劳动人群健康所造成的损害日趋严重。因此必须加强管理，加强法制建设，通过法律法规来减少和控制职业病的危害。

据有关卫生专家预测，如不采取有效防治措施，今后几十年将有大批职业病病人出现，因职业病危害导致劳动者死亡、致残、部分丧失劳动能力的人数将不断增加，其危害程度远远高于生产安全事故和交通事故。许多职业病严重损害劳动者的健康及劳动能力，其治疗和康复费用昂贵，给用人单位、国家和劳动者造成巨大损失，严重影响社会经济的进步与发展。因此，必须强化预防、控制和消除职业病危害的法制管理。

2. 积极预防和控制职业病

防治职业病是指预防、治理和治疗。预防，在于控制和消除职业病危害，为劳动者创造良好的工作环境和劳动条件，保障劳动者获得职业卫生保护，防止职业病的发生；治疗，首先是对职业病危害进行积极治理，其次是保障职业病病人的医治、疗养和康复，包括职业健康、职业能力在内的职业素质尽可能地恢复。

防治职业病的措施包括：

（1）预防。是指预先采取防范措施，这是必须贯彻于职业病防治活动全过程的根本措施。它包括为控制和消除职业病危害因素所采取的一切措施，特别是前期预防，强调从职业病危害源头采取措施。为此，《职业病防治法》规定，对新建、扩建、改建建设项目和技术改造、技术引进项目（统称建设项目）可能产生职业病危害的，实施职业病危害评价，对建设项目的职业病防护设施，必须与主体工程同时设计、同时施工、同时投入生产使用，从预防的角度，将职业病危害从源头截断，避免职业病危害的产生。

（2）控制。是指对工作场所或者职业活动过程中产生或者可能产生的职业病危害因素的识别、评价、干预措施，目的是保证工作场所职业病危害因素的浓度或强度符合国家职业卫生标准和卫生要求。

（3）消除。是指依靠科技进步，产业结构调整，技术改造和其他治理措施，用无毒害材料、工艺代替有毒害材料、工艺，根除工作场所存在的职业病危害。

3. 保护劳动者健康及其相关权益

保护劳动者健康及相关权益，是我国职业卫生工作的核心，是职业卫生工作的出发点和落脚点。《宪法》第二十一条规定："国家发展医疗卫生事业……保护人们健康"。第四十二条规定：国家"加强劳动保护，改善劳动条件"。第四十五条规定："中华人民共和国公民在年老、疾病或者丧失劳动能力的情况下，有从国家和社会获得物质帮助的权利。国家发展为公民享受这些权利所需要的社会保险、社会救济和医疗卫生事业"；《民法通则》第九十八条规定："公民享有生命健康权"，并把它列为公民的首要人身权，任何单位和个人不得侵害，否则，要承担相应的法律责任。因此，职业卫生工作必须把保护劳动者健康及相关权益放在第一位。

4. 促进经济的持续稳定发展

保护劳动者健康及相关权益，对促进经济发展的意义和作用十分重要。第一，健康是社会和经济发展的基础，是人类发展追求的基本目标之一。劳动者既是社会财富的创造者，同时也应该是社会经济均衡发展的受益者。从广大劳动者的根本利益出发，发展社会主义市场经济，应当不断适应劳动者日益增长的职业健康需求，依法保障劳动者享有的职业卫生保护权利；第二，对用人单位来说，保护劳动者健康，提高劳动者的健康素质，是提高个人职业素质和用人单位整体素质的决定性因素之一，做好职业卫生工作，直接关系到企业在国内外市场的竞争能力；第三，国内外大量事实和报告数据表明，职业病危害是造成劳动者过早丧失劳动能力的最主要因素，不仅给身患职业病的劳动者及其家庭带来身心痛苦，而且造成劳动者的创造力、劳动能力的丧失，导致劳动生产率下降和劳动生产力的巨大损失。

劳动者健康素质的高低，直接关系到一个国家的生产力发展水平。保护劳动者健康及其相关权益，不仅密切关系到劳动者家庭幸福和社会的进步与文明，而且对提高劳动者工作生命质量，延长劳动者有效工作年限，保持劳动力资源的可持续发展，促进社会生产力及经济的发展，都是十分重要的。

二、职业病防治工作面临的形势与挑战

新中国成立 60 多年来，党和政府一直高度重视职业病防治工作。针对主要职业病危害问题，党中央、国务院发布了一系列重要决定和文件。在各级政府的领导下，卫生部门和其他有关部门通力合作，在尘毒治理、改善劳动条件和防治职业病等方面做了大量工作，初步建立了一套适合我国国情的职业卫生管理制度和管理体系，企业的职业卫生条件得到了较大改善，职业病防治工作取得了显著成绩，为保护劳动者健康，促进经济和社会发展做出了重大贡献。

“十五”期间，党和政府采取一系列强有力的职业病防治工作措施，加快了职业病防治工作法制建设，先后颁布实施了《职业病防治法》等一系列职业病防治法律、法规、标准；改革和完善国家职业病防治监管体制，加强职业卫生队伍建设和职业卫生监督执法；探索多部门合作的长效工作机制，在重点行业和领域集中开展了一系列专项治理活动；卫生部将每年 4 月的最后一个星期确定为《职业病防治法》宣传周，定期会同其他有关部门开展多种形式的职业病防治系列活动；将职业病报告纳入国家公共卫生信息平台，正式启用全国职业病网络直报系统；不断加大职业病防治投入，制定和实施了一系列有利于职业病防治的经济政策；建立职业卫生技术服务机构的准入制度，提高了职业卫生技术服务水平；建立建设项目职业卫生审查制度，加强职业病防治的源头控制；探索建立县及县以下职业卫生服务与监管模式和工作机制，将职业卫生服务与公共卫生服务合理整合，充分利用现有卫生服务网络资源，提高职业卫生服务的可及性；加大职业病防治监督执法力度，严肃查处职业病危害事故。

1. 职业病防治工作面临的新形势

近年来，经过各方面的共同努力，职业病防治危害状况总体稳定、趋于好转，但形势依然严峻。主要体现在以下几个方面：

（1）职业危害因素分布广，接触人群大。全国有30多个行业存在各种职业危害因素，约有两亿名劳动者接触各种职业病危害因素，劳动者职业健康问题日益突出。截至2007年6月，报告的累积尘肺病例619 350例，因尘肺病死亡的劳动者已超过15万人。尘肺病发病工龄明显缩短，近几年报告的尘肺病实际接尘工龄在10年以下的占20%。单起事故的中毒死亡率15年来一直居高不下。

（2）职业卫生技术服务覆盖率低。随着我国工业化加速发展和全球经济一体化进程的加快，一些严重的职业病危害由工业发达国家向我国转移，在国内由发达地区向欠发达地区和不发达地区、由大型企业向中小型企业、由城市向农村转移。加之用工制度改革，企业改制，工作方式变化以及流动工人的大量产生，劳动用工管理难度加大，职业卫生技术服务设施薄弱与庞大的劳动力需求之间矛盾突出，职业卫生技术服务覆盖率较低。据专家估算，我国劳动者平均的职业卫生服务覆盖率不到10%，大量的农民工等流动劳动者没有进行职业健康检查，一些职业病未及时得到诊断治疗。

（3）职业病危害造成的经济、社会损失严重。很多职业病发生后难以治愈，不仅给劳动者本人带来痛苦，也给劳动者的家庭带来巨大不幸，许多劳动者因病致贫。职业病诊断纠纷导致的群体性事件时有发生，带来一系列的社会问题，严重影响社会和谐与稳定。一些国家以我国产品在生产过程中没有采取有效的职业病防护措施为由，抵制我国产品的出口。因职业病导致的直接经济损失惊人，仅尘肺病造成的直接经济损失每年就高达160亿元，并且以每年6亿元的速度逐年递增。按国际劳工组织估算标准计算，我国每年因职业病和工伤带来的经济损失近1万亿人民币。由于职业病存在一定的潜伏期，尽管职业健康监护的水平不断提高，但职业病在今后的一段时间内仍存在高发势头。

（4）一些职业病损伤尚未纳入法律保护范畴，职业病病人待遇落实不到位。目前，我国《职业病目录》规定的职业病只有十大类115种，许多职业病损伤尚未纳入法律保护范畴。如一些化学物质引起的职业性肿瘤、不良体位引起的职业性腰背痛、生物因素如艾滋病病毒引起的医护人员的职业损害等。劳动者身患职业病自己却不知情的情况十分普遍。职业病患者中，每年可以落实职业病待遇的仅有5万人，不足已知职业病患者的1/20。

2. 造成职业病危害形势严峻的原因

造成职业病危害形势严峻的原因主要有以下几个方面：

（1）不能正确处理职业病防治工作与经济利益的关系。一些地方政府和企业对职业病防治工作缺乏足够认识，存在重经济、轻劳动者健康的倾向。有些地方甚至存在着以牺牲劳动者健康换取经济利益的现象。《职业病防治法》规定的“预防为主，防治结合，分类管理，综合治理”的职业病防治工作方针没有落到实处。

（2）职业病防治工作历史遗留问题多。绝大多数企业长期以来对职业病防治投入不足，职业病防治工作欠账严重，尤其是一些老工业企业，生产工艺技术落后，设备老化陈旧，职业病防治管理水平低。重大危险源数量大、分布广，没有建立起完善的职业病防治监控管理体系。对劳动者生命健康和安全构成严重威胁的职业危害隐患未得到有效治理，又产生了一些新的职业危害和职业病防治问题。

（3）职业病防治监管体制不健全。一些市、县尚未设立职业病防治监管机构，随着政府机构的调整，部分行业职业病防治管理工作弱化。职业病防治监管、执法队伍建设缓慢，已成立职业病防治机构的也存在监管力量不足、监管手段落后等问题。多部门间联合执法机制不完善，难以形成合力。

（4）职业病防治责任不落实。职业病防治工作还没有成为大多数企业的自觉行动，一些企业主体责任不落实，管理混乱，甚至有些企业无视法律法规，不顾劳动者生命健康和安全，违法违规生产。部分地方和部门职业病防治监管措施不到位，执法不严格，监管行为缺乏权威性和有效性，对职业病防治违法行为查处不力。在一些地方、行业和领域存在着失职渎职，甚至徇私舞弊，纵容和庇护非法生产的行为。

（5）职业病防治工作存在众多薄弱环节。《职业病防治法》配套的政策、法规、技术标准还需要逐步建立和完善。职业病防治监管信息化水平较低，一些职业病的实际发病情况尚不清楚。职业病防治科技支撑力量薄弱，基础设施落后，科研投入不足，成果转化率低。宣传教育培训工作相对滞后，培训方式和手段落后。职业病防治应急救援体系不健全，救援装备落后，应急管理薄弱，应对重、特大事故的能力差。

3. 职业病防治工作面临的挑战

在新的形势下，职业病防治工作还面临着更加严峻的挑战。

（1）经济高速增长带来职业病防治工作的新问题。经济快速增长的同时，出现了一些新的职业病危害因素，接触职业病危害因素的劳动者也不断增多。在煤矿、冶金、化工等职业病高发的行业和领域，职业病防治水平低的企业还将在一定时期内存在。经济的快速增长也将进一步加剧煤、电、油、运等紧张的局面，煤炭等基础产业超能力、超强度生产的问题将日益突出，职业病防治面临新的考验。

（2）劳动者队伍变化增加了职业病防治工作的难度。我国目前正处于城镇化快速发展阶段，大量农村剩余劳动力向城镇转移；劳动者队伍构成复杂，流动性加快，年龄结构、劳动技能、文化水平参差不齐；职业病防治培训教育难以满足劳动者的需要，劳动者职业病防治技能和自我保护意识差，不能正确保护自我健康和合法权益，这些都加大了职业病防治管理工作的难度，对职业病防治工作提出了更高的要求。

（3）我国的职业病防治工作面临着与国际接轨的挑战。2002年世界卫生组织在“人人享有职业卫生保健”全球战略的基础上，提出了“基本职业卫生服务”（BOHS），旨在使每个劳动者享有基本职业卫生服务；2004年，国际劳工组织和世界卫生组织共同提出“全球消除矽肺计划”，计划要求在2030年完全消除矽肺；2007年，世界卫生组织制订2008—2017年“劳动者健康全球行动计划”，以促进国家有关劳动者健康政策的制定，提高职业卫生技术服务可及性，将劳动者健康纳入其他政策统筹考虑。国际社会对职业病防治工作和劳动者健康权益的保护日益重视，给我国的职业病防治工作提出了更高的标准和要求。

三、职业病防治规划与措施

在《全国职业病防治规划（2009—2015年）》中，对职业病的防治工作提出了明确目标，要求坚持以人为本，以科学发展观统领全局，贯彻“预防为主、防治结合”的方针，采取分类管理、综合治理、全面推进、重点突破的措施，健全职业病防治法制，落实职业病防治责任，确保劳动者公平享有基本职业卫生保健服务，预防控制职业病危害，保护劳动者健康及其相关权益。

1．职业病防治规划

到2015年，职业病综合防治能力显著提高，工作场所劳动条件明显改善，工作场所职业病危害因素监测合格率达到80%以上，基本消除恶性、重大急性职业病危害事故，主要职业病发病水平明显下降。进一步完善职业病防治法规和标准体系、劳动者工伤保险和职业病治疗保障体系、职业病防治监管体系、职业病防治技术支撑体系和应急救援体系，建立和完善政府、用人单位和工会职业病防治的三方协商机制。

具体工作目标主要是：

（1）完善职业病防治法规标准体系。以《职业病防治法》为基础，逐步建立和完善与社会经济发展相适应的职业病危害风险评估、分类管理、职业病危害防护等法规、标准体系。

（2）有效落实用人单位职业病防治责任。用人单位自觉履行职业病防治法定责任。职业危害申报率达到100%；工作场所职业病危害告知率及警示标识设置率达到100%；用人单位负责人、劳动者职业卫生培训率达到100%。高危行业劳动合同签订率达到100%；高危行业职业病危害预评价率、防护设施控制效果评价率达到100%；高危行业职业病危害因素监测率达到100%；高危行业职业健康监护率达到100%。

（3）健全职业病防治和监管网络，提升监管水平。到2010年，建立和完善职责明确、规模适度的国家、省、市、县四级职业病防治和监管网络；到2015年，网络职能延伸到社区或乡镇。同时提升综合监管水平，逐步提高监管覆盖率。对高危行业用人单位的职业病危害预评价审查率、防护设施设计审核率、竣工验收率均达到100%；作业场所职业病危害监管覆盖率达到100%；劳动者职业健康监护监督覆盖率达到100%。

（4）落实劳动者权益和职业病人保障制度。劳动合同签订覆盖率达到100%；工伤保险覆盖率达到100%；职业病人治疗率、妥善安置率达到100%。

（5）完善技术支撑体系和应急救援体系建设。积极推进基本职业卫生服务试点工作，逐步建立健全覆盖城乡的基层职业卫生服务网络，提高应急反应能力。高危行业劳动者体检率达成100%，省级中毒医疗救治基地和核辐射事故医学救治中心建成率达到100%。

2. 职业病防治的主要任务

（1）加强职业病防治相关法规、政策的制定实施。一是完善职业病危害风险管理，工作场所职业病危害因素检测评价，职业病危害防护设施与个人防护用品防护性能评价，职业健康监护与职业病诊断、治疗、康复，高危行业职业卫生管理等职业病防治法规、技术标准体系和相关政策。二是对职业病防治工作相关政策、法规和标准贯彻实施效果进行评估，提高职业病防治政策、法规、标准的公平性、有效性，完善职业病防治政策、法规和标准体系。

（2）落实用人单位职业病防治责任制。一是用人单位应当建立健全职业病防治责任制，强化职业病防治的管理，对本单位产生的职业病危害承担责任。依法落实职业病防治措施，逐步建立与现代企业制度相适应的职业病防治管理体系和制度，预防职业病的发生。二是提倡使用新技术、新工艺、新材料，采用无毒替代有毒、低毒替代高毒，从根本上减少和预防职业病危害。对于生产技术、设备、工艺落后、职业病防治条件差的企业，要通过产业结构优化升级，逐步进行改善。对无法改善的，应当依法淘汰。三是依法落实建设项目职业病危害评价制度，如实申报职业病危害项目，加强作业场所职业病危害因素监测、评价与控制，履行职业病危害告知义务，按要求在作业场所设置职业病危害警示标志，为劳动者提供符合国家职业卫生标准和要求的工作场所；依法组织劳动者进行职业健康检查，确保劳动者得到职业健康监护。对劳动者进行职业病防治知识培训，提高劳动者的职业病防护能力。按要求为劳动者配置个人职业病防护用品。落实职业病待遇，妥善安置职业病病人。推动企业建立严重职业病危害源点职业卫生管理及监测监控系统。

（3）构建完善的职业病防治和监管体系。按照目标与手段相匹配、任务与能力相适应的要求，以监测评估、预测预警、快速反应、科学管理为目标，以自动化、信息化为方向，以建设先进的职业病信息监测、预警，职业病预防与控制，职业病病人诊断、治疗、康复，职业危害事故的应急救援，职业卫生技术服务和职业卫生监督执法体系为重点，加大各级财政投入，努力提高职业病防治与监管能力。

（4）提高劳动者健康权益保障水平。进一步完善工伤保险制度，提高工伤保险覆盖率，完善工伤认定和劳动能力鉴定，积极探索工伤补偿与工伤预防、工伤康复相结合的补偿方式，提取部分工伤保险基金用于工伤预防，逐步建立适合我国国情的职业病治疗、康复制度。优先解决农民工工伤保险和大病医疗保障问题，探索将农民工的基本职业卫生保健与新型农村合作医疗制度相结合的可行模式。同时完善特殊工时审批制度和职工休息休假制度，加强女职工和未成年工的特殊劳动保护。研究完善艰苦岗位津贴制度，开展劳动定员定额国家标准的制定、修订工作，指导行业和企业集团开展劳动定员定额行业标准的制定、修订。

（5）强化对重点职业病的防治。以控制煤工尘肺、硅肺、石棉尘肺为目标，强化对建材、煤矿、金矿、有色金属矿、石棉矿和冶金企业的监督检查。严格执行建设项目职业病危害卫生审查制度；加强企业技术、设备、材料、工艺等基础管理；用 3 年左右的时间，对上述行业进行一次全面的尘肺病普查和粉尘危害源点调查，以便采取有效措施，加强尘肺病防治。进一步加强对箱包、制鞋、蓄电池、电子、造纸、酿造、化工、纺织、印染等行业的有毒有害化学品生产、销售、使用情况的监督检查。加快淘汰小造纸、小化工、小制革、小印染、小酿造等不符合产业政策的职业危害严重的企业。建立胶粘剂、有机溶剂中苯、正己烷、三氯乙烯等有毒物质的限量准入制度。开展铅、苯、镉、锰等有毒物质生产和使用企业的职业病防治基本情况专项调查和职业病普查，采取综合防控措施，严防重大职业中毒事故发生。

（6）开展职业病信息监测预警。加强职业病信息监测、报告与管理，建立和完善职业病信息监测、报告与管理网络，建设职业病监测哨点，为制定职业病防治的方针政策提供基础数据。按照动态监控、及时预警、准确计量的要求，根据职业病危害的性质和程度，建设先进的职业病信息监测预警体系。按照队伍专业化、装备现代化要求，推进各级职业病信息监测标准化建设。开展严重职业病危害人群调查，构建严重职业病危害人群动态监管及监控预警体系。加强对严重职业病危害人群健康检查、登记建档和监控工作的监督检查和指导。

（7）开展职业病防治宣传教育培训。强化职业病防治宣传工作。通过各类媒体，开展职业病防治法律法规、职业病防治责任、职业病防治科技等方面的宣传，普及职业病防治知识。深入开展“职业病防治法宣传周”等宣传活动，在全社会形成关爱生命、关注职业卫生的氛围，提高全民职业病防治意识。开展劳动者职业健康教育和健康促进，重点抓好矿山、有色金属、石油、化工、建筑等行业劳动者的培训。在劳动者的职业教育培训和农村富余劳动力转移就业培训中，增加职业病防治知识的内容。

（8）开展职业病防治科技研发及成果推广应用。借鉴发达国家职业病防治和诊疗的成功经验，加强职业病的机理和发病规律研究，开发、推广和应用有利于职业病防治和诊疗的新技术、新工艺、新材料，鼓励对职业病诊断治疗的手段进行科学研究，提高职业病防治和诊疗工作的科技水平。推动职业病防治技术推广应用，建立国家职业病防治科技创新、技术研发与成果转化基地，形成以企业为主体，产、学、研相结合的职业病防治科技研究推广机制。鼓励和支持先进、适用职业病防治技术的推广应用，将先进的理论研究成果与企业的职业病防治工作有机结合，与职业病病人的诊断救治工作有机结合，扩大先进职业病防治技术的受益人群。

（9）加强职业卫生技术服务、应急处置体系的建设。建立以政府为主导，市场为补充的职业卫生技术服务体系。鼓励行业、企业组建多学科、多功能的职业病防治技术服务机构。逐步培育和发展建设项目职业卫生评价、职业有害因素检测、职业卫生技术培训和咨询、化学品毒性鉴定、职业健康监护等职业卫生技术服务中介组织，构建多层次、多种模式的职业卫生技术服务体系。

展望未来，党中央、国务院把职业病防治摆上了更加重要的战略位置，职业病防治面临前所未有的机遇。落实科学发展观、构建社会主义和谐社会为做好职业病防治工作提供了根本保证；经济增长方式转变和经济结构调整步伐加快，将为解决由于生产工艺技术落后而产生的职业病防治问题起到基础性作用；综合国力增强和科技发展为职业病防治提供了更有力的物质和技术支撑；经济体制和行政管理体制改革深化，为创新职业病防治工作体制和机制提供了有利的条件；广大群众职业卫生意识普遍提高，为职业病防治提供了强大的动力。职业病防治工作必将在今后的社会主义和谐社会建设中，为依法维护劳动者健康权益，保护劳动力资源发挥更大的作用。

第二节 《职业病防治法》的主要内容

在市场经济条件下，生产企业努力追求利润的最大化，这是无可非议的，但是，企业在生产过程中，绝不能以牺牲劳动者的生命安全和身体健康为代价。事实上，如果不注重安全生产，不积极采取预防性措施，一旦发生事故或者职业病，不但给他人的生命财产造成损害，生产经营者自身也会遭受损失，甚至会受到难以弥补的重大经济损失。因此，各企事业单位要重视预防控制严重威胁群众健康的职业病，建立健全专业队伍和技术支撑机构，加强对粉尘、高温、高毒物质等职业危害的监测检测，加大现场预防性整治力度，进一步加强对职业病患者的诊断、鉴定和治疗，切实做好相应的社会保障，维护劳动者的生命安全和健康权益。

一、制定《职业病防治法》的目的

《中华人民共和国职业病防治法》（简称《职业病防治法》），于2001年10月27日第九届全国人大常委会第二十四次会议通过，自2002年5月1日起施行。2011年12月31日第十一届全国人大常委会第二十四次会议通过《关于修改〈中华人民共和国职业病防治法〉的决定》，自公布之日起施行。

《职业病防治法》分为七章九十条，各章内容为：第一章“总则”，第二章“前期预防”，第三章“劳动过程中的防护与管理”，第四章“职业病诊断与职业病病人保障”，第五章“监督检查”，第六章“法律责任”，第七章“附则”。

制定《职业病防治法》的目的，是为了预防、控制和消除职业病危害，防治职业病，保护劳动者健康及其相关权益，促进经济社会发展。《职业病防治法》适用于中华人民共和国境内的职业病防治活动。

《职业病防治法》所称职业病是指企业、事业单位和个体经济组织等用人单位的劳动者在职业活动中，因接触粉尘、放射性物质和其他有毒、有害因素而引起的疾病。

二、《职业病防治法》总则中的有关规定

在《职业病防治法》第一章“总则”中，对一些重要的原则性问题做了明确规定。有关规定为：

◆职业病防治工作坚持预防为主、防治结合的方针，建立用人单位负责、行政机关监管、行业自律、职工参与和社会监督的机制，实行分类管理、综合治理。

◆劳动者依法享有职业卫生保护的权利。

用人单位应当为劳动者创造符合国家职业卫生标准和卫生要求的工作环境和条件，并采取措施保障劳动者获得职业卫生保护。

工会组织依法对职业病防治工作进行监督，维护劳动者的合法权益。

用人单位制定或者修改有关职业病防治的规章制度，应当听取工会组织的意见。

◆用人单位应当建立、健全职业病防治责任制，加强对职业病防治的管理，提高职业病防治水平，对本单位产生的职业病危害承担责任。

◆用人单位的主要负责人对本单位的职业病防治工作全面负责。

◆用人单位必须依法参加工伤保险。

◆国务院和县级以上地方人民政府劳动保障行政部门应当加强对工伤保险的监督管理，

确保劳动者依法享受工伤保险待遇。

◆国家鼓励和支持研制、开发、推广、应用有利于职业病防治和保护劳动者健康的新技术、新工艺、新设备、新材料，加强对职业病的机理和发生规律的基础研究，提高职业病防治科学技术水平；积极采用有效的职业病防治技术、工艺、设备、材料；限制使用或者淘汰职业病危害严重的技术、工艺、设备、材料。国家鼓励和支持职业病医疗康复机构的建设。

◆国家实行职业卫生监督制度。

国务院安全生产监督管理部门、卫生行政部门、劳动保障行政部门依照本法和国务院确定的职责，负责全国职业病防治的监督管理工作。国务院有关部门在各自的职责范围内负责职业病防治的有关监督管理工作。

县级以上地方人民政府安全生产监督管理部门、卫生行政部门、劳动保障行政部门依据各自职责，负责本行政区域内职业病防治的监督管理工作。县级以上地方人民政府有关部门在各自的职责范围内负责职业病防治的有关监督管理工作。

县级以上地方人民政府安全生产监督管理部门、卫生行政部门、劳动保障行政部门（以下统称职业卫生监督管理部门）应当加强沟通，密切配合，按照各自职责分工，依法行使职权，承担责任。

◆国务院和县级以上地方人民政府应当制定职业病防治规划，将其纳入国民经济和社会发展计划，并组织实施。

◆县级以上人民政府职业卫生监督管理部门应当加强对职业病防治的宣传教育，普及职业病防治的知识，增强用人单位的职业病防治观念，提高劳动者的职业健康意识、自我保护意识和行使职业卫生保护权利的能力。

◆任何单位和个人有权对违反本法的行为进行检举和控告。有关部门收到相关的检举和控告后，应当及时处理。

对防治职业病成绩显著的单位和个人，给予奖励。

三、《职业病防治法》有关前期预防的规定

在《职业病防治法》第二章“前期预防”中，对相关事项作了规定。

◆用人单位应当依照法律、法规要求，严格遵守国家职业卫生标准，落实职业病预防措施，从源头上控制和消除职业病危害。

◆产生职业病危害的用人单位的设立除应当符合法律、行政法规规定的设立条件外，其工作场所还应当符合下列职业卫生要求：

（1）职业病危害因素的强度或者浓度符合国家职业卫生标准。

（2）有与职业病危害防护相适应的设施。

（3）生产布局合理，符合有害与无害作业分开的原则。

（4）有配套的更衣间、洗浴间、孕妇休息间等卫生设施。

（5）设备、工具、用具等设施符合保护劳动者生理、心理健康的要求。

（6）法律、行政法规和国务院卫生行政部门、安全生产监督管理部门关于保护劳动者健康的其他要求。

◆国家建立职业病危害项目申报制度。

用人单位工作场所存在职业病目录所列职业病的危害因素的，应当及时、如实向所在地安全生产监督管理部门申报危害项目，接受监督。

◆新建、扩建、改建建设项目和技术改造、技术引进项目（以下统称建设项目）可能产生职业病危害的，建设单位在可行性论证阶段应当向安全生产监督管理部门提交职业病危害预评价报告。安全生产监督管理部门应当自收到职业病危害预评价报告之日起 30 日内，作出审核决定并书面通知建设单位。未提交预评价报告或者预评价报告未经安全生产监督管理部门审核同意的，有关部门不得批准该建设项目。

◆建设项目的职业病防护设施所需费用应当纳入建设项目工程预算，并与主体工程同时设计、同时施工、同时投入生产和使用。

职业病危害严重的建设项目的防护设施设计，应当经安全生产监督管理部门审查，符合国家职业卫生标准和卫生要求的，方可施工。

建设项目在竣工验收前，建设单位应当进行职业病危害控制效果评价。建设项目竣工验收时，其职业病防护设施经安全生产监督管理部门验收合格后，方可投入正式生产和使用。

◆职业病危害预评价、职业病危害控制效果评价由依法设立的取得国务院安全生产监督管理部门或者设区的市级以上地方人民政府安全生产监督管理部门按照职责分工给予资质认可的职业卫生技术服务机构进行。职业卫生技术服务机构所作评价应当客观、真实。

◆国家对从事放射性、高毒、高危粉尘等作业实行特殊管理。具体管理办法由国务院制定。

四、有关劳动过程中的防护与管理的规定

在《职业病防治法》第三章“劳动过程中的防护与管理”中，对相关事项作了规定。

◆用人单位应当采取下列职业病防治管理措施：

（1）设置或者指定职业卫生管理机构或者组织，配备专职或者兼职的职业卫生管理人员，负责本单位的职业病防治工作。

(2) 制定职业病防治计划和实施方案。

(3) 建立、健全职业卫生管理制度和操作规程。

(4) 建立、健全职业卫生档案和劳动者健康监护档案。

(5) 建立、健全工作场所职业病危害因素监测及评价制度。

(6) 建立、健全职业病危害事故应急救援预案。

◆用人单位应当保障职业病防治所需的资金投入，不得挤占、挪用，并对因资金投入不足导致的后果承担责任。

◆用人单位必须采用有效的职业病防护设施，并为劳动者提供个人使用的职业病防护用品。用人单位为劳动者个人提供的职业病防护用品必须符合防治职业病的要求；不符合要求的，不得使用。

◆用人单位应当优先采用有利于防治职业病和保护劳动者健康的新技术、新工艺、新设备、新材料，逐步替代职业病危害严重的技术、工艺、设备、材料。

◆产生职业病危害的用人单位，应当在醒目位置设置公告栏，公布有关职业病防治的规章制度、操作规程、职业病危害事故应急救援措施和工作场所职业病危害因素检测结果。

对产生严重职业病危害的作业岗位，应当在其醒目位置，设置警示标识和中文警示说明。警示说明应当载明产生职业病危害的种类、后果、预防以及应急救治措施等内容。

◆对可能发生急性职业损伤的有毒、有害工作场所，用人单位应当设置报警装置，配置现场急救用品、冲洗设备、应急撤离通道和必要的泄险区。

对放射工作场所和放射性同位素的运输、储存，用人单位必须配置防护设备和报警装置，保证接触放射线的工作人员佩戴个人剂量计。

对职业病防护设备、应急救援设施和个人使用的职业病防护用品，用人单位应当进行经常性的维护、检修，定期检测其性能和效果，确保其处于正常状态，不得擅自拆除或者停止使用。

◆用人单位应当实施由专人负责的职业病危害因素日常监测，并确保监测系统处于正常运行状态。

用人单位应当按照国务院安全生产监督管理部门的规定，定期对工作场所进行职业病危害因素检测、评价。检测、评价结果存入用人单位职业卫生档案，定期向所在地安全生产监督管理部门报告并向劳动者公布。

发现工作场所职业病危害因素不符合国家职业卫生标准和卫生要求时，用人单位应当立即采取相应治理措施；治理后仍然达不到国家职业卫生标准和卫生要求的，必须停止存在职业病危害因素的作业；职业病危害因素经治理后符合国家职业卫生标准和卫生要求的，方可重新作业。

◆职业卫生技术服务机构依法从事职业病危害因素检测、评价工作，接受安全生产监督管理部门的监督检查。安全生产监督管理部门应当依法履行监督职责。

◆向用人单位提供可能产生职业病危害的设备时，应当提供中文说明书，并在设备的醒目位置设置警示标识和中文警示说明。警示说明应当载明设备性能、可能产生的职业病危害、安全操作方法和维护注意事项、职业病防护以及应急救治措施等内容。

◆向用人单位提供可能产生职业病危害的化学品、放射性同位素和含有放射性物质的材料时，应当提供中文说明书。说明书应当载明产品特性、主要成分、存在的有害因素、可能产生的危害后果、安全使用注意事项、职业病防护以及应急救治措施等内容。产品包装应当有醒目的警示标识和中文警示说明。储存上述材料的场所应当在规定的部位设置危险物品标志或者放射性警示标识。

◆任何单位和个人不得生产、经营、进口和使用国家明令禁止使用的可能产生职业病危害的设备或者材料。

◆任何单位和个人不得将产生职业病危害的作业转移给不具备职业病防护条件的单位和个人。不具备职业病防护条件的单位和个人不得接受产生职业病危害的作业。

◆用人单位对采用的技术、工艺、设备、材料，应当知悉其产生的职业病危害，对有职业病危害的技术、工艺、设备、材料隐瞒其危害而采用的，对所造成的职业病危害后果承担责任。

◆用人单位与劳动者订立劳动合同（含聘用合同，下同）时，应当将工作过程中可能产生的职业病危害及其后果、职业病防护措施和待遇等如实告知劳动者，并在劳动合同中写明，不得隐瞒或者欺骗。

劳动者在已订立劳动合同期间因工作岗位或者工作内容变更，从事与所订立劳动合同中未告知的存在职业病危害的作业时，用人单位应当依照前款规定，向劳动者履行如实告知的义务，并协商变更原劳动合同相关条款。

用人单位违反前两款规定的，劳动者有权拒绝从事存在职业病危害的作业，用人单位不得因此解除与劳动者所订立的劳动合同。

◆用人单位的主要负责人和职业卫生管理人员应当接受职业卫生培训，遵守职业病防治法律、法规，依法组织本单位的职业病防治工作。

用人单位应当对劳动者进行上岗前的职业卫生培训和在岗期间的定期职业卫生培训，普及职业卫生知识，督促劳动者遵守职业病防治法律、法规、规章和操作规程，指导劳动者正确使用职业病防护设备和个人使用的职业病防护用品。

劳动者应当学习和掌握相关的职业卫生知识，增强职业病防范意识，遵守职业病防治法律、法规、规章和操作规程，正确使用、维护职业病防护设备和个人使用的职业病防护用品，发现职业病危害事故隐患应当及时报告。

劳动者不履行前款规定义务的，用人单位应当对其进行教育。

◆对从事接触职业病危害的作业的劳动者，用人单位应当按照国务院安全生产监督管理部门、卫生行政部门的规定组织上岗前、在岗期间和离岗时的职业健康检查，并将检查结果书面告知劳动者。职业健康检查费用由用人单位承担。

用人单位不得安排未经上岗前职业健康检查的劳动者从事接触职业病危害的作业；不得安排有职业禁忌的劳动者从事其所禁忌的作业；对在职业健康检查中发现有与所从事的职业相关的健康损害的劳动者，应当调离原工作岗位，并妥善安置；对未进行离岗前职业健康检查的劳动者不得解除或者终止与其订立的劳动合同。

职业健康检查应当由省级以上人民政府卫生行政部门批准的医疗卫生机构承担。

◆用人单位应当为劳动者建立职业健康监护档案，并按照规定的期限妥善保存。

职业健康监护档案应当包括劳动者的职业史、职业病危害接触史、职业健康检查结果和职业病诊疗等有关个人健康资料。

劳动者离开用人单位时，有权索取本人职业健康监护档案复印件，用人单位应当如实、无偿提供，并在所提供的复印件上签章。

◆发生或者可能发生急性职业病危害事故时，用人单位应当立即采取应急救援和控制措施，并及时报告所在地安全生产监督管理部门和有关部门。安全生产监督管理部门接到报告后，应当及时会同有关部门组织调查处理；必要时，可以采取临时控制措施。卫生行政部门应当组织做好医疗救治工作。

对遭受或者可能遭受急性职业病危害的劳动者，用人单位应当及时组织救治、进行健康检查和医学观察，所需费用由用人单位承担。

◆用人单位不得安排未成年工从事接触职业病危害的作业；不得安排孕期、哺乳期的女职工从事对本人和胎儿、婴儿有危害的作业。

◆劳动者享有下列职业卫生保护权利：

（1）获得职业卫生教育、培训。

（2）获得职业健康检查、职业病诊疗、康复等职业病防治服务。

（3）了解工作场所产生或者可能产生的职业病危害因素、危害后果和应当采取的职业病防护措施。

（4）要求用人单位提供符合防治职业病要求的职业病防护设施和个人使用的职业病防护用品，改善工作条件。

（5）对违反职业病防治法律、法规以及危及生命健康的行为提出批评、检举和控告。

（6）拒绝违章指挥和强令进行没有职业病防护措施的作业。

（7）参与用人单位职业卫生工作的民主管理，对职业病防治工作提出意见和建议。

用人单位应当保障劳动者行使前款所列权利。因劳动者依法行使正当权利而降低其工资、福利等待遇或者解除、终止与其订立的劳动合同的，其行为无效。

◆工会组织应当督促并协助用人单位开展职业卫生宣传教育和培训，有权对用人单位的职业病防治工作提出意见和建议，依法代表劳动者与用人单位签订劳动安全卫生专项集体合同，与用人单位就劳动者反映的有关职业病防治的问题进行协调并督促解决。

工会组织对用人单位违反职业病防治法律、法规，侵犯劳动者合法权益的行为，有权要求纠正；产生严重职业病危害时，有权要求采取防护措施，或者向政府有关部门建议采取强制性措施；发生职业病危害事故时，有权参与事故调查处理；发现危及劳动者生命健康的情形时，有权向用人单位建议组织劳动者撤离危险现场，用人单位应当立即作出处理。

◆用人单位按照职业病防治要求，用于预防和治理职业病危害、工作场所卫生检测、健康监护和职业卫生培训等费用，按照国家有关规定，在生产成本中据实列支。

◆职业卫生监督管理部门应当按照职责分工，加强对用人单位落实职业病防护管理措施情况的监督检查，依法行使职权，承担责任。

五、有关职业病诊断与职业病病人保障的规定

在《职业病防治法》第四章“职业病诊断与职业病病人保障”中，对相关事项作了规定。

◆医疗卫生机构承担职业病诊断，应当经省、自治区、直辖市人民政府卫生行政部门批准。省、自治区、直辖市人民政府卫生行政部门应当向社会公布本行政区域内承担职业病诊断的医疗卫生机构的名单。

承担职业病诊断的医疗卫生机构应当具备下列条件：

（1）持有《医疗机构执业许可证》。

（2）具有与开展职业病诊断相适应的医疗卫生技术人员。

（3）具有与开展职业病诊断相适应的仪器、设备。

（4）具有健全的职业病诊断质量管理制度。

承担职业病诊断的医疗卫生机构不得拒绝劳动者进行职业病诊断的要求。

◆劳动者可以在用人单位所在地、本人户籍所在地或者经常居住地依法承担职业病诊断的医疗卫生机构进行职业病诊断。

◆职业病诊断标准和职业病诊断、鉴定办法由国务院卫生行政部门制定。职业病伤残等级的鉴定办法由国务院劳动保障行政部门会同国务院卫生行政部门制定。

◆职业病诊断，应当综合分析下列因素：

（1）病人的职业史。

（2）职业病危害接触史和工作场所职业病危害因素情况。

（3）临床表现以及辅助检查结果等。

没有证据否定职业病危害因素与病人临床表现之间的必然联系的，应当诊断为职业病。

承担职业病诊断的医疗卫生机构在进行职业病诊断时，应当组织三名以上取得职业病诊断资格的执业医师集体诊断。职业病诊断证明书应当由参与诊断的医师共同签署，并经承担职业病诊断的医疗卫生机构审核盖章。

◆用人单位应当如实提供职业病诊断、鉴定所需的劳动者职业史和职业病危害接触史、工作场所职业病危害因素检测结果等资料；安全生产监督管理部门应当监督检查和督促用人单位提供上述资料；劳动者和有关机构也应当提供与职业病诊断、鉴定有关的资料。

职业病诊断、鉴定机构需要了解工作场所职业病危害因素情况时，可以对工作场所进行现场调查，也可以向安全生产监督管理部门提出，安全生产监督管理部门应当在10日内组织现场调查。用人单位不得拒绝、阻挠。

◆职业病诊断、鉴定过程中，用人单位不提供工作场所职业病危害因素检测结果等资料的，诊断、鉴定机构应当结合劳动者的临床表现、辅助检查结果和劳动者的职业史、职业病危害接触史，并参考劳动者的自述、安全生产监督管理部门提供的日常监督检查信息等，作出职业病诊断、鉴定结论。

劳动者对用人单位提供的工作场所职业病危害因素检测结果等资料有异议，或者因劳动者的用人单位解散、破产，无用人单位提供上述资料的，诊断、鉴定机构应当提请安全生产监督管理部门进行调查，安全生产监督管理部门应当自接到申请之日起30日内对存在异议的资料或者工作场所职业病危害因素情况作出判定；有关部门应当配合。

◆职业病诊断、鉴定过程中，在确认劳动者职业史、职业病危害接触史时，当事人对劳动关系、工种、工作岗位或者在岗时间有争议的，可以向当地的劳动人事争议仲裁委员会申请仲裁；接到申请的劳动人事争议仲裁委员会应当受理，并在30日内作出裁决。

劳动者对仲裁裁决不服的，可以依法向人民法院提起诉讼。

用人单位对仲裁裁决不服的，可以在职业病诊断、鉴定程序结束之日起15日内依法向人民法院提起诉讼；诉讼期间，劳动者的治疗费用按照职业病待遇规定的途径支付。

◆用人单位和医疗卫生机构发现职业病病人或者疑似职业病病人时，应当及时向所在地卫生行政部门和安全生产监督管理部门报告。确诊为职业病的，用人单位还应当向所在地劳动保障行政部门报告。接到报告的部门应当依法作出处理。

◆县级以上地方人民政府卫生行政部门负责本行政区域内的职业病统计报告的管理工作，并按照规定上报。

◆当事人对职业病诊断有异议的，可以向作出诊断的医疗卫生机构所在地地方人民政府卫生行政部门申请鉴定。

职业病诊断争议由设区的市级以上地方人民政府卫生行政部门根据当事人的申请，组织职业病诊断鉴定委员会进行鉴定。

当事人对设区的市级职业病诊断鉴定委员会的鉴定结论不服的，可以向省、自治区、直辖市人民政府卫生行政部门申请再鉴定。

◆职业病诊断鉴定委员会由相关专业的专家组成。

◆职业病诊断鉴定委员会组成人员应当遵守职业道德，客观、公正地进行诊断鉴定，并承担相应的责任。职业病诊断鉴定委员会组成人员不得私下接触当事人，不得收受当事人的财物或者其他好处；与当事人有利害关系的，应当回避。

人民法院受理有关案件需要进行职业病鉴定时，应当从省、自治区、直辖市人民政府卫生行政部门依法设立的相关专家库中选取参加鉴定的专家。

◆医疗卫生机构发现疑似职业病病人时，应当告知劳动者本人并及时通知用人单位。用人单位应当及时安排对疑似职业病病人进行诊断；在疑似职业病病人诊断或者医学观察期间，不得解除或者终止与其订立的劳动合同。

疑似职业病病人在诊断、医学观察期间的费用，由用人单位承担。

◆用人单位应当保障职业病病人依法享受国家规定的职业病待遇。用人单位应当按照国家有关规定，安排职业病病人进行治疗、康复和定期检查。用人单位对不适宜继续从事原工作的职业病病人，应当调离原岗位，并妥善安置。用人单位对从事接触职业病危害的作业的劳动者，应当给予适当岗位津贴。

◆职业病病人的诊疗、康复费用，伤残以及丧失劳动能力的职业病病人的社会保障，按照国家有关工伤保险的规定执行。

◆职业病病人除依法享有工伤保险外，依照有关民事法律，尚有获得赔偿的权利的，有权向用人单位提出赔偿要求。

◆劳动者被诊断患有职业病，但用人单位没有依法参加工伤保险的，其医疗和生活保障由该用人单位承担。

◆职业病病人变动工作单位，其依法享有的待遇不变。用人单位在发生分立、合并、解散、破产等情形时，应当对从事接触职业病危害的作业的劳动者进行健康检查，并按照国家有关规定妥善安置职业病病人。

◆用人单位已经不存在或者无法确认劳动关系的职业病病人，可以向地方人民政府民政部门申请医疗救助和生活等方面的救助。

地方各级人民政府应当根据本地区的实际情况，采取其他措施，使前款规定的职业病病人获得医疗救治。

六、有关监督检查的规定

在《职业病防治法》第五章“监督检查”中，对相关事项作了规定。

◆县级以上人民政府职业卫生监督管理部门依照职业病防治法律、法规、国家职业卫生标准和卫生要求，依据职责划分，对职业病防治工作进行监督检查。

◆安全生产监督管理部门履行监督检查职责时，有权采取下列措施：

(1) 进入被检查单位和职业病危害现场，了解情况，调查取证；

(2) 查阅或者复制与违反职业病防治法律、法规的行为有关的资料和采集样品；

(3) 责令违反职业病防治法律、法规的单位和个人停止违法行为。

◆发生职业病危害事故或者有证据证明危害状态可能导致职业病危害事故发生时，安全生产监督管理部门可以采取下列临时控制措施：

(1) 责令暂停导致职业病危害事故的作业；

(2) 封存造成职业病危害事故或者可能导致职业病危害事故发生的材料和设备；

(3) 组织控制职业病危害事故现场。

在职业病危害事故或者危害状态得到有效控制后，安全生产监督管理部门应当及时解除控制措施。

◆职业卫生监督执法人员依法执行职务时，应当出示监督执法证件。职业卫生监督执法人员应当忠于职守，秉公执法，严格遵守执法规范；涉及用人单位的秘密的，应当为其保密。

◆职业卫生监督执法人员依法执行职务时，被检查单位应当接受检查并予以支持配合，不得拒绝和阻碍。

◆安全生产监督管理部门及其职业卫生监督执法人员履行职责时，不得有下列行为：

(1) 对不符合法定条件的，发给建设项目有关证明文件、资质证明文件或者予以批准；

(2) 对已经取得有关证明文件的，不履行监督检查职责；

(3) 发现用人单位存在职业病危害的，可能造成职业病危害事故，不及时依法采取控制措施；

(4) 其他违反本法的行为。

◆职业卫生监督执法人员应当依法经过资格认定。职业卫生监督管理部门应当加强队伍建设，提高职业卫生监督执法人员的政治、业务素质，依照本法和其他有关法律、法规的规定，建立、健全内部监督制度，对其工作人员执行法律、法规和遵守纪律的情况，进行监督检查。

七、有关法律责任的规定

在《职业病防治法》第六章“法律责任”中，对相关事项作了规定。

◆建设单位违反本法规定，有下列行为之一的，由安全生产监督管理部门给予警告，责令限期改正；逾期不改正的，处10万元以上50万元以下的罚款；情节严重的，责令停止产生职业病危害的作业，或者提请有关人民政府按照国务院规定的权限责令停建、关闭：

（1）未按照规定进行职业病危害预评价或者未提交职业病危害预评价报告，或者职业病危害预评价报告未经安全生产监督管理部门审核同意，开工建设的；

（2）建设项目的职业病防护设施未按照规定与主体工程同时投入生产和使用的；

（3）职业病危害严重的建设项目，其职业病防护设施设计未经安全生产监督管理部门审查，或者不符合国家职业卫生标准和卫生要求施工的；

（4）未按照规定对职业病防护设施进行职业病危害控制效果评价、未经安全生产监督管理部门验收或者验收不合格，擅自投入使用的。

◆违反本法规定，有下列行为之一的，由安全生产监督管理部门给予警告，责令限期改正；逾期不改正的，处10万元以下的罚款：

（1）工作场所职业病危害因素检测、评价结果没有存档、上报、公布的；

（2）未采取本法规定的职业病防治管理措施的；

（3）未按照规定公布有关职业病防治的规章制度、操作规程、职业病危害事故应急救援措施的；

（4）未按照规定组织劳动者进行职业卫生培训，或者未对劳动者个人职业病防护采取指导、督促措施的；

（5）国内首次使用或者首次进口与职业病危害有关的化学材料，未按照规定报送毒性鉴定资料以及经有关部门登记注册或者批准进口的文件的。

◆用人单位违反本法规定，有下列行为之一的，由安全生产监督管理部门责令限期改正，给予警告，可以并处5万元以上10万元以下的罚款：

（1）未按照规定及时、如实地向安全生产监督管理部门申报产生职业病危害的项目的；

（2）未实施由专人负责的职业病危害因素日常监测，或者监测系统不能正常监测的；

（3）订立或者变更劳动合同时，未告知劳动者职业病危害真实情况的；

（4）未按照规定组织职业健康检查、建立职业健康监护档案或者未将检查结果书面告知劳动者的；

（5）未依照本法规定在劳动者离开用人单位时提供职业健康监护档案复印件的。

◆用人单位违反本法规定，有下列行为之一的，由安全生产监督管理部门给予警告，责令限期改正，逾期不改正的，处5万元以上20万元以下的罚款；情节严重的，责令停止产生职业病危害的作业，或者提请有关人民政府按照国务院规定的权限责令关闭：

（1）工作场所职业病危害因素的强度或者浓度超过国家职业卫生标准的；

（2）未提供职业病防护设施和个人使用的职业病防护用品，或者提供的职业病防护设施和个人使用的职业病防护用品不符合国家职业卫生标准和卫生要求的；

(3) 对职业病防护设备、应急救援设施和个人使用的职业病防护用品未按照规定进行维护、检修、检测，或者不能保持正常运行、使用状态的；

(4) 未按照规定对工作场所职业病危害因素进行检测、评价的；

(5) 工作场所职业病危害因素经治理仍然达不到国家职业卫生标准和卫生要求时，未停止存在职业病危害因素的作业的；

(6) 未按照规定安排职业病病人、疑似职业病病人进行诊治的；

(7) 发生或者可能发生急性职业病危害事故时，未立即采取应急救援和控制措施或者未按照规定及时报告的；

(8) 未按照规定在产生严重职业病危害的作业岗位醒目位置设置警示标识和中文警示说明的；

(9) 拒绝职业卫生监督管理部门监督检查的；

(10) 隐瞒、伪造、篡改、毁损职业健康监护档案、工作场所职业病危害因素检测评价结果等相关资料，或者拒不提供职业病诊断、鉴定所需资料的；

(11) 未按照规定承担职业病诊断、鉴定费用和职业病病人的医疗、生活保障费用的。

◆向用人单位提供可能产生职业病危害的设备、材料，未按照规定提供中文说明书或者设置警示标识和中文警示说明的，由安全生产监督管理部门责令限期改正，给予警告，并处5万元以上20万元以下的罚款。

◆用人单位和医疗卫生机构未按照规定报告职业病、疑似职业病的，由有关主管部门依据职责分工责令限期改正，给予警告，可以并处1万元以下的罚款；弄虚作假的，并处2万元以上5万元以下的罚款；对直接负责的主管人员和其他直接责任人员，可以依法给予降级或者撤职的处分。

◆违反本法规定，有下列情形之一的，由安全生产监督管理部门责令限期治理，并处5万元以上30万元以下的罚款；情节严重的，责令停止产生职业病危害的作业，或者提请有关人民政府按照国务院规定的权限责令关闭：

(1) 隐瞒技术、工艺、设备、材料所产生的职业病危害而采用的；

(2) 隐瞒本单位职业卫生真实情况的；

(3) 可能发生急性职业损伤的有毒、有害工作场所、放射工作场所或者放射性同位素的运输、储存不符合本法相关规定的；

(4) 使用国家明令禁止使用的可能产生职业病危害的设备或者材料的；

(5) 将产生职业病危害的作业转移给没有职业病防护条件的单位和个人，或者没有职业病防护条件的单位和个人接受产生职业病危害的作业的；

(6) 擅自拆除、停止使用职业病防护设备或者应急救援设施的；

(7) 安排未经职业健康检查的劳动者、有职业禁忌的劳动者、未成年工或者孕期、哺乳期女职工从事接触职业病危害的作业或者禁忌作业的；

（8）违章指挥和强令劳动者进行没有职业病防护措施的作业的。

◆生产、经营或者进口国家明令禁止使用的可能产生职业病危害的设备或者材料的，依照有关法律、行政法规的规定给予处罚。

◆用人单位违反本法规定，已经对劳动者生命健康造成严重损害的，由安全生产监督管理部门责令停止产生职业病危害的作业，或者提请有关人民政府按照国务院规定的权限责令关闭，并处10万元以上50万元以下的罚款。

◆用人单位违反本法规定，造成重大职业病危害事故或者其他严重后果，构成犯罪的，对直接负责的主管人员和其他直接责任人员，依法追究刑事责任。

◆从事职业卫生技术服务的机构和承担职业健康检查、职业病诊断的医疗卫生机构违反本法规定，有下列行为之一的，由安全生产监督管理部门和卫生行政部门依据职责分工责令立即停止违法行为，给予警告，没收违法所得；违法所得5千元以上的，并处违法所得2倍以上5倍以下的罚款；没有违法所得或者违法所得不足5千元的，并处5千元以上2万元以下的罚款；情节严重的，由原认可或者批准机关取消其相应的资格；对直接负责的主管人员和其他直接责任人员，依法给予降级、撤职或者开除的处分；构成犯罪的，依法追究刑事责任：

（1）超出资质认可或者批准范围从事职业卫生技术服务或者职业健康检查、职业病诊断的；

（2）不按照本法规定履行法定职责的；

（3）出具虚假证明文件的。

◆卫生行政部门、安全生产监督管理部门不按照规定报告职业病和职业病危害事故的，由上一级行政部门责令改正，通报批评，给予警告；虚报、瞒报的，对单位负责人、直接负责的主管人员和其他直接责任人员依法给予降级、撤职或者开除的处分。

◆县级以上地方人民政府在职业病防治工作中未依照本法履行职责，本行政区域出现重大职业病危害事故、造成严重社会影响的，依法对直接负责的主管人员和其他直接责任人员给予记大过直至开除的处分。

县级以上人民政府职业卫生监督管理部门不履行本法规定的职责，滥用职权、玩忽职守、徇私舞弊，依法对直接负责的主管人员和其他直接责任人员给予记大过或者降级的处分；造成职业病危害事故或者其他严重后果的，依法给予撤职或者开除的处分。

◆违反本法规定，构成犯罪的，依法追究刑事责任。

第三节 《职业病防治法》相关规定

近年来，国家安全生产监督管理总局坚持把职业卫生工作与安全生产工作同步部署、同步推进，采取了一系列重要措施加强职业卫生基础建设工作，落实职业卫生监管职责。通过落实用人单位主体责任、构建监管体系、强化技术支撑体系、深化职业卫生培训、加强建设项目职业卫生“三同时”管理、开展职业卫生监督执法6个方面的工作，全力预防、控制职业病危害，努力减少职业病危害事故的发生，维护劳动者的健康权益。自《职业病防治法》修改以来，国家安全监管总局做好职业卫生法规规章建设，出台了《工作场所职业卫生监督管理规定》《职业病危害项目申报办法》《用人单位职业健康监护监督管理办法》《职业卫生技术服务机构监督管理暂行办法》和《建设项目职业卫生“三同时”监督管理暂行办法》5部总局规章（简称“一规定、四办法”），将会对职业病防治工作起到积极的推动作用。

一、《工作场所职业卫生监督管理规定》相关要点

2012年3月6日，国家安全生产监督管理总局局长办公会议审议通过《工作场所职业卫生监督管理规定》（国家安全生产监督管理总局令第47号），自2012年6月1日起施行。国家安全生产监督管理总局2009年7月1日公布的《作业场所职业健康监督管理暂行规定》同时废止。

制定《工作场所职业卫生监督管理规定》的目的，是根据《中华人民共和国职业病防治法》等法律、行政法规，为了加强职业卫生监督管理工作，强化用人单位职业病防治的主体责任，预防、控制职业病危害，保障劳动者健康和相关权益。《工作场所职业卫生监督管理规定》分为五章六十一条，各章内容为：第一章“总则”，第二章“用人单位的职责”，第三章“监督管理”，第四章“法律责任”，第五章“附则”。

1.《工作场所职业卫生监督管理规定》总则中有关规定

在《工作场所职业卫生监督管理规定》第一章“总则”中，对相关事项作了规定。

◆用人单位的职业病防治和安全生产监督管理部门对其实施监督管理，适用本规定。

◆用人单位应当加强职业病防治工作，为劳动者提供符合法律、法规、规章、国家职业卫生标准和卫生要求的工作环境和条件，并采取有效措施保障劳动者的职业健康。

◆用人单位是职业病防治的责任主体，并对本单位产生的职业病危害承担责任。用人单位的主要负责人对本单位的职业病防治工作全面负责。

◆国家安全生产监督管理总局依照《职业病防治法》和国务院规定的职责，负责全国用人单位职业卫生的监督管理工作。

县级以上地方人民政府安全生产监督管理部门依照《职业病防治法》和本级人民政府规定的职责，负责本行政区域内用人单位职业卫生的监督管理工作。

◆为职业病防治提供技术服务的职业卫生技术服务机构，应当依照《职业卫生技术服务机构监督管理暂行办法》和有关标准、规范、执业准则的要求，为用人单位提供技术服务。

◆任何单位和个人均有权向安全生产监督管理部门举报用人单位违反本规定的行为和职业病危害事故。

2. 有关用人单位职责的规定

在《工作场所职业卫生监督管理规定》第二章“用人单位的职责”中，对相关事项作了规定。

◆职业病危害严重的用人单位，应当设置或者指定职业卫生管理机构或者组织，配备专职职业卫生管理人员。

其他存在职业病危害的用人单位，劳动者超过100人的，应当设置或者指定职业卫生管理机构或者组织，配备专职职业卫生管理人员；劳动者在100人以下的，应当配备专职或者兼职的职业卫生管理人员，负责本单位的职业病防治工作。

◆用人单位的主要负责人和职业卫生管理人员应当具备与本单位所从事的生产经营活动相适应的职业卫生知识和管理能力，并接受职业卫生培训。

用人单位主要负责人、职业卫生管理人员的职业卫生培训，应当包括下列主要内容：

（1）职业卫生相关法律、法规、规章和国家职业卫生标准；

（2）职业病危害预防和控制的基本知识；

（3）职业卫生管理相关知识；

（4）国家安全生产监督管理总局规定的其他内容。

◆用人单位应当对劳动者进行上岗前的职业卫生培训和在岗期间的定期职业卫生培训，普及职业卫生知识，督促劳动者遵守职业病防治的法律、法规、规章、国家职业卫生标准和操作规程。

用人单位应当对职业病危害严重的岗位的劳动者，进行专门的职业卫生培训，经培训合格后方可上岗作业。

因变更工艺、技术、设备、材料，或者岗位调整导致劳动者接触的职业病危害因素发生变化的，用人单位应当重新对劳动者进行上岗前的职业卫生培训。

◆存在职业病危害的用人单位应当制订职业病危害防治计划和实施方案，建立、健全下列职业卫生管理制度和操作规程：

(1) 职业病危害防治责任制度；

(2) 职业病危害警示与告知制度；

(3) 职业病危害项目申报制度；

(4) 职业病防治宣传教育培训制度；

(5) 职业病防护设施维护检修制度；

(6) 职业病防护用品管理制度；

(7) 职业病危害监测及评价管理制度；

(8) 建设项目职业卫生“三同时”管理制度；

(9) 劳动者职业健康监护及其档案管理制度；

(10) 职业病危害事故处置与报告制度；

(11) 职业病危害应急救援与管理制度；

(12) 岗位职业卫生操作规程；

(13) 法律、法规、规章规定的其他职业病防治制度。

◆产生职业病危害的用人单位的工作场所应当符合下列基本要求：

(1) 生产布局合理，有害作业与无害作业分开；

(2) 工作场所与生活场所分开，工作场所不得住人；

(3) 有与职业病防治工作相适应的有效防护设施；

(4) 职业病危害因素的强度或者浓度符合国家职业卫生标准；

(5) 有配套的更衣间、洗浴间、孕妇休息间等卫生设施；

(6) 设备、工具、用具等设施符合保护劳动者生理、心理健康的要求；

(7) 法律、法规、规章和国家职业卫生标准的其他规定。

◆用人单位工作场所存在职业病目录所列职业病的危害因素的，应当按照《职业病危害项目申报办法》的规定，及时、如实向所在地安全生产监督管理部门申报职业病危害项目，并接受安全生产监督管理部门的监督检查。

◆新建、改建、扩建的工程建设项目和技术改造、技术引进项目（以下统称建设项目）可能产生职业病危害的，建设单位应当按照《建设项目职业卫生“三同时”监督管理暂行办法》的规定，向安全生产监督管理部门申请备案、审核、审查和竣工验收。

◆产生职业病危害的用人单位，应当在醒目位置设置公告栏，公布有关职业病防治的规章制度、操作规程、职业病危害事故应急救援措施和工作场所职业病危害因素检测结果。

存在或者产生职业病危害的工作场所、作业岗位、设备、设施，应当按照《工作场所职业病危害警示标识》(GBZ 158—2003) 的规定，在醒目位置设置图形、警示线、警示语句等警示标识和中文警示说明。警示说明应当载明产生职业病危害的种类、后果、预防和应急处置措施等内容。

存在或产生高毒物品的作业岗位，应当按照《高毒物品作业岗位职业病危害告知规范》(GBZ/T 203—2007) 的规定，在醒目位置设置高毒物品告知卡，告知卡应当载明高毒物品的名称、理化特性、健康危害、防护措施及应急处理等告知内容与警示标识。

◆用人单位应当为劳动者提供符合国家职业卫生标准的职业病防护用品，并督促、指导劳动者按照使用规则正确佩戴、使用，不得发放钱物替代发放职业病防护用品。

用人单位应当对职业病防护用品进行经常性的维护、保养，确保防护用品有效，不得使用不符合国家职业卫生标准或者已经失效的职业病防护用品。

◆在可能发生急性职业损伤的有毒、有害工作场所，用人单位应当设置报警装置，配置现场急救用品、冲洗设备、应急撤离通道和必要的泄险区。

现场急救用品、冲洗设备等应当设在可能发生急性职业损伤的工作场所或者临近地点，并在醒目位置设置清晰的标志。

在可能突然泄漏或者逸出大量有害物质的密闭或者半密闭工作场所，除遵守有关规定外，用人单位还应当安装事故通风装置以及与事故排风系统相联锁的泄漏报警装置。

生产、销售、使用、储存放射性同位素和射线装置的场所，应当按照国家有关规定设置明显的放射性标志，其入口处应当按照国家有关安全和防护标准的要求，设置安全和防护设施以及必要的防护安全联锁、报警装置或者工作信号。放射性装置的生产调试和使用场所，应当具有防止误操作、防止工作人员受到意外照射的安全措施。用人单位必须配备与辐射类型和辐射水平相适应的防护用品和监测仪器，包括个人剂量测量报警、固定式和便携式辐射监测、表面污染监测、流出物监测等设备，并保证可能接触放射线的工作人员佩戴个人剂量计。

◆用人单位应当对职业病防护设备、应急救援设施进行经常性的维护、检修和保养，定期检测其性能和效果，确保其处于正常状态，不得擅自拆除或者停止使用。

◆存在职业病危害的用人单位，应当实施由专人负责的工作场所职业病危害因素日常监测，确保监测系统处于正常工作状态。

◆存在职业病危害的用人单位，应当委托具有相应资质的职业卫生技术服务机构，每年至少进行一次职业病危害因素检测。

职业病危害严重的用人单位，除遵守前款规定外，应当委托具有相应资质的职业卫生技术服务机构，每三年至少进行一次职业病危害现状评价。检测、评价结果应当存入本单位职业卫生档案，并向安全生产监督管理部门报告和劳动者公布。

◆存在职业病危害的用人单位，有下述情形之一的，应当及时委托具有相应资质的职业卫生技术服务机构进行职业病危害现状评价：

（1）初次申请职业卫生安全许可证，或者职业卫生安全许可证有效期届满申请换证的；

（2）发生职业病危害事故的；

（3）国家安全生产监督管理总局规定的其他情形。

用人单位应当落实职业病危害现状评价报告中提出的建议和措施，并将职业病危害现状评价结果及整改情况存入本单位职业卫生档案。

◆用人单位在日常的职业病危害监测或者定期检测、现状评价过程中，发现工作场所职业病危害因素不符合国家职业卫生标准和卫生要求时，应当立即采取相应治理措施，确保其符合职业卫生环境和条件的要求；仍然达不到国家职业卫生标准和卫生要求的，必须停止存在职业病危害因素的作业；职业病危害因素经治理后，符合国家职业卫生标准和卫生要求的，方可重新作业。

◆向用人单位提供可能产生职业病危害的设备的，应当提供中文说明书，并在设备的醒目位置设置警示标识和中文警示说明。警示说明应当载明设备性能、可能产生的职业病危害、安全操作和维护注意事项、职业病防护措施等内容。用人单位不得使用不符合要求的设备。

◆向用人单位提供可能产生职业病危害的化学品、放射性同位素和含有放射性物质的材料的，应当提供中文说明书。说明书应当载明产品特性、主要成分、存在的有害因素、可能产生的危害后果、安全使用注意事项、职业病防护和应急救治措施等内容。产品包装应当有醒目的警示标识和中文警示说明。储存上述材料的场所应当在规定的部位设置危险物品标志或者放射性警示标识。

用人单位不得使用不符合要求的材料。

◆任何用人单位不得使用国家明令禁止使用的可能产生职业病危害的设备或者材料。

◆任何单位和个人不得将产生职业病危害的作业转移给不具备职业病防护条件的单位和个人。不具备职业病防护条件的单位和个人不得接受产生职业病危害的作业。

◆用人单位应当优先采用有利于防治职业病危害和保护劳动者健康的新技术、新工艺、新材料、新设备，逐步替代产生职业病危害的技术、工艺、材料、设备。

◆用人单位对采用的技术、工艺、材料、设备，应当知悉其可能产生的职业病危害，并采取相应的防护措施。对有职业病危害的技术、工艺、设备、材料，故意隐瞒其危害而采用的，用人单位对其所造成的职业病危害后果承担责任。

◆用人单位与劳动者订立劳动合同（含聘用合同，下同）时，应当将工作过程中可能产生的职业病危害及其后果、职业病防护措施和待遇等如实告知劳动者，并在劳动合同中写明，不得隐瞒或者欺骗。

劳动者在履行劳动合同期间因工作岗位或者工作内容变更，从事与所订立劳动合同中未告知的存在职业病危害的作业时，用人单位应当依照前款规定，向劳动者履行如实告知的义务，并协商变更原劳动合同相关条款。

用人单位违反本条规定的，劳动者有权拒绝从事存在职业病危害的作业，用人单位不得因此解除与劳动者所订立的劳动合同。

◆对从事接触职业病危害因素作业的劳动者，用人单位应当按照《用人单位职业健康监护监督管理办法》《放射工作人员职业健康管理办法》《职业健康监护技术规范》(GBZ 188—2007)、《放射工作人员职业健康监护技术规范》(GBZ 235—2011) 等有关规定组织上岗前、在岗期间、离岗时的职业健康检查，并将检查结果书面如实告知劳动者。职业健康检查费用由用人单位承担。

◆用人单位应当按照《用人单位职业健康监护监督管理办法》的规定，为劳动者建立职业健康监护档案，并按照规定的期限妥善保存。

职业健康监护档案应当包括劳动者的职业史、职业病危害接触史、职业健康检查结果、处理结果和职业病诊疗等有关个人健康资料。

劳动者离开用人单位时，有权索取本人职业健康监护档案复印件，用人单位应当如实、无偿提供，并在所提供的复印件上签章。

◆劳动者健康出现损害需要进行职业病诊断、鉴定的，用人单位应当如实提供职业病诊断、鉴定所需的劳动者职业史和职业病危害接触史、工作场所职业病危害因素检测结果和放射工作人员个人剂量监测结果等资料。

◆用人单位不得安排未成年工从事接触职业病危害的作业，不得安排有职业禁忌的劳动者从事其所禁忌的作业，不得安排孕期、哺乳期女职工从事对本人和胎儿、婴儿有危害的作业。

◆用人单位应当建立健全下列职业卫生档案资料：

(1) 职业病防治责任制文件；

(2) 职业卫生管理规章制度、操作规程；

(3) 工作场所职业病危害因素种类清单、岗位分布以及作业人员接触情况等资料；

(4) 职业病防护设施、应急救援设施基本信息，以及其配置、使用、维护、检修与更换等记录；

(5) 工作场所职业病危害因素检测、评价报告与记录；

(6) 职业病防护用品配备、发放、维护与更换等记录；

(7) 主要负责人、职业卫生管理人员和职业病危害严重工作岗位的劳动者等相关人员职业卫生培训资料；

(8) 职业病危害事故报告与应急处置记录；

(9) 劳动者职业健康检查结果汇总资料，存在职业禁忌证、职业健康损害或者职业病的劳动者处理和安置情况记录；

(10) 建设项目职业卫生“三同时”有关技术资料，以及其备案、审核、审查或者验收等有关回执或者批复文件；

(11) 职业卫生安全许可证申领、职业病危害项目申报等有关回执或者批复文件；

(12) 其他有关职业卫生管理的资料或者文件。

◆用人单位发生职业病危害事故，应当及时向所在地安全生产监督管理部门和有关部门报告，并采取有效措施，减少或者消除职业病危害因素，防止事故扩大。对遭受或者可能遭受急性职业病危害的劳动者，用人单位应当及时组织救治、进行健康检查和医学观察，并承担所需费用。

用人单位不得故意破坏事故现场、毁灭有关证据，不得迟报、漏报、谎报或者瞒报职业病危害事故。

◆用人单位发现职业病病人或者疑似职业病病人时，应当按照国家规定及时向所在地安全生产监督管理部门和有关部门报告。

◆工作场所使用有毒物品的用人单位，应当按照有关规定向安全生产监督管理部门申请办理职业卫生安全许可证。

◆用人单位在安全生产监督管理部门行政执法人员依法履行监督检查职责时，应当予以配合，不得拒绝、阻挠。

3. 有关监督管理的规定

在《工作场所职业卫生监督管理规定》第三章“监督管理”中，对相关事项作了规定。

◆安全生产监督管理部门应当依法对用人单位执行有关职业病防治的法律、法规、规章和国家职业卫生标准的情况进行监督检查，重点监督检查下列内容：

(1) 设置或者指定职业卫生管理机构或者组织，配备专职或者兼职的职业卫生管理人员情况；

(2) 职业卫生管理制度和操作规程的建立、落实及公布情况；

(3) 主要负责人、职业卫生管理人员和职业病危害严重的工作岗位的劳动者职业卫生培训情况；

(4) 建设项目职业卫生“三同时”制度落实情况；

(5) 工作场所职业病危害项目申报情况；

(6) 工作场所职业病危害因素监测、检测、评价及结果报告和公布情况；

(7) 职业病防护设施、应急救援设施的配置、维护、保养情况，以及职业病防护用品的发放、管理及劳动者佩戴使用情况；

(8) 职业病危害因素及危害后果警示、告知情况；

(9) 劳动者职业健康监护、放射工作人员个人剂量监测情况；

(10) 职业病危害事故报告情况；

(11) 提供劳动者健康损害与职业史、职业病危害接触关系等相关资料的情况；

(12) 依法应当监督检查的其他情况。

◆安全生产监督管理部门行政执法人员依法履行监督检查职责时，应当出示有效的执法证件。

行政执法人员应当忠于职守，秉公执法，严格遵守执法规范；涉及被检查单位的技术秘密、业务秘密以及个人隐私的，应当为其保密。

◆安全生产监督管理部门履行监督检查职责时，有权采取下列措施：

(1) 进入被检查单位及工作场所，进行职业病危害检测，了解情况，调查取证；

(2) 查阅、复制被检查单位有关职业病危害防治的文件、资料，采集有关样品；

(3) 责令违反职业病防治法律、法规的单位和个人停止违法行为；

(4) 责令暂停导致职业病危害事故的作业，封存造成职业病危害事故或者可能导致职业病危害事故发生的材料和设备；

(5) 组织控制职业病危害事故现场。

◆发生职业病危害事故，安全生产监督管理部门应当依照国家有关规定报告事故和组织事故的调查处理。

4. 有关法律责任的规定

在《工作场所职业卫生监督管理规定》第四章“法律责任”中，对相关事项作了规定。

◆用人单位有下列情形之一的，给予警告，责令限期改正，可以并处5千元以上2万元以下的罚款：

(1) 未按照规定实行有害作业与无害作业分开、工作场所与生活场所分开的；

(2) 用人单位的主要负责人、职业卫生管理人员未接受职业卫生培训的。

◆用人单位有下列情形之一的，给予警告，责令限期改正；逾期未改正的，处10万元以下的罚款：

(1) 未按照规定制定职业病防治计划和实施方案的；

(2) 未按照规定设置或者指定职业卫生管理机构或者组织，或者未配备专职或者兼职的职业卫生管理人员的；

(3) 未按照规定建立、健全职业卫生管理制度和操作规程的；

(4) 未按照规定建立、健全职业卫生档案和劳动者健康监护档案的；

(5) 未建立、健全工作场所职业病危害因素监测及评价制度的；

(6) 未按照规定公布有关职业病防治的规章制度、操作规程、职业病危害事故应急救援措施的；

（7）未按照规定组织劳动者进行职业卫生培训，或者未对劳动者个体防护采取有效的指导、督促措施的；

（8）工作场所职业病危害因素检测、评价结果未按照规定存档、上报和公布的。

◆用人单位有下列情形之一的，责令限期改正，给予警告，可以并处 5 万元以上 10 万元以下的罚款：

（1）未按照规定及时、如实申报产生职业病危害的项目的；

（2）未实施由专人负责职业病危害因素日常监测，或者监测系统不能正常监测的；

（3）订立或者变更劳动合同时，未告知劳动者职业病危害真实情况的；

（4）未按照规定组织劳动者进行职业健康检查、建立职业健康监护档案或者未将检查结果书面告知劳动者的；

（5）未按照规定在劳动者离开用人单位时提供职业健康监护档案复印件的。

◆用人单位有下列情形之一的，给予警告，责令限期改正；逾期未改正的，处 5 万元以上 20 万元以下的罚款；情节严重的，责令停止产生职业病危害的作业，或者提请有关人民政府按照国务院规定的权限责令关闭：

（1）工作场所职业病危害因素的强度或者浓度超过国家职业卫生标准的；

（2）未提供职业病防护设施和劳动者使用的职业病防护用品，或者提供的职业病防护设施和劳动者使用的职业病防护用品不符合国家职业卫生标准和卫生要求的；

（3）未按照规定对职业病防护设备、应急救援设施和劳动者职业病防护用品进行维护、检修、检测，或者不能保持正常运行、使用状态的；

（4）未按照规定对工作场所职业病危害因素进行检测、现状评价的；

（5）工作场所职业病危害因素经治理仍然达不到国家职业卫生标准和卫生要求时，未停止存在职业病危害因素的作业的；

（6）发生或者可能发生急性职业病危害事故，未立即采取应急救援和控制措施或者未按照规定及时报告的；

（7）未按照规定在产生严重职业病危害的作业岗位醒目位置设置警示标识和中文警示说明的；

（8）拒绝安全生产监督管理部门监督检查的；

（9）隐瞒、伪造、篡改、毁损职业健康监护档案、工作场所职业病危害因素检测评价结果等相关资料，或者不提供职业病诊断、鉴定所需要资料的；

（10）未按照规定承担职业病诊断、鉴定费用和职业病病人的医疗、生活保障费用的。

◆用人单位有下列情形之一的，责令限期改正，并处 5 万元以上 30 万元以下的罚款；情节严重的，责令停止产生职业病危害的作业，或者提请有关人民政府按照国务院规定的权限责令关闭：

（1）隐瞒技术、工艺、设备、材料所产生的职业病危害而采用的；

（2）隐瞒本单位职业卫生真实情况的；

（3）可能发生急性职业损伤的有毒、有害工作场所或者放射工作场所不符合本规定第十七条规定的；

（4）使用国家明令禁止使用的可能产生职业病危害的设备或者材料的；

（5）将产生职业病危害的作业转移给没有职业病防护条件的单位和个人，或者没有职业病防护条件的单位和个人接受产生职业病危害的作业的；

（6）擅自拆除、停止使用职业病防护设备或者应急救援设施的；

（7）安排未经职业健康检查的劳动者、有职业禁忌的劳动者、未成年工或者孕期、哺乳期女职工从事接触产生职业病危害的作业或者禁忌作业的。

（8）违章指挥和强令劳动者进行没有职业病防护措施的作业的。

◆用人单位违反《职业病防治法》的规定，已经对劳动者生命健康造成严重损害的，责令停止产生职业病危害的作业，或者提请有关人民政府按照国务院规定的权限责令关闭，并处10万元以上50万元以下的罚款。

造成重大职业病危害事故或者其他严重后果，构成犯罪的，对直接负责的主管人员和其他直接责任人员，依法追究刑事责任。

◆向用人单位提供可能产生职业病危害的设备或者材料，未按照规定提供中文说明书或者设置警示标识和中文警示说明的，责令限期改正，给予警告，并处5万元以上20万元以下的罚款。

◆用人单位未按照规定报告职业病、疑似职业病的，责令限期改正，给予警告，可以并处1万元以下的罚款；弄虚作假的，并处2万元以上5万元以下的罚款。

◆安全生产监督管理部门及其行政执法人员未按照规定报告职业病危害事故的，依照有关规定给予处理；构成犯罪的，依法追究刑事责任。

◆本规定所规定的行政处罚，由县级以上安全生产监督管理部门决定。法律、行政法规和国务院有关规定对行政处罚决定机关另有规定的，依照其规定。

◆煤矿的职业病防治和煤矿安全监察机构对其实施监察，依照本规定和国家安全生产监督管理总局的其他有关规定执行。

二、《职业病危害项目申报办法》相关要点

2012年3月6日，国家安全生产监督管理总局局长办公会议审议通过《职业病危害项目申报办法》（国家安全生产监督管理总局令第48号），自2012年6月1日起施行。国家

安全生产监督管理总局 2009 年 9 月 8 日公布的《作业场所职业危害申报管理办法》同时废止。

制定《职业病危害项目申报办法》的目的，根据《中华人民共和国职业病防治法》，为了规范职业病危害项目的申报工作，加强对用人单位职业卫生工作的监督管理。《职业病危害项目申报办法》分为十七条，对相关事项作了规定。

◆用人单位（煤矿除外）工作场所存在职业病目录所列职业病的危害因素的，应当及时、如实向所在地安全生产监督管理部门申报危害项目，并接受安全生产监督管理部门的监督管理。

煤矿职业病危害项目申报办法另行规定。

◆本办法所称职业病危害项目，是指存在职业病危害因素的项目。

职业病危害因素按照《职业病危害因素分类目录》确定。

◆职业病危害项目申报工作实行属地分级管理的原则。

中央企业、省属企业及其所属用人单位的职业病危害项目，向其所在地设区的市级人民政府安全生产监督管理部门申报。

前款规定以外的其他用人单位的职业病危害项目，向其所在地县级人民政府安全生产监督管理部门申报。

◆用人单位申报职业病危害项目时，应当提交《职业病危害项目申报表》和下列文件、资料：

（1）用人单位的基本情况；

（2）工作场所职业病危害因素种类、分布情况以及接触人数；

（3）法律、法规和规章规定的其他文件、资料。

◆职业病危害项目申报同时采取电子数据和纸质文本两种方式。

用人单位应当首先通过“职业病危害项目申报系统”进行电子数据申报，同时将《职业病危害项目申报表》加盖公章并由本单位主要负责人签字后，按照本办法第四条和第五条的规定，连同有关文件、资料一并上报所在地设区的市级、县级安全生产监督管理部门。

受理申报的安全生产监督管理部门应当自收到申报文件、资料之日起 5 个工作日内，出具《职业病危害项目申报回执》。

◆职业病危害项目申报不得收取任何费用。

◆用人单位有下列情形之一的，应当按照本条规定向原申报机关申报变更职业病危害项目内容：

（1）进行新建、改建、扩建、技术改造或者技术引进建设项目的，自建设项目竣工验收之日起 30 日内进行申报；

（2）因技术、工艺、设备或者材料等发生变化导致原申报的职业病危害因素及其相关内容发生重大变化的，自发生变化之日起15日内进行申报；

（3）用人单位工作场所、名称、法定代表人或者主要负责人发生变化的，自发生变化之日起15日内进行申报；

（4）经过职业病危害因素检测、评价，发现原申报内容发生变化的，自收到有关检测、评价结果之日起15日内进行申报。

◆用人单位终止生产经营活动的，应当自生产经营活动终止之日起15日内向原申报机关报告并办理注销手续。

◆受理申报的安全生产监督管理部门应当建立职业病危害项目管理档案。职业病危害项目管理档案应当包括辖区内存在职业病危害因素的用人单位数量、职业病危害因素种类、行业及地区分布、接触人数等内容。

◆安全生产监督管理部门应当依法对用人单位职业病危害项目申报情况进行抽查，并对职业病危害项目实施监督检查。

◆安全生产监督管理部门及其工作人员应当保守用人单位商业秘密和技术秘密。违反有关保密义务的，应当承担相应的法律责任。

◆安全生产监督管理部门应当建立健全举报制度，依法受理和查处有关用人单位违反本办法行为的举报。

任何单位和个人均有权向安全生产监督管理部门举报用人单位违反本办法的行为。

◆用人单位未按照本办法规定及时、如实地申报职业病危害项目的，责令限期改正，给予警告，可以并处5万元以上10万元以下的罚款。

◆用人单位有关事项发生重大变化，未按照本办法的规定申报变更职业病危害项目内容的，责令限期改正，可以并处5千元以上3万元以下的罚款。

◆《职业病危害项目申报表》《职业病危害项目申报回执》的式样由国家安全生产监督管理总局规定。

三、《用人单位职业健康监护监督管理办法》相关要点

2012年3月6日，国家安全生产监督管理总局局长办公会议审议通过《用人单位职业健康监护监督管理办法》（国家安全生产监督管理总局令第49号），自2012年6月1日起施行。

制定《用人单位职业健康监护监督管理办法》的目的，是根据《中华人民共和国职业病防治法》，为了规范用人单位职业健康监护工作，加强职业健康监护的监督管理，保护劳动者健康及其相关权益。《用人单位职业健康监护监督管理办法》分为五章三十二条，各章内容为：第一章“总则”，第二章“用人单位的职责”，第三章“监督管理”，第四章“法律

责任”，第五章“附则”。

1.《〈用人单位职业健康监护监督管理办法〉总则》中的有关规定

在《用人单位职业健康监护监督管理办法》第一章“总则”中，对相关事项作了规定。

◆用人单位从事接触职业病危害作业的劳动者（以下简称劳动者）的职业健康监护和安全生产监督管理部门对其实施监督管理，适用本办法。

◆本办法所称职业健康监护，是指劳动者上岗前、在岗期间、离岗时、应急的职业健康检查和职业健康监护档案管理。

◆用人单位应当建立、健全劳动者职业健康监护制度，依法落实职业健康监护工作。

◆用人单位应当接受安全生产监督管理部门依法对其职业健康监护工作的监督检查，并提供有关文件和资料。

◆对用人单位违反本办法的行为，任何单位和个人均有权向安全生产监督管理部门举报或者报告。

2. 用人单位职责的有关规定

在《用人单位职业健康监护监督管理办法》第二章“用人单位的职责”中，对相关事项作了规定。

◆用人单位是职业健康监护工作的责任主体，其主要负责人对本单位职业健康监护工作全面负责。

用人单位应当依照本办法以及《职业健康监护技术规范》（GBZ 188—2007）、《放射工作人员职业健康监护技术规范》（GBZ 235—2011）等国家职业卫生标准的要求，制订、落实本单位职业健康检查年度计划，并保证所需要的专项经费。

◆用人单位应当组织劳动者进行职业健康检查，并承担职业健康检查费用。

劳动者接受职业健康检查应当视同正常出勤。

◆用人单位应当选择由省级以上人民政府卫生行政部门批准的医疗卫生机构承担职业健康检查工作，并确保参加职业健康检查的劳动者身份的真实性。

◆用人单位在委托职业健康检查机构对从事接触职业病危害作业的劳动者进行职业健康检查时，应当如实提供下列文件、资料：

（1）用人单位的基本情况；

（2）工作场所职业病危害因素种类及其接触人员名册；

（3）职业病危害因素定期检测、评价结果。

◆用人单位应当对下列劳动者进行上岗前的职业健康检查：

（1）拟从事接触职业病危害作业的新录用劳动者，包括转岗到该作业岗位的劳动者；

（2）拟从事有特殊健康要求作业的劳动者。

◆用人单位不得安排未经上岗前职业健康检查的劳动者从事接触职业病危害的作业，不得安排有职业禁忌的劳动者从事其所禁忌的作业。

用人单位不得安排未成年工从事接触职业病危害的作业，不得安排孕期、哺乳期的女职工从事对本人和胎儿、婴儿有危害的作业。

◆用人单位应当根据劳动者所接触的职业病危害因素，定期安排劳动者进行在岗期间的职业健康检查。

对在岗期间的职业健康检查，用人单位应当按照《职业健康监护技术规范》（GBZ 188—2007）等国家职业卫生标准的规定和要求，确定接触职业病危害的劳动者的检查项目和检查周期。需要复查的，应当根据复查要求增加相应的检查项目。

◆出现下列情况之一的，用人单位应当立即组织有关劳动者进行应急职业健康检查：

（1）接触职业病危害因素的劳动者在作业过程中出现与所接触职业病危害因素相关的不适症状的；

（2）劳动者受到急性职业中毒危害或者出现职业中毒症状的。

◆对准备脱离所从事的职业病危害作业或者岗位的劳动者，用人单位应当在劳动者离岗前30日内组织劳动者进行离岗时的职业健康检查。劳动者离岗前90日内的在岗期间的职业健康检查可以视为离岗时的职业健康检查。

用人单位对未进行离岗时职业健康检查的劳动者，不得解除或者终止与其订立的劳动合同。

◆用人单位应当及时将职业健康检查结果及职业健康检查机构的建议以书面形式如实告知劳动者。

◆用人单位应当根据职业健康检查报告，采取下列措施：

（1）对有职业禁忌的劳动者，调离或者暂时脱离原工作岗位；

（2）对健康损害可能与所从事的职业相关的劳动者，进行妥善安置；

（3）对需要复查的劳动者，按照职业健康检查机构要求的时间安排复查和医学观察；

（4）对疑似职业病病人，按照职业健康检查机构的建议安排其进行医学观察或者职业病诊断；

（5）对存在职业病危害的岗位，立即改善劳动条件，完善职业病防护设施，为劳动者配备符合国家标准的职业病危害防护用品。

◆职业健康监护中出现新发生职业病（职业中毒）或者两例以上疑似职业病（职业中毒）的，用人单位应当及时向所在地安全生产监督管理部门报告。

◆用人单位应当为劳动者个人建立职业健康监护档案，并按照有关规定妥善保存。职业健康监护档案包括下列内容：

（1）劳动者姓名、性别、年龄、籍贯、婚姻、文化程度、嗜好等情况；

（2）劳动者职业史、既往病史和职业病危害接触史；

（3）历次职业健康检查结果及处理情况；

（4）职业病诊疗资料；

（5）需要存入职业健康监护档案的其他有关资料。

◆安全生产行政执法人员、劳动者或者其近亲属、劳动者委托的代理人有权查阅、复印劳动者的职业健康监护档案。

劳动者离开用人单位时，有权索取本人职业健康监护档案复印件，用人单位应当如实、无偿提供，并在所提供的复印件上签章。

◆用人单位发生分立、合并、解散、破产等情形时，应当对劳动者进行职业健康检查，并依照国家有关规定妥善安置职业病病人；其职业健康监护档案应当依照国家有关规定实施移交保管。

3. 监督管理的有关规定

在《用人单位职业健康监护监督管理办法》第三章“监督管理”中，对相关事项作了规定。

◆安全生产监督管理部门应当依法对用人单位落实有关职业健康监护的法律、法规、规章和标准的情况进行监督检查，重点监督检查下列内容：

（1）职业健康监护制度建立情况；

（2）职业健康监护计划制定和专项经费落实情况；

（3）如实提供职业健康检查所需资料情况；

（4）劳动者上岗前、在岗期间、离岗时、应急职业健康检查情况；

（5）对职业健康检查结果及建议，向劳动者履行告知义务情况；

（6）针对职业健康检查报告采取措施情况；

（7）报告职业病、疑似职业病情况；

（8）劳动者职业健康监护档案建立及管理情况；

（9）为离开用人单位的劳动者如实、无偿提供本人职业健康监护档案复印件情况；

（10）依法应当监督检查的其他情况。

◆安全生产行政执法人员依法履行监督检查职责时，应当出示有效的执法证件。

安全生产行政执法人员应当忠于职守，秉公执法，严格遵守执法规范；涉及被检查单位技术秘密、业务秘密以及个人隐私的，应当为其保密。

◆安全生产监督管理部门履行监督检查职责时，有权进入被检查单位，查阅、复制被检查单位有关职业健康监护的文件、资料。

4. 法律责任的有关规定

在《用人单位职业健康监护监督管理办法》第四章“法律责任”中，对相关事项作了规定。

◆用人单位有下列行为之一的，给予警告，责令限期改正，可以并处3万元以下的罚款：

（1）未建立或者落实职业健康监护制度的；

（2）未按照规定制定职业健康监护计划和落实专项经费的；

（3）弄虚作假，指使他人冒名顶替参加职业健康检查的；

（4）未如实提供职业健康检查所需要的文件、资料的；

（5）未根据职业健康检查情况采取相应措施的；

（6）不承担职业健康检查费用的。

◆用人单位有下列行为之一的，责令限期改正，给予警告，可以并处5万元以上10万元以下的罚款：

（1）未按照规定组织职业健康检查、建立职业健康监护档案或者未将检查结果如实告知劳动者的；

（2）未按照规定在劳动者离开用人单位时提供职业健康监护档案复印件的。

◆用人单位有下列情形之一的，给予警告，责令限期改正，逾期不改正的，处5万元以上20万元以下的罚款；情节严重的，责令停止产生职业病危害的作业，或者提请有关人民政府按照国务院规定的权限责令关闭：

（1）未按照规定安排职业病病人、疑似职业病病人进行诊治的；

（2）隐瞒、伪造、篡改、损毁职业健康监护档案等相关资料，或者拒不提供职业病诊断、鉴定所需资料的。

◆用人单位有下列情形之一的，责令限期治理，并处5万元以上30万元以下的罚款；情节严重的，责令停止产生职业病危害的作业，或者提请有关人民政府按照国务院规定的权限责令关闭：

（1）安排未经职业健康检查的劳动者从事接触职业病危害的作业的；

（2）安排未成年工从事接触职业病危害的作业的；

（3）安排孕期、哺乳期女职工从事对本人和胎儿、婴儿有危害的作业的；

（4）安排有职业禁忌的劳动者从事所禁忌的作业的。

◆用人单位违反本办法规定，未报告职业病、疑似职业病的，由安全生产监督管理部门责令限期改正，给予警告，可以并处1万元以下的罚款；弄虚作假的，并处2万元以上5万元以下的罚款。

◆煤矿安全监察机构依照本办法负责煤矿劳动者职业健康监护的监察工作。

四、《职业卫生技术服务机构监督管理暂行办法》相关要点

2012年3月6日，国家安全生产监督管理总局局长办公会议审议通过《职业卫生技术服务机构监督管理暂行办法》（国家安全生产监督管理总局令第50号），自2012年7月1日起施行。

制定《职业卫生技术服务机构监督管理暂行办法》的目的，是根据《中华人民共和国职业病防治法》，为了加强对职业卫生技术服务机构的监督管理，规范职业卫生技术服务行为。《职业卫生技术服务机构监督管理暂行办法》分为六章五十三条，各章内容为：第一章“总则”，第二章“资质认可”，第三章“技术服务”，第四章“监督管理”，第五章“法律责任”，第六章“附则”。

1.《〈职业卫生技术服务机构监督管理暂行办法〉总则》中的有关规定

在《职业卫生技术服务机构监督管理暂行办法》第一章“总则”中，对相关事项作了规定。

◆在中华人民共和国境内申请职业卫生技术服务机构资质，从事职业卫生检测、评价等技术服务以及安全生产监督管理部门实施职业卫生技术服务机构资质认可与监督管理，适用本办法。

◆本办法所称职业卫生技术服务机构，是指为建设项目提供职业病危害预评价、职业病危害控制效果评价，为用人单位提供职业病危害因素检测、职业病危害现状评价、职业病防护设备设施与防护用品的效果评价等技术服务的机构。

◆国家对职业卫生技术服务机构实行资质认可制度。职业卫生技术服务机构应当依照本办法取得职业卫生技术服务机构资质；未取得职业卫生技术服务机构资质的，不得从事职业卫生检测、评价等技术服务。

◆职业卫生技术服务机构的资质从高到低分为甲级、乙级、丙级三个等级。

甲级资质由国家安全生产监督管理总局认可及颁发证书。

乙级资质由省、自治区、直辖市人民政府安全生产监督管理部门（以下简称省级安全生产监督管理部门）认可及颁发证书，并报国家安全生产监督管理总局备案。

丙级资质由设区的市级人民政府安全生产监督管理部门（以下简称市级安全生产监督管理部门）认可及颁发证书，并报省级安全生产监督管理部门备案，由省级安全生产监督管理部门报国家安全生产监督管理总局进行登记。

◆国家安全生产监督管理总局根据社会经济发展水平、区域经济结构和职业卫生技术

服务工作的需要，对职业卫生技术服务机构的设置实行统筹规划、合理布局和总量控制。

◆取得甲级资质的职业卫生技术服务机构，可以根据认可的业务范围在全国从事职业卫生技术服务活动。

下列建设项目的职业卫生技术服务，必须由取得甲级资质的职业卫生技术服务机构承担：

（1）国务院及其投资主管部门审批（核准、备案）的建设项目；

（2）核设施、绝密工程等特殊性质的建设项目；

（3）跨省、自治区、直辖市的建设项目；

（4）国家安全生产监督管理总局规定的其他项目。

◆取得乙级资质的职业卫生技术服务机构，可以根据认可的业务范围在其所在的省、自治区、直辖市从事职业卫生技术服务活动。

下列建设项目的职业卫生技术服务，必须由取得乙级以上资质的职业卫生技术服务机构承担：

（1）省级人民政府及其投资主管部门审批（核准、备案）的建设项目；

（2）跨设区的市的建设项目；

（3）省级安全生产监督管理部门规定的其他项目。

◆取得丙级资质的职业卫生技术服务机构，可以根据认可的业务范围在其所在的设区的市或者省级安全生产监督管理部门指定的范围从事除规定的建设项目以外的职业卫生技术服务活动。

2. 资质认可的有关规定

在《职业卫生技术服务机构监督管理暂行办法》第二章“资质认可”中，对相关事项作了规定。

◆职业卫生技术服务机构申请甲级资质，应当具备下列条件：

（1）具有法人资格；

（2）注册资金 800 万元以上，固定资产 700 万元以上；

（3）工作场所面积不少于 700 平方米；

（4）有健全的内部管理制度和质量保证体系；

（5）有不少于 25 名经培训合格的专职技术人员；

（6）有专职技术负责人和质量控制负责人，专职技术负责人具有与所申报业务相适应的高级专业技术职称和 5 年以上工作经验；

（7）具有与所申请资质、业务范围相适应的检测、评价能力；

（8）法律、行政法规、规章规定的其他条件。

（1）泄露服务对象的技术秘密和商业秘密的；

（2）转让或者租借资质证书的；

（3）转包职业卫生技术服务项目的；

（4）采取不正当竞争手段，故意贬低、诋毁其他职业卫生技术服务机构的；

（5）未按照规定办理资质证书变更手续的；

（6）未依法与建设单位、用人单位签订职业卫生技术服务合同的；

（7）擅自更改、简化职业卫生技术服务程序和相关内容的；

（8）在申请资质、资质延续、接受监督检查时，隐瞒有关情况或者提供虚假文件、资料的。

◆职业卫生专职技术人员同时在两个以上职业卫生技术服务机构从业的，责令改正，对职业卫生技术服务机构处 3 万元以下的罚款，对职业卫生专职技术人员处 1 万元以下的罚款。

◆已经取得资质认可的职业卫生技术服务机构，不再符合本办法规定的资质条件的，应当依法撤销其资质。

◆本办法所称职业病危害不包括医疗机构的放射性危害。

五、《建设项目职业卫生“三同时”监督管理暂行办法》相关要点

2012 年 3 月 6 日，国家安全生产监督管理总局局长办公会议审议通过《建设项目职业卫生“三同时”监督管理暂行办法》（国家安全生产监督管理总局令第 51 号），自 2012 年 6 月 1 日起施行。

制定《建设项目职业卫生“三同时”监督管理暂行办法》的目的，是根据《中华人民共和国职业病防治法》，为了预防、控制和消除建设项目可能产生的职业病危害，加强和规范建设项目职业病防护设施建设的监督管理。《建设项目职业卫生“三同时”监督管理暂行办法》分为六章三十九条，各章内容为：第一章“总则”，第二章“职业病危害预评价”，第三章“职业病防护设施设计”，第四章“职业病危害控制效果评价与防护设施竣工验收”，第五章“法律责任”，第六章“附则”。

1. “总则”中的有关规定

在《建设项目职业卫生“三同时”监督管理暂行办法》第一章“总则”中，对相关事项作了规定。

◆在中华人民共和国领域内可能产生职业病危害的新建、改建、扩建和技术改造、技术引进建设项目（以下统称建设项目）职业病防护设施建设及其监督管理，适用本办法。

本办法所称的可能产生职业病危害的建设项目，是指存在或者产生《职业病危害因素分类目录》所列职业病危害因素的建设项目。

本办法所称的职业病防护设施，是指消除或者降低工作场所的职业病危害因素的浓度或者强度，预防和减少职业病危害因素对劳动者健康的损害或者影响，保护劳动者健康的设备、设施、装置、构（建）筑物等的总称。

◆建设单位是建设项目职业病防护设施建设的责任主体。

建设项目职业病防护设施必须与主体工程同时设计、同时施工、同时投入生产和使用（以下简称职业卫生“三同时”）。职业病防护设施所需费用应当纳入建设项目工程预算。

◆建设单位对可能产生职业病危害的建设项目，应当依照本办法向安全生产监督管理部门申请职业卫生“三同时”的备案、审核、审查和竣工验收。

建设项目职业卫生“三同时”工作可以与安全设施“三同时”工作一并进行。

◆国家安全生产监督管理总局对全国建设项目职业卫生“三同时”实施监督管理，并在国务院规定的职责范围内承担国务院及其有关主管部门审批、核准或者备案的建设项目职业卫生“三同时”的监督管理。

县级以上地方各级人民政府安全生产监督管理部门对本行政区域内的建设项目职业卫生“三同时”实施监督管理，具体办法由省级安全生产监督管理部门制定，并报国家安全生产监督管理总局备案。

◆国家根据建设项目可能产生职业病危害的风险程度，按照下列规定对其实行分类监督管理：

（1）职业病危害一般的建设项目，其职业病危害预评价报告应当向安全生产监督管理部门备案，职业病防护设施由建设单位自行组织竣工验收，并将验收情况报安全生产监督管理部门备案；

（2）职业病危害较重的建设项目，其职业病危害预评价报告应当报安全生产监督管理部门审核；职业病防护设施竣工后，由安全生产监督管理部门组织验收；

（3）职业病危害严重的建设项目，其职业病危害预评价报告应当报安全生产监督管理部门审核，职业病防护设施设计应当报安全生产监督管理部门审查，职业病防护设施竣工后，由安全生产监督管理部门组织验收。

◆建设项目职业病危害预评价和职业病危害控制效果评价，应当由依法取得相应资质的职业卫生技术服务机构承担。

职业卫生技术服务机构应当依照国家法律、行政法规、标准和《职业卫生技术服务机构监督管理暂行办法》的规定，开展职业卫生技术服务工作，保证技术服务结果客观、真实、准确，并对作出的结论承担法律责任。

2. 职业病危害预评价的有关规定

在《建设项目职业卫生“三同时”监督管理暂行办法》第二章“职业病危害预评价”中，对相关事项作了规定。

◆对可能产生职业病危害的建设项目，建设单位应当在建设项目可行性论证阶段委托具有相应资质的职业卫生技术服务机构进行职业病危害预评价，编制预评价报告。

建设项目职业病危害预评价报告应当包括下列主要内容：

（1）建设项目概况；

（2）建设项目可能产生的职业病危害因素及其对劳动者健康危害程度的分析和评价；

（3）建设项目职业病危害的类型分析；

（4）对建设项目拟采取的职业病防护设施的技术分析和评价；

（5）职业卫生管理机构设置和职业卫生管理人员配置及有关制度建设的建议；

（6）对建设项目职业病防护措施的建议；

（7）职业病危害预评价的结论。

◆职业病危害预评价报告编制完成后，建设单位应当组织有关职业卫生专家，对职业病危害预评价报告进行评审。

建设单位对职业病危害预评价报告的真实性、合法性负责。

◆建设单位应当按照本办法有关规定向安全生产监督管理部门申请职业病危害预评价备案或者审核，并提交下列文件、资料：

（1）建设项目职业病危害预评价备案或者审核申请书；

（2）建设项目职业病危害预评价报告；

（3）建设单位对预评价报告的评审意见；

（4）职业卫生专家对预评价报告的审查意见；

（5）职业病危害预评价机构的资质证明（影印件）；

（6）法律、行政法规、规章规定的其他文件、资料。

涉及放射性职业病危害因素的建设项目，建设单位需提交建设项目放射防护预评价报告。

安全生产监督管理部门在收到职业病危害预评价报告备案或者审核申请后，应当对申请文件、资料是否齐全进行核对，并自收到申请之日起5个工作日内作出是否受理的决定或者出具补正通知书。

◆建设项目职业病危害预评价报告经安全生产监督管理部门备案或者审核同意后，建设项目的选址、生产规模、工艺或者职业病危害因素的种类、职业病防护设施等发生重大变更的，建设单位应当对变更内容重新进行职业病危害预评价，办理相应的备案或者审核手续。

◆建设单位未提交建设项目职业病危害预评价报告或者建设项目职业病危害预评价报告未经安全生产监督管理部门备案、审核同意的，有关部门不得批准该建设项目。

3. 职业病防护设施设计的有关规定

在《建设项目职业卫生“三同时”监督管理暂行办法》第三章“职业病防护设施设计”中，对相关事项作了规定。

◆存在职业病危害的建设项目，建设单位应当委托具有相应资质的设计单位编制职业病防护设施设计专篇。

设计单位、设计人应当对其编制的职业病防护设施设计专篇的真实性、合法性和实用性负责。

◆设计单位应当按照国家有关职业卫生法律法规和标准的要求，编制建设项目职业病防护设施设计专篇。

建设项目职业病防护设施设计专篇应当包括下列内容：

(1) 设计的依据；

(2) 建设项目概述；

(3) 建设项目产生或者可能产生的职业病危害因素的种类、来源、理化性质、毒理特征、浓度、强度、分布、接触人数及水平、潜在危害性和发生职业病的危险程度分析；

(4) 职业病防护设施和有关防控措施及其控制性能；

(5) 辅助用室及卫生设施的设置情况；

(6) 职业病防治管理措施；

(7) 对预评价报告中职业病危害控制措施、防治对策及建议采纳情况的说明；

(8) 职业病防护设施投资预算；

(9) 可能出现的职业病危害事故的预防及应急措施；

(10) 可以达到的预期效果及评价。

◆建设单位在职业病防护设施设计专篇编制完成后，应当组织有关职业卫生专家，对职业病防护设施设计专篇进行评审。

建设单位应当会同设计单位对职业病防护设施设计专篇进行完善，并对其真实性、合法性和实用性负责。

◆对职业病危害一般和职业病危害较重的建设项目，建设单位应当在完成职业病防护设施设计专篇评审后，按照有关规定组织职业病防护设施的施工。

◆对职业病危害严重的建设项目，建设单位在完成职业病防护设施设计专篇评审后，应当按照本办法有关规定向安全生产监督管理部门提出建设项目职业病防护设施设计审查的申请，并提交下列文件、资料：

（1）建设项目职业病防护设施设计审查申请书；

（2）建设项目立项审批文件（复印件）；

（3）建设项目职业病防护设施设计专篇；

（4）建设单位对职业病防护设施设计专篇的评审意见；

（5）建设项目职业病防护设施设计单位的资质证明（影印件）；

（6）建设项目职业病危害预评价报告审核的批复文件（复印件）；

（7）法律、行政法规、规章规定的其他文件、资料。

安全生产监督管理部门收到职业病防护设施设计审查申请后，应当对申请文件、资料是否齐全进行核对，并自收到申请之日起 5 个工作日内作出是否受理的决定或者出具补正通知书。

◆建设项目职业病防护设施设计经审查同意后，建设项目的生产规模、工艺或者职业病危害因素的种类等发生重大变更的，建设单位应当根据变更的内容，重新进行职业病防护设施设计，并在变更之日起 30 日内按照本办法规定办理相应的审查手续。

4. 职业病危害控制效果评价与防护设施竣工验收的有关规定

在《建设项目职业卫生“三同时”监督管理暂行办法》第四章“职业病危害控制效果评价与防护设施竣工验收”中，对相关事项作了规定。

◆建设项目职业病防护设施应当由取得相应资质的施工单位负责施工，并与建设项目主体工程同时进行。

施工单位应当按照职业病防护设施设计和有关施工技术标准、规范进行施工，并对职业病防护设施的工程质量负责。

工程监理单位、监理人员应当按照法律法规和工程建设强制性标准，对职业病防护设施施工工程实施监理，并对职业病防护设施的工程质量承担监理责任。

◆建设项目职业病防护设施建设期间，建设单位应当对其进行经常性的检查，对发现的问题及时进行整改。

◆建设项目完工后，需要进行试运行的，其配套建设的职业病防护设施必须与主体工程同时投入试运行。

试运行时间应当不少于 30 日，最长不得超过 180 日，国家有关部门另有规定或者特殊要求的行业除外。

◆建设项目试运行期间，建设单位应当对职业病防护设施运行的情况和工作场所的职业病危害因素进行监测，并委托具有相应资质的职业卫生技术服务机构进行职业病危害控制效果评价。

建设项目没有进行试运行的，应当在其完工后委托具有相应资质的职业卫生技术服务机构进行职业病危害控制效果评价。

建设单位应当为评价活动提供符合检测、评价标准和要求的受检场所、设备和设施。

◆建设单位在职业病危害控制效果评价报告编制完成后，应当组织有关职业卫生专家对职业病危害控制效果评价报告进行评审。

建设单位对职业病危害控制效果评价报告的真实性和合法性负责。

◆职业病危害一般的建设项目竣工验收时，由建设单位自行组织职业病防护设施的竣工验收，并自验收完成之日起30日内按照本办法有关规定向安全生产监督管理部门申请职业病防护设施竣工备案，提交下列文件、资料：

（1）建设项目职业病防护设施竣工备案申请书；

（2）建设项目职业病危害预评价报告备案通知书（复印件）；

（3）建设项目立项审批文件（复印件）；

（4）建设项目职业病防护设施设计专篇；

（5）建设项目职业病危害控制效果评价机构的资质证明（影印件）；

（6）建设项目职业病危害控制效果评价报告；

（7）职业卫生专家对职业病危害控制效果评价报告的评审意见；

（8）建设单位对职业病危害控制效果评价报告的评审意见；

（9）建设项目职业病防护设施竣工自行验收情况报告；

（10）法律、行政法规、规章规定的其他文件、资料。

◆安全生产监督管理部门收到建设项目职业病防护设施竣工备案或者竣工验收申请后，应当对申请文件、资料是否齐全进行核对，并自收到申请之日起5个工作日内作出是否受理的决定或者出具补正通知书。

对已经受理的备案申请，安全生产监督管理部门应当自受理之日起20个工作日内对申请文件、资料的合法性进行审查。符合要求的，予以备案，出具备案通知书；不符合要求的，不予备案，书面通知建设单位说明理由。

对已经受理的竣工验收申请，安全生产监督管理部门应当对建设项目职业病危害控制效果评价报告等申请文件、资料进行合法性审查，对建设项目职业病防护设施进行现场验收，并自受理之日起20个工作日内作出是否通过验收的决定。通过验收的，予以批复；未通过验收的，书面告知建设单位并说明理由。因情况复杂，20个工作日不能作出批复的，经本部门负责人批准，可以延长10个工作日，并将延长期限的理由书面告知申请人。

◆分期建设、分期投入生产或者使用的建设项目，其配套的职业病防护设施应当分期与建设项目同步进行验收。

◆建设项目职业病防护设施竣工后未经安全生产监督管理部门备案同意或者验收合格

的，不得投入生产或者使用。

5. 有关法律责任的规定

在《建设项目职业卫生"三同时"监督管理暂行办法》第五章"法律责任"中，对相关事项作了规定。

◆建设单位有下列行为之一的，由安全生产监督管理部门给予警告，责令限期改正；逾期不改正的，处10万元以上50万元以下的罚款；情节严重的，责令停止产生职业病危害的作业，或者提请有关人民政府按照国务院规定的权限责令停建、关闭：

（1）未按照规定进行职业病危害预评价或者未提交职业病危害预评价报告，或者职业病危害预评价报告未经安全生产监督管理部门备案或者审核同意，开工建设的；

（2）建设项目的职业病防护设施未按照规定与主体工程同时投入生产和使用的；

（3）职业病危害严重的建设项目，其职业病防护设施设计未经安全生产监督管理部门审查，或者不符合国家职业卫生标准和卫生要求，进行施工的；

（4）未按照规定对职业病防护设施进行职业病危害控制效果评价、未经安全生产监督管理部门验收或者验收不合格，擅自投入使用的。

◆建设单位有下列行为之一的，由安全生产监督管理部门给予警告，责令限期改正；逾期不改正的，处3万元以下的罚款：

（1）未按照本办法规定，对职业病危害预评价报告、职业病防护设施设计、职业病危害控制效果评价报告进行评审的；

（2）建设项目的选址、生产规模、工艺、职业病危害因素的种类、职业病防护设施发生重大变更时，未对变更内容重新进行职业病危害预评价或者未重新进行职业病防护设施设计并办理有关手续，进行施工的；

（3）需要试运行的职业病防护设施未与主体工程同时试运行的。

◆建设单位在职业病危害预评价报告、职业病防护设施设计、职业病危害控制效果评价报告评审以及职业病防护设施验收中弄虚作假的，责令改正，并处5千元以上3万元以下的罚款。

◆违反本办法规定的其他行为，依照《中华人民共和国职业病防治法》有关规定给予处理。

◆煤矿安全监察机构依照本办法负责煤矿建设项目职业卫生"三同时"的监察工作。

六、《煤矿作业场所职业危害防治规定（试行）》相关要点

2010年7月22日，国家安全生产监督管理总局、国家煤矿安全监察局印发《煤矿作业

场所职业危害防治规定（试行）》（安监总煤调〔2010〕121号），自2010年9月1日起施行。本规定分为十一个部分七十九条，各部分内容为：一、总则，二、煤矿职业危害防治管理，三、煤矿职业危害申报，四、煤矿粉尘危害防治，五、煤矿噪声危害防治，六、煤矿高温危害防治，七、煤矿职业中毒防治，八、职业卫生技术服务机构管理，九、监督检查，十、煤矿职业危害事故认定与处理，十一、附则。

制定《煤矿作业场所职业危害防治规定（试行）》的目的，是依据《中华人民共和国安全生产法》《中华人民共和国煤炭法》《矿山安全法》《中华人民共和国职业病防治法》《煤矿安全监察条例》等有关法律、行政法规，为加强煤矿作业场所职业危害防治工作，保护煤矿从业人员的健康。

1.《煤矿作业场所职业危害防治规定（试行）》总则中的有关规定

在《煤矿作业场所职业危害防治规定（试行）》总则中，对相关事项作了规定。

◆本规定适用于中华人民共和国领域内各类煤矿及其所属地面存在职业危害的作业场所。

◆本规定中所称煤矿职业危害，主要指以下职业危害因素：

粉尘：煤尘、岩尘、水泥尘等；

化学物质：氮氧化物、碳氧化物、硫化氢等；

物理因素：噪声、高温等。

◆煤矿作业场所职业危害防治坚持以人为本、预防为主、综合治理的方针。

◆煤矿职业危害防治实行国家监察、地方监管、企业负责的制度，按照源头治理、科学防治、严格管理、依法监督的要求开展工作。煤矿安全监察机构依法负责煤矿职业危害防治的监察工作，地方各级人民政府煤矿安全生产监督管理部门（以下简称煤矿安全监管部门）负责煤矿职业危害防治的日常监督管理工作，煤矿企业是煤矿职业危害防治的责任主体。

2.煤矿职业危害防治管理

在《煤矿作业场所职业危害防治规定（试行）》中，对煤矿职业危害防治管理作了明确规定。有关规定有：

◆煤矿企业法定代表人是本单位职业危害防治工作的第一责任人。

◆煤矿企业应建立健全职业危害防治领导机构，负责制定职业危害防治规划、年度计划和机构设置、职责分工、经费落实等工作，加强对职业危害防治工作的领导。

◆煤矿企业应建立健全职业危害防治管理机构，配备专职管理人员，负责职业危害防治日常管理工作。

◆煤矿企业应建立职业危害防治院所，负责企业职业危害因素监（检）测与评价、职业健康监护、职业病诊断治疗康复等工作；不具备建立条件的，必须委托职业卫生技术服务机构为其提供职业危害防治技术服务。

◆煤矿企业应建立健全下列职业危害防治制度：

（1）职业危害防治责任制度；

（2）职业危害防治计划和实施方案；

（3）职业危害告知制度；

（4）职业危害防治宣传教育培训制度；

（5）职业危害防护设施管理制度；

（6）从业人员防护用品配备发放和使用管理制度；

（7）职业危害日常监测管理制度；

（8）职业健康监护管理制度；

（9）职业危害申报制度；

（10）职业病诊断鉴定及治疗康复制度；

（11）职业危害防治经费保障及使用管理制度；

（12）职业卫生档案与职业健康监护档案管理制度；

（13）职业危害事故应急救援预案；

（14）法律、法规、规章规定的其他职业危害防治制度。

◆煤矿企业应指定专职或兼职职业危害因素监测人员，配备足够的监测仪器设备，按照有关规定对作业场所职业危害因素进行日常监测。监测人员按特种作业人员管理，持特种作业操作资格证上岗。

◆煤矿企业应按照《煤矿职业安全卫生个体防护用品配备标准》（AQ 1501—2008）规定，为接触职业危害的从业人员提供符合要求的个体防护用品，并指导和督促其正确使用。

◆煤矿企业应强化劳动用工管理，切实履行告知义务，与从业人员订立劳动合同时，应将作业过程中可能产生的职业危害及其后果、防护措施和相关待遇等如实告知从业人员，并在劳动合同中载明。

◆煤矿企业应在醒目位置设置公告栏，公布职业危害防治的规章制度、操作规程和作业场所职业危害因素检测结果；对产生严重职业危害的作业岗位，应在醒目位置设置警示标识和说明。

◆煤矿企业主要负责人、管理人员应接受职业危害防治知识培训。

煤矿企业应对从业人员进行上岗前、在岗期间的职业危害防治知识培训，上岗前培训时间不少于 4 学时，在岗期间培训时间每年不少于 2 学时。

◆对接触职业危害的从业人员，煤矿企业应按照国家有关规定组织上岗前、在岗期间和离岗时的职业健康检查和医学随访，并将检查结果如实告知从业人员。职业健康检查费用由煤矿企业承担。

◆煤矿企业应为从业人员建立职业健康监护档案，并按照规定的期限妥善保存。从业人员离开煤矿企业时，有权索取本人职业健康监护档案复印件，煤矿企业应如实、无偿提供，并在所提供的复印件上签章。

◆煤矿企业发生职业危害事故后，应及时向所在地煤矿安全监管部门和驻地煤矿安全监察机构报告，并采取有效措施，控制或者消除职业危害因素，防止事故扩大。对遭受职业危害损害的从业人员，要及时组织救治，并承担所需费用。

煤矿企业不得迟报、漏报、谎报或者瞒报煤矿职业危害事故。

在《煤矿作业场所职业危害防治规定（试行）》其他部分中，对煤矿粉尘危害防治、煤矿噪声危害防治、煤矿高温危害防治、煤矿职业中毒防治，提出具体规定和要求。

第四章 《消防法》有关知识

近几年，随着经济的迅速发展和科技进步以及人们物质文化生活水平的逐步提高，生产生活用火、用电、用油、用气量也随之增加，与此同时，由于使用不当或者防范不周，火灾事故也不断发生，呈现上升趋势。面对不断发生的各类火灾，消防工作重点应放在“防”字上，这就需要加大消防教育培训力度，了解有关防火与消防知识，提高全民消防安全意识，这是做好消防工作的社会基础。

第一节 火灾特点、规律与防范要求

加强对火灾事故的预防，是所有生产企业以及相关单位的重要任务。预防火灾，人人有责。不论是企业职工，还是中小学生以及居民，都需要了解有关火灾与消防知识，要熟悉和掌握消防器材的使用，要提高扑灭初起之火的技能；同时，还需要了解火灾疏散和逃生知识，一旦突然遇到火灾的时候，能够积极地应对，能够扑灭初起之火的时候就果断地扑灭，不能够扑灭之时，就迅速地逃生，从而避免人员伤亡事故，避免悲剧的发生。

一、火灾成因及其特点

在《火灾统计管理规定》中，给火灾下的定义是：凡失去控制并对财物和人身造成损害的燃烧现象都为火灾。俗话说：水火无情，一把火可以使人们辛勤劳动创造的财富，顷刻之间化为灰烬，造成倾家荡产；一把火可以吞噬整座建筑，烧光精心备置的设备设施，从此失去经营的基础。火灾是威胁经济建设、改革开放、企业经营和人民安居乐业的大灾害，必须认真对待，严加防范。

导致火灾发生的原因很多，大致可以将火灾原因分为电气火灾、生活用火火灾、违章操作火灾、吸烟火灾、玩火火灾、放火火灾、自燃火灾、雷击火灾、其他火灾等类别。

1. 电气火灾

电气火灾是指违反电气安装和使用规定以及因伪劣电气产品引起的火灾。这类火灾发生率较高，约占火灾起数的25%。从20世纪80年代末期起，电气火灾所占的比例升至第一位，而且其火灾损失也占有最大的比率。从发展的角度看，随着我国电力工业的发展，城乡生产、生活用电量的增加，电气火灾仍将保持相当大的比率。造成电气火灾的主要原因，是在电气使用中存在较多问题，如乱拉乱接电线，不按使用要求随意加大负荷，电线绝缘老化，不按时更换电线，长时间超负荷用电温度失控等。因此，加强安全用电教育和加强电气安全管理，经常进行电气设备设施的安全检查，对所有企业事业单位都是十分必要的。

2. 生活用火火灾

生活用火火灾是指生活或涉及生活的用火，包括炉灶（炉具）设置、使用不当，余火复燃，明火照明、生火取暖、熏蚊不当，敬神祭祖焚纸烧香等所导致的火灾。这类火灾约占火灾起数的20%。生活用火火灾的特点，是点多面广、发生频繁，一旦疏于管理、失去警惕，则易发生火灾。近几年随着居住条件的改善，炊事燃料的变化和用火设备的改进，防火宣传教育的加强和普及，生活用火引起火灾的起数开始呈现明显的下降趋势。

3. 违章操作火灾

违章操作火灾是指在生产、储存、运输等过程中违反安全规定和操作规程造成的火灾，如违章指挥、冒险作业、违章动火、焊接切割中违反操作规程等。这类火灾约占火灾起数的12%。目前在中小企业火灾中，这种原因造成的火灾损失往往最大。出现这种情况的原因，大都是由于企业领导单纯追求经济效益而忽视消防安全，职工思想麻痹，劳动纪律松弛，缺乏安全规程，安全制度执行不严而造成的。此外，新工人多，未经培训上岗，缺乏专业生产技术知识和安全技术知识，发生事故不知如何处理，也是重要的成灾因素。因此中小企业应加强防火防爆安全管理。

4. 吸烟火灾

吸烟火灾是指由于吸烟入睡、醉酒吸烟、随地乱扔烟头、火柴梗以及在有爆炸危险场所违章吸烟等而引起的火灾，这类火灾约占火灾总数的10%。吸烟引起的火灾一直是造成火灾的重要原因，尤其是我国吸烟人数多，由于吸烟引起的火灾一直居高不下。在吸烟人员中，年轻人吸烟时往往不分场合，忽视防火要求，随地扔烟蒂和火柴梗，往往造成火灾。因此加强对吸烟人员的安全教育，是今后消防宣传教育中的一项重要内容。

5. 玩火火灾

玩火火灾是指由于乱放鞭炮、玩火取乐、小孩玩火等原因引起的火灾，这类火灾约占火灾总数的8.75%。近几年，由于社会、学校普遍开展“119”宣传日活动，消防教育进学校以及社会各种媒体的广泛宣传教育，取得一定成效，这类火灾开始呈现下降趋势，说明加强宣传教育对儿童和青少年是有成效的。但是，从统计分析看，玩火成灾的情况仍然占有一定的比例，不能放松警惕，还应继续加强防范。

6. 放火火灾

放火火灾是指刑事放火、报私仇放火、精神病人放火和自焚等。这类火灾的特点是农村多、私营企业多、晚间（20时至次日4时）多。造成这类火灾的主要原因，多是由于经济、民事纠纷引起的。由于放火是一种犯罪行为，对社会秩序影响不好，社会和单位应从不同角度去加强防范工作，以最大限度地减少放火犯罪活动。

7. 自燃火灾

自燃火灾包括易燃易爆危险化学物品自燃，以及煤、稻草麦秸、涂油物、鱼粉等自燃引起的火灾。这类火灾所占的比例约为1.7%。从统计分析看，自燃火灾多集中在第二、第三季度，因此只要有针对性地对存放有自燃物质的单位或部位加强防范，就可减少此类火灾。

二、火灾的一般规律

火灾在本质上虽然是一种自然现象，与一些自然因素有关，如地域、气候、气象等，但同时它还与社会因素有关，许多火灾事故的发生更多地是由于社会因素的原因造成的，如电气火灾、违章操作火灾、吸烟火灾、玩火火灾等。所以说，火灾是一种自然现象，同时也是一种社会现象。人们可以通过对火灾的分析，找出火灾发生发展的规律，从而采取积极对策，有效地预防火灾和战胜火灾。

1. 社会环境因素对火灾的影响

在不同的社会发展时期，社会环境因素的变化对火灾的影响很大，包括政治、经济、文化、风俗习惯等因素的影响。

（1）工业的发展，设备随之增多；人民生活水平的提高，家用电器随之增多。随着经济的发展，引发火灾的因素增多，从而促使火灾增多。

（2）自动化水平的提高，提高了监控质量；阻燃新材料的使用，使火灾难以发生；新技术的使用，使灭火设备更先进，灭火能力增强，起火成灾率减小。

（3）政局稳定、法制健全、社会安定、消防管理严密有效，火灾则少。反之社会混乱、管理失控、火灾将增多，损失将增大。

（4）教育的普及，文化素质的提高，人们遵守法律法规的自觉性将提高；防火灭火科技知识的丰富，人们自身抗御火灾的警惕性和技能将提高，起火成灾率将减少。

(5) 风俗习惯对火灾形成有很大的影响。传统风俗习惯中，如燃放烟花爆竹，上坟烧纸，供神焚香，酗酒吸烟，乱扔烟头等，将容易引起火灾。

2. 火灾的季节变化规律

我国地域广阔，各地经济发展、风土人情有所差异，但就火灾随季节的变化而言，有着基本共同的规律：冬季（12～2月）火灾起数最多，春季（3～5月）次之，秋季（9～11月）又次之，夏季（6～8月）火灾起数最少。

冬天气温低，生产、生活取暖用火、用电增多，夜晚照明时间加长，这是火灾多发的原因之一。春节期间正常秩序被打乱以及燃放烟花爆竹，是火灾多发的原因之二。20世纪90年代，全国春节期间火灾年平均约占冬季总数的25%，仅烟花爆竹引起火灾年平均占冬季总数的15%。

春季风大，加上气温回升快，土壤水分蒸发量大，水气散失极快，形成风高物燥的气候。在这个季节人们还有春游踏青、清明祭扫的习惯，野外火源增多。据统计，春季是森林火灾最多的时期，东北地区四五月间是森林火灾最频繁的季节；在南方，西南和西北的南部地区，二三月份为森林火险最严重的季节。

秋季气温、湿度与春季相近，风力比春、冬季小。中秋之后，北方庄稼开始成熟，禾秆渐趋枯萎，收获、打场用火、用电量增加，柴草堆垛林立。特别是进入晚秋，寒潮频袭，气温下降，风力上升，时有火灾发生。

夏季气温高，雨水多，日照时间长，用火量和用火时间减少，物质燃烧难度增加，因此火灾起数夏季最少。然而需要注意的是夏季自燃火灾占全年之首，同时雷电火灾也明显高于其他季节。更为重要的是夏季气温高，闪点低的易燃物品的燃烧及危险物品的爆炸可能性增加，一旦发生火灾，损失往往惨重。

3. 火灾昼夜变化规律

火灾在一日24小时内的发生规律是：10时至22时为起火高峰期；22时至次日上午8时为起火低峰期，其中凌晨4时至8时起火风险最小；20时至早晨6时火灾成灾率较高，损失较大。而且白天起火风险大，尤以下午为最大；夜间起火风险小，尤以后半夜为最小。成灾率是白天低夜间高。这个规律的形成，与人们的生活和生产经营活动规律密切相关。白天是人们从事生产和经营活动最集中、最频繁的时间，也是用火用电和使用易燃易爆物品最多的时间，如果疏于防范，容易失火。特别是下午，人们的精力、体力处于疲劳、困倦状态，易放松警惕，更容易发生火灾。但由于人们都在岗位上，即使失火也能早发现、快报警，由于扑救及时，故成灾率较低。而夜间，虽然停止或减少了生产经营活动，用火用电量减少，失火机会少，但一旦起火，不易发现，或者发现较晚，由于得不到及时扑救，往往小火酿成大火，故成灾率高、火灾损失大。

4. 强化抗灾因素可使火灾形势达到相对稳定

从近些年来的火灾原因看，由于生产生活用火不慎，违反安全操作规程，电气故障，吸烟、玩火等原因引起的火灾起数，占总数的80%左右，说明火灾的发生同人们的警惕性、执行法规的程度、消防知识的掌握的多少、消防安全管理水平有直接的密切联系。

总起来看，火灾能否发生，发生多少，一方面是客观上存在火灾因素，如生产、生活中使用易燃易爆物品，建筑物不符合生产、储存性质要求，作业中违反安全操作规程，特定时间内的气温、地理、环境的影响等。另一方面又存在抗灾因素，例如建立消防队伍，配置消防器材与消防设施，采取防火、灭火技术措施，制定健全的规章制度以规范人们的行为等。这类因素变化较大，如果随着经济发展、科技进步、管理加强而逐渐增强抗灾因素，就可以有效降低火灾发生率。

三、防火安全管理的方针、特点和原则

防火安全管理又称为消防安全管理，消防安全管理是指单位管理者和主管部门遵循经营管理活动规律和火灾发生的客观规律，依照有关规定，运用管理的一定方式方法，通过管理职能合理有效地组合保证消防安全的各种资源所进行的一系列活动，以保护单位员工免遭火灾危害、保护财产不受火灾损失，促进单位改善消防安全环境，保障单位经营、建设的顺利发展。

1. 防火安全管理的方针

按照《消防法》中的规定，消防工作贯彻“预防为主，防消结合”的方针，这是消防管理工作必须遵循的方针，这一方针同样适用于防爆的安全管理。

火灾是一种常见的灾害，但大多数火灾是人为造成的。因此，火灾是可以预防的，预防工作做好了，就能够减少火灾的发生，即使发生了火灾，在有准备的条件下，也可以最大限度地降低火灾所造成的危害。从多年发生的火灾原因来看，用火、用电不慎和违反安全规定等原因占火灾总原因80%以上，几乎各种火灾都与人为因素有关，是由于人的思想麻痹、放松警惕、缺乏防火意识和消防知识所造成的。所以，在安全管理工作中，要把预防火灾放在首位，积极贯彻各项防火措施，力求防止火灾的发生。同时要做好各项灭火准备工作，当发生火灾时，能够及时有效地扑灭火灾，最大限度地减少火灾损失。实践证明，积极预防和成功扑救，是有效地同火灾作斗争的两个基本手段，两者紧密相连不可分割，

既相互补充，又相互促进，使两者有机地结合起来。

2. 防火安全管理的要求

由于用火用电以及使用燃气的广泛性、普遍性，发生火灾爆炸的时间、地点的不确定性及火灾爆炸的破坏性，防火安全管理活动有如下几个特点：

（1）全方位性。从防火防爆管理的空间上看，防火防爆安全管理活动具有全方位性的特点，生产、经营、生活中，可燃物、氧化剂（如空气）和引火源无处不在，凡是用火用气的场所，凡是容易形成燃烧爆炸条件的场所，都是容易造成火灾爆炸的场所，也就是防火防爆进行安全管理的场所。

（2）全天候性。从防火防爆管理的时间上看，人们用火用气的无时限性，有可能造成燃烧爆炸条件的偶然性，即火灾爆炸发生的随机性，因此防火防爆安全管理者在任何时刻都不应该放松警惕性。

（3）全过程性。从活动过程上看，生产、经营、生活过程的各个环节都存在不同程度发生燃烧爆炸的条件，如轻工企业、化工企业的生产过程、易燃易爆物品的储存和运输过程等，各个环节都需要进行防火防爆的安全管理。

（4）全员性。从防火防爆安全管理对象上看，防火防爆管理的人员对象涉及广泛，包括企业全体职工以及其他人员，因此要求全员参与安全管理工作。

（5）强制性。由于火灾爆炸的破坏性很大，危害社会公共安全，为严格管理，保证安全，必须运用法制手段规范人们的行为，甚至给予必要的法律制裁，以引起人们的高度重视。

3. 防火安全管理的原则

（1）为总体目标服务的原则。防火防爆安全管理的总体目标，是预防火灾爆炸事故的发生，并努力减少火灾爆炸造成的危害，保护生命和财产安全，维护公共安全，保障社会主义现代化建设的顺利进行。目前，在社会主义市场经济体制下，防火防爆安全工作出现大量新情况和新问题。随着政府部门的职能转变，公安消防机构不能延续过去那种指导、管理、监督三位一体的一把抓模式，而是要大幅度地调动单位自身对消防管理工作的主观能动性，要求各个部门、单位，根据本部门、本单位的实际情况和经营特点，提出长期和近期的防火防爆管理工作目标任务和措施要求，树立责任意识，为实现本部门、本单位的建设、生产经营的大目标服务，为本部门、本单位的建设顺利进行、生产经营的发展创造良好的安全环境。

（2）依靠群众的原则。防火防爆安全管理工作是一项具有广泛群众性的工作。在安全管理工作中要坚持群众性原则：一是要求领导者必须树立群众观点，相信群众，尊重倾听群众的意见，虚心向群众学习。二是要采取各种方式方法，向职工群众普及火灾爆炸知识，提高群众自身的防灾抗灾能力。三是动员社会各界力量，积极参加防火防爆工作，同火灾爆炸做斗争。四是要组织群众中的骨干，建立义务消防队，实行消防安全责任制，发展群众性的防火和灭火工作。

（3）依法管理的原则。依法管理就是依照国家立法机关和行政机关制定颁发的有关法律法规，对单位或场所的安全事务进行管理，落实安全的规定和要求，保证单位或场所的安全。实施依法管理，还包括各单位结合本单位的具体情况和特点，制定安全规章制度，从而使单位管理者有法可依，使人们有章可循。这种单位的安全规章制度就是法律法规在单位的延伸，是法律法规在单位里的具体化。安全管理规章制度制定后，要向职工宣传落实安全规章制度，使大家明自在经营、作业过程中哪些是应该做的，哪些是违法和禁止做的，以此来保障安全经营。单位领导者和管理者必须严格地执行消防安全规章制度，做到有法必依，执法必严，违法必究，充分发挥法制的威力，使安全管理规章制度在单位里真正起到保护国家和人民的财物、保护大家生命安全，惩治违章违法行为的积极作用。

（4）科学管理的原则。防火防爆安全管理提倡科学化和现代化，以不断提高安全管理水平。为此，一是按照火灾爆炸发生发展规律和本单位工作、经营作业规律办事，如火灾爆炸危险因素会随着经济的发展，经营、技术领域的扩大和物质生活的提高而增加的规律；防火防爆安全管理与本单位事业、经济发展相适应的规律；火灾爆炸的发生与行业、季节、时间相关的规律；火灾爆炸成因与人们心理和行为相关的规律以及因人因时因地制宜的规律等。安全管理只有遵循这些规律办事，才能有的放矢，才有效果。二是要自觉学习和运用现代管理科学的理论和方法，不断提高安全管理水平，要把现代管理理论和方法与实践经验结合起来进行安全管理，可取得事半功倍的效果。三是要逐步采用现代科学技术和手段来提高管理效率，使防火防爆安全管理更深入、更科学，如使用微机处理火灾爆炸管理信息、进行火灾爆炸预测和调度控制等，运用电子检测系统随时察视保护区的情况，发现异常及时处理等。

（5）综合治理的原则。用火的广泛性和火灾发生的多因素的影响，决定了安全管理必须是综合治理型的。预防和减少火灾爆炸事故的发生不能单靠某一个部门或单纯使用哪一种手段，必须在安全管理上、管理内容上、管理手段上和管理对象上实行综合治理的原则。

在管理方式上，防火防爆安全管理要同单位的生产经营管理一致起来，作为一项管理内容纳入单位管理范围；在管理内容上要有系统观念，形成配套的消防安全保障体系，即落实防火安全责任制，消防安全教育，防火检查，整改火灾隐患，全面抓与重点落实，总体部署与具体措施，结合一致起来；在运用管理手段上，要综合运用行政的、法律的、宣传教育的、技术的、经济的等各种手段，相互配合，相互补充；在治理对象的综合性上，要将与消防安全有关的各种要素——人、物、事、时间、信息等进行综合考虑，对各个部位和各类人员都须进行必要的管理。

第二节 《消防法》的主要内容

按照有关法律法规的规定，要求机关、团体、企业、事业单位自身的防火安全管理必须依法进行，即按照社会主义市场经济发展的要求，遵循法制原则，运用法律手段，规范和加强单位自身的消防管理。只有社会各单位切实履行安全职责，落实安全管理措施，安全工作才有坚实的社会基础。就具体单位而言，安全管理与生产、经营等其他工作一样，都是单位应当自觉地考虑和安排的事情；并应依法承担相应的责任。因此说，每一个单位都是自身消防安全的责任主体。

一、《消防法》修订的目的与背景

1.《消防法》修订的目的

《消防法》已由第十一届全国人大常委会第五次会议于2008年10月28日修订通过，自2009年5月1日起施行。

新修订的《消防法》分为七章七十四条，各章内容为：第一章“总则”，第二章“火灾预防”，第三章“消防组织”，第四章“灭火救援”，第五章“监督检查”，第六章“法律责任”，第七章“附则”。

制定和修订《消防法》的目的，是为了预防火灾和减少火灾危害，加强应急救援工作，保护人身、财产安全，维护公共安全。

2.《消防法》修订的背景

原《消防法》自1998年9月1日施行以来，有力地推动了我国消防法制建设、社会化消防管理、公共消防设施建设以及消防监督执法规范化、提升政府抢险救援能力、火灾隐患整改等方面的工作，对预防和减少火灾危害，保护人身、财产安全，维护公共安全，发挥了重要作用。

2002年6月，全国人大常委会对《消防法》实施情况进行执法检查后，提出了“修改《消防法》，进一步完善与社会主义市场经济体制相适应的消防法律体系”的建议。修订《消防法》的目的，是为了提高社会公共消防安全水平；全面落实消防安全责任制，建立健全社会化的消防工作网络；加强和改革消防工作制度，有效预防火灾和减少火灾危害；推进市场机制和经济手段防范火灾风险，切实发挥市场主体在保障消防安全方面的作用；加强消防力量建设，提升火灾扑救和应急救援能力；完善消防执法监督工作机制，促进公正、严格、文明、高效执法。

在新修订的《消防法》中，进一步强化了机关、团体、企业、事业等单位在保障消防安全方面的消防安全职责，明确单位的主要负责人是本单位的消防安全责任人。同时进一步加强了公安消防部队和政府专职消防队的应急救援能力建设及必要的保障措施。此外，还对有关事项进行了明确。主要包括：

（1）明确了各级人民政府应当加强消防组织建设，根据经济和社会发展的需要，建立多种形式的消防组织，加强消防技术人才培养，增强火灾预防、扑救和应急救援的能力。

（2）明确了县级以上地方人民政府应当组织有关部门针对本行政区域内的火灾特点制定应急预案，建立应急反应和处置机制，为火灾扑救和应急救援工作提供人员、装备等保障。

（3）规定公安消防队、政府专职消防队依照国家规定参加以抢救人员生命为主的应急救援工作；公安消防队、政府专职消防队参加火灾以外的其他重大灾害或者事故的应急救援工作，由县级以上人民政府统一领导。

（4）规定了赶赴应急救援现场的消防人员、调集的消防装备和物资，需要铁路、水路或者航空运输的，有关部门应当优先运输。

（5）规定了对因参加应急救援受伤、致残或者死亡的人员，按照国家有关规定给予医疗、抚恤。

二、《消防法》总则中的有关规定

在《消防法》第一章“总则”中，对消防工作的一些重大原则问题作了明确规定。有关规定有：

◆消防工作贯彻“预防为主、防消结合”的方针，按照政府统一领导、部门依法监管、单位全面负责、公民积极参与的原则，实行消防安全责任制，建立健全社会化的消防工作网络。

◆国务院领导全国的消防工作。地方各级人民政府负责本行政区域内的消防工作。

各级人民政府应当将消防工作纳入国民经济和社会发展计划，保障消防工作与经济社会发展相适应。

◆国务院公安部门对全国的消防工作实施监督管理。县级以上地方人民政府公安机关对本行政区域内的消防工作实施监督管理，并由本级人民政府公安机关消防机构负责实施。

◆任何单位和个人都有维护消防安全、保护消防设施、预防火灾、报告火警的义务。

任何单位和成年人都有参加有组织的灭火工作的义务。

◆国家鼓励、支持消防科学研究和技术创新，推广使用先进的消防和应急救援技术、设备；鼓励、支持社会力量开展消防公益活动。

对在消防工作中有突出贡献的单位和个人，应当按照国家有关规定给予表彰和奖励。

三、《消防法》有关火灾预防的规定

在《消防法》第二章“火灾预防”中，对火灾预防有关事项作了明确规定。有关规定有：

◆机关、团体、企业、事业等单位应当履行下列消防安全职责：

(1) 落实消防安全责任制，制定本单位的消防安全制度、消防安全操作规程，制定灭火和应急疏散预案；

(2) 按照国家标准、行业标准配置消防设施、器材，设置消防安全标志，并定期组织检验、维修，确保完好有效；

(3) 对建筑消防设施每年至少进行一次全面检测，确保完好有效，检测记录应当完整准确，存档备查；

(4) 保障疏散通道、安全出口、消防车通道畅通，保证防火防烟分区、防火间距符合消防技术标准；

(5) 组织防火检查，及时消除火灾隐患；

(6) 组织进行有针对性的消防演练；

(7) 法律、法规规定的其他消防安全职责。

单位的主要负责人是本单位的消防安全责任人。

◆同一建筑物由两个以上单位管理或者使用的，应当明确各方的消防安全责任，并确定责任人对共用的疏散通道、安全出口、建筑消防设施和消防车通道进行统一管理。

住宅区的物业服务企业应当对管理区域内的共用消防设施进行维护管理，提供消防安全防范服务。

◆生产、储存、经营易燃易爆危险品的场所不得与居住场所设置在同一建筑物内，并应当与居住场所保持安全距离。

生产、储存、经营其他物品的场所与居住场所设置在同一建筑物内的，应当符合国家工程建设消防技术标准。

◆举办大型群众性活动，承办人应当依法向公安机关申请安全许可，制定灭火和应急疏散预案并组织演练，明确消防安全责任分工，确定消防安全管理人员，保持消防设施和消防器材配置齐全、完好有效，保证疏散通道、安全出口、疏散指示标志、应急照明和消防车通道符合消防技术标准和管理规定。

◆禁止在具有火灾、爆炸危险的场所吸烟、使用明火。因施工等特殊情况需要使用明火作业的，应当按照规定事先办理审批手续，采取相应的消防安全措施；作业人员应当遵守消防安全规定。

进行电焊、气焊等具有火灾危险作业的人员和自动消防系统的操作人员，必须持证上岗，并遵守消防安全操作规程。

◆任何单位、个人不得损坏、挪用或者擅自拆除、停用消防设施、器材，不得埋压、圈占、遮挡消火栓或者占用防火间距，不得占用、堵塞、封闭疏散通道、安全出口、消防车通道。人员密集场所的门窗不得设置影响逃生和灭火救援的障碍物。

四、《消防法》有关消防组织与灭火救援的规定

在《消防法》第三章“消防组织”与第四章“灭火救援”中，对有关消防组织与灭火救援事项作了规定。有关规定有：

◆下列单位应当建立单位专职消防队，承担本单位的火灾扑救工作：

（1）大型核设施单位、大型发电厂、民用机场、主要港口；

（2）生产、储存易燃易爆危险品的大型企业；

（3）储备可燃的重要物资的大型仓库、基地；

（4）第一项、第二项、第三项规定以外的火灾危险性较大、距离公安消防队较远的其他大型企业；

（5）距离公安消防队较远、被列为全国重点文物保护单位的古建筑群的管理单位。

◆机关、团体、企业、事业等单位以及村民委员会、居民委员会根据需要，建立志愿消防队等多种形式的消防组织，开展群众性自防自救工作。

◆任何人发现火灾都应当立即报警。任何单位、个人都应当无偿为报警提供便利，不得阻拦报警。严禁谎报火警。

人员密集场所发生火灾，该场所的现场工作人员应当立即组织、引导在场人员疏散。

任何单位发生火灾，必须立即组织力量扑救。邻近单位应当给予支援。

消防队接到火警，必须立即赶赴火灾现场，救助遇险人员，排除险情，扑灭火灾。

◆公安机关消防机构统一组织和指挥火灾现场扑救，应当优先保障遇险人员的生命安全。

火灾现场总指挥根据扑救火灾的需要，有权决定下列事项：

（1）使用各种水源；

（2）截断电力、可燃气体和可燃液体的输送，限制用火用电；

（3）划定警戒区，实行局部交通管制；

（4）利用临近建筑物和有关设施；

（5）为了抢救人员和重要物资，防止火势蔓延，拆除或者破损毗邻火灾现场的建筑物、构筑物或者设施等；

（6）调动供水、供电、供气、通信、医疗救护、交通运输、环境保护等有关单位协助灭火救援。

根据扑救火灾的紧急需要，有关地方人民政府应当组织人员、调集所需物资支援灭火。

◆火灾扑灭后，发生火灾的单位和相关人员应当按照公安机关消防机构的要求保护现场，接受事故调查，如实提供与火灾有关的情况。

◆公安机关消防机构根据火灾现场勘验、调查情况和有关的检验、鉴定意见，及时制作火灾事故认定书，作为处理火灾事故的证据。

五、《消防法》其他有关规定

在《消防法》第五章“监督检查”、第六章“法律责任”中，对违法行为作了明确规定，要依法给予制裁。其中，第六章“法律责任”的有关规定有：

◆单位违反本法规定，有下列行为之一的，责令改正，处五千元以上五万元以下罚款：

（1）消防设施、器材或者消防安全标志的配置、设置不符合国家标准、行业标准，或者未保持完好有效的；

（2）损坏、挪用或者擅自拆除、停用消防设施、器材的；

（3）占用、堵塞、封闭疏散通道、安全出口或者有其他妨碍安全疏散行为的；

（4）埋压、圈占、遮挡消火栓或者占用防火间距的；

（5）占用、堵塞、封闭消防车通道，妨碍消防车通行的；

（6）人员密集场所在门窗上设置影响逃生和灭火救援的障碍物的；

（7）对火灾隐患经公安机关消防机构通知后不及时采取措施消除的。

◆有下列行为之一的，依照《中华人民共和国治安管理处罚法》的规定处罚：

（1）违反有关消防技术标准和管理规定生产、储存、运输、销售、使用、销毁易燃易爆危险品的；

（2）非法携带易燃易爆危险品进入公共场所或者乘坐公共交通工具的；

（3）谎报火警的；

（4）阻碍消防车、消防艇执行任务的；

（5）阻碍公安机关消防机构的工作人员依法执行职务的。

◆违反本法规定，有下列行为之一的，处警告或者500元以下罚款；情节严重的，处5

日以下拘留：

（1）违反消防安全规定进入生产、储存易燃易爆危险品场所的；

（2）违反规定使用明火作业或者在具有火灾、爆炸危险的场所吸烟、使用明火的。

◆违反本法规定，有下列行为之一，尚不构成犯罪的，处 10 日以上 15 日以下拘留，可以并处 500 元以下罚款；情节较轻的，处警告或者 500 元以下罚款：

（1）指使或者强令他人违反消防安全规定，冒险作业的；

（2）过失引起火灾的；

（3）在火灾发生后阻拦报警，或者负有报告职责的人员不及时报警的；

（4）扰乱火灾现场秩序，或者拒不执行火灾现场指挥员指挥，影响灭火救援的；

（5）故意破坏或者伪造火灾现场的；

（6）擅自拆封或者使用被公安机关消防机构查封的场所、部位的。

第三节 《消防法》相关规定

按照《消防法》的规定，消防工作贯彻“预防为主，防消结合”的方针，这是消防管理工作必须遵循的方针，这一方针同样适用于防火的安全管理。火灾是一种常见的灾害，完全是可以预防的，预防工作做好了，就能够减少火灾的发生，即使发生了火灾，在有准备的条件下，也可以最大限度地降低火灾所造成的危害。从多年发生的火灾原因来看，用火、用电不慎和违反安全规定等原因占火灾总原因 80%以上，几乎各种火灾都与人的因素有关，是由于人的思想麻痹、放松警惕、缺乏防火意识和消防知识所造成的。所以，在安全管理工作中，要把预防火灾放在首位，积极贯彻各项防火措施，力求防止火灾的发生。同时要做好各项灭火准备工作，当发生火灾时，能够及时有效地扑灭火灾，最大限度地减少火灾损失。

一、《国务院关于加强和改进消防工作的意见》相关要点

2011 年 12 月 30 日，国务院印发《关于加强和改进消防工作的意见》（国发〔2011〕46 号），《意见》指出：“十一五”以来，各地区、各有关部门认真贯彻国家有关加强消防工作的部署和要求，坚持预防为主、防消结合，全面落实各项消防安全措施，抗御火灾的整体能力不断提升，火灾形势总体平稳，为服务经济社会发展、保障人民生命财产安全作出了重要贡献。但是，随着我国经济社会的快速发展，致灾因素明显增多，火灾发生几率和防

控难度相应增大，一些地区、部门和单位消防安全责任不落实、工作不到位，公共消防安全基础建设同经济社会发展不相适应，消防安全保障能力同人民群众的安全需求不相适应，公众消防安全意识同现代社会管理要求不相适应，消防工作形势依然严峻，总体上仍处于火灾易发、多发期。为进一步加强和改进消防工作，现提出以下意见：

1. 指导思想、基本原则和主要目标

（1）指导思想。以邓小平理论和“三个代表”重要思想为指导，深入贯彻落实科学发展观，认真贯彻《中华人民共和国消防法》等法律法规，坚持政府统一领导、部门依法监管、单位全面负责、公民积极参与，加强和创新消防安全管理，落实责任，强化预防，整治隐患，夯实基础，进一步提升火灾防控和灭火应急救援能力，不断提高公共消防安全水平，有效预防火灾和减少火灾危害，为经济社会发展、人民安居乐业创造良好的消防安全环境。

（2）基本原则。坚持政府主导，不断完善社会化消防工作格局；坚持改革创新，努力完善消防安全管理体制机制；坚持综合治理，着力夯实城乡消防安全基础；坚持科技支撑，大力提升防火和灭火应急救援能力；坚持以人为本，切实保障人民群众生命财产安全。

（3）主要目标。到2015年，消防工作与经济社会发展基本适应，消防法律法规进一步健全，社会化消防工作格局基本形成，公共消防设施和消防装备建设基本达标，覆盖城乡的灭火应急救援力量体系逐步完善，公民消防安全素质普遍增强，全社会抗御火灾能力明显提升，重特大尤其是群死群伤火灾事故得到有效遏制。

2. 切实强化火灾预防

（1）加强消防安全源头管控。制定城乡规划要充分考虑消防安全需要，留足消防安全间距，确保消防车通道等符合标准。建立建设工程消防设计、施工质量和消防审核验收终身负责制，建设、设计、施工、监理单位及执业人员和公安消防部门要严格遵守消防法律法规，严禁擅自降低消防安全标准。行政审批部门对涉及消防安全的事项要严格依法审批，凡不符合法定审批条件的，规划、建设、房地产管理部门不得核发建设工程相关许可证照，安全监管部门不得核发相关安全生产许可证照，教育、民政、人力资源社会保障、卫生、文化、文物、人防等部门不得批准开办学校、幼儿园、托儿所、社会福利机构、人力资源市场、医院、博物馆和公共娱乐场所等。对不符合消防安全条件的宾馆、景区，在限期改正、消除隐患之前，旅游部门不得评定为星级宾馆、A级景区。对生产、经营假冒伪劣消防产品的，质检部门要依法取消其相关产品市场准入资格，工商部门要依照消防法和产品质量法吊销其营业执照；对使用不合格消防产品的，公安消防部门要依法查处。

（2）强化火灾隐患排查整治。要建立常态化火灾隐患排查整治机制，组织开展人员密集场所、易燃易爆单位、城乡接合部、城市老街区、集生产储存居住为一体的“三合一”场所、“城中村”、“棚户区”、出租屋、连片村寨等薄弱环节的消防安全治理，对存在影响公共消防安全的区域性火灾隐患的，当地政府要制定并组织实施整治工作规划，及时督促消除火灾隐患；对存在严重威胁公共消防安全隐患的单位和场所，要督促采取改造、搬迁、停产、停用等措施加以整改。要严格落实重大火灾隐患立案销案、专家论证、挂牌督办和公告制度，当地人民政府接到报请挂牌督办、停产停业整改报告后，要在7日内作出决定，并督促整改。要建立完善火灾隐患举报、投诉制度，及时查处受理的火灾隐患。

（3）严格火灾高危单位消防安全管理。对容易造成群死群伤火灾的人员密集场所、易燃易爆单位和高层、地下公共建筑等高危单位，要实施更加严格的消防安全监管，督促其按要求配备急救和防护用品，落实人防、物防、技防措施，提高自防自救能力。要建立火灾高危单位消防安全评估制度，由具有资质的机构定期开展评估，评估结果向社会公开，作为单位信用评级的重要参考依据。火灾高危单位应当参加火灾公众责任保险。省级人民政府要制定火灾高危单位消防安全管理规定，明确界定范围、消防安全标准和监管措施。

（4）严格建筑工地、建筑材料消防安全管理。要依法加强对建设工程施工现场的消防安全检查，督促施工单位落实用火用电等消防安全措施，公共建筑在营业、使用期间不得进行外保温材料施工作业，居住建筑进行节能改造作业期间应撤离居住人员，并设消防安全巡逻人员，严格分离用火用焊作业与保温施工作业，严禁在施工建筑内安排人员住宿。新建、改建、扩建工程的外保温材料一律不得使用易燃材料，严格限制使用可燃材料。住房城乡建设部要会同有关部门，抓紧修订相关标准规范，加快研发和推广具有良好防火性能的新型建筑保温材料，采取严格的管理措施和有效的技术措施，提高建筑外保温材料系统的防火性能，减少火灾隐患。建筑室内装饰装修材料必须符合国家、行业标准和消防安全要求。相关部门要尽快研究提高建筑材料性能，建立淘汰机制，将部分易燃、有毒及职业危害严重的建筑材料纳入淘汰范围。

（5）加强消防宣传教育培训。要认真落实《全民消防安全宣传教育纲要（2011—2015年）》，多形式、多渠道开展以“全民消防、生命至上”为主题的消防宣传教育，不断深化消防宣传进学校、进社区、进企业、进农村、进家庭工作，大力普及消防安全知识。注意加强对老人、妇女和儿童的消防安全教育。要重视发挥继续教育作用，将消防法律法规和消防知识纳入党政领导干部及公务员培训、职业培训、科普和普法教育、义务教育内容。报刊、广播、电视、网络等新闻媒体要积极开展消防安全宣传，安排专门时段、版块刊播消防公益广告。中小学要在相关课程中落实好消防教育，每年开展不少于1次的全员应急疏散演练。居（村）委会和物业服务企业每年至少组织居民开展1次灭火应急疏散演练。

充分依托公安消防专业院校加强人才培养。国家鼓励高等学校开设与消防工程、消防管理相关的专业和课程，支持社会力量开展消防培训，积极培养社会消防专业人才。要加强对单位消防安全责任人、消防安全管理人、消防控制室操作人员和消防设计、施工、监理人员及保安、电（气）焊工、消防技术服务机构从业人员的消防安全培训。

3. 着力夯实消防工作基础

（1）完善消防法律法规体系。要及时制定消防法实施条例，完善消防产品质量监督和市场准入制度、社会消防技术服务、建设工程消防监督审核和消防监督检查等方面的消防法规和技术标准规范。有立法权的地方要针对本地消防安全突出问题，及时制定、完善地方性法规、地方政府规章和技术标准。直辖市、省会市、副省级市和其他大城市要从建设工程防火设计、公共消防设施建设、隐患排查整治、灭火救援等方面制定并执行更加严格的消防安全标准。

（2）强化消防科学技术支撑。要继续将消防科学技术研究纳入科技发展规划和科研计划，积极推动消防科学技术创新，不断提高利用科学技术抗御火灾的水平。要研究落实相关政策措施，鼓励和支持先进技术装备的研发和推广应用。要加强火灾科学与消防工程、灾害防控基础理论研究，加快消防科研成果转化应用。要加强高层、地下建筑和轨道交通等防火、灭火救援技术与装备的研发，鼓励自主创新和引进消化吸收国际先进技术，推广应用消防新产品、新技术、新材料，加快推进消防救援装备向通用化、系列化、标准化方向发展。要加强消防信息化建设和应用，不断提高消防工作信息化水平。

（3）加强公共消防设施建设。要科学编制和严格落实城乡消防规划，对没有消防规划内容的城乡规划不得批准实施。要合理布设生产、储存易燃易爆危险品的单位和场所，确保城乡消防安全布局符合要求，消防站、消防供水、消防通信、消防车通道等公共消防设施建设要与城乡基础设施建设同步发展，确保符合国家标准。负责公共消防设施维护管理的部门和单位要加强公共消防设施维护保养，保证其能够正常使用。商业步行街、集贸市场等公共场所和住宅区要保证消防车通道畅通。任何单位和个人不得埋压、圈占、损坏公共消防设施，不得挪用、挤占公共消防设施建设用地。

（4）大力发展多种形式消防队伍。要逐步加强现役消防力量建设，加强消防业务技术骨干力量建设。要按照国家有关规定，大力发展政府专职消防队、企业事业单位专职消防队和志愿消防队。多种形式消防队伍要配备必要的装备器材，开展相应的业务训练，不断提升战斗力。继续探索发展和规范消防执法辅助队伍。要确保非现役消防员工资待遇与当地经济社会发展和所从事的高危险职业相适应，将非现役消防员按规定纳入当地社会保险体系；对因公伤亡的非现役消防员，要按照国家有关规定落实各项工伤保险待遇，参照有关规定评功、评烈。省级人民政府要制定专职消防队伍管理办法，明确建队范围、建设标准、用工性质、车辆管理、经费保障和优惠政策。

(5) 规范消防技术服务机构及从业人员管理。要制定消防技术服务机构管理规定，严格消防技术服务机构资质、资格审批，规范发展消防设施检测、维护保养和消防安全评估、咨询、监测等消防技术服务机构，督促消防技术服务机构规范服务行为，不断提升服务质量和水平。消防技术服务机构及从业人员违法违规、弄虚作假的要依法依规追究责任，并降低或取消相关资质、资格。要加强消防行业特有工种职业技能鉴定工作，完善消防从业人员职业资格制度，探索建立行政许可类消防专业人员职业资格制度，推进社会消防从业人员职业化建设。

(6) 提升灭火应急救援能力。县级以上地方人民政府要依托公安消防队伍及其他优势专业应急救援队伍加强综合性应急救援队伍建设，建立健全灭火应急救援指挥平台和社会联动机制，完善灭火应急救援预案，强化灭火应急救援演练，提高应急处置水平。公安消防部门要加强对高层建筑、石油化工等特殊火灾扑救和地震等灾害应急救援的技战术研究和应用，强化各级指战员专业训练，加强执勤备战，不断提高快速反应、攻坚作战能力。要加强消防训练基地和消防特勤力量建设，优化消防装备结构，配齐灭火应急救援常规装备和特种装备，探索使用直升机进行应急救援。要加强灭火应急救援装备和物资储备，建立平战结合、遂行保障的战勤保障体系。

4. 全面落实消防安全责任

(1) 全面落实消防安全主体责任。机关、团体、企业事业单位法定代表人是本单位消防安全第一责任人。各单位要依法履行职责，保障必要的消防投入，切实提高检查消除火灾隐患、组织扑救初起火灾、组织人员疏散逃生和消防宣传教育培训的能力。要建立消防安全自我评估机制，消防安全重点单位每季度、其他单位每半年自行或委托有资质的机构对本单位进行一次消防安全检查评估，做到安全自查、隐患自除、责任自负。要建立建筑消防设施日常维护保养制度，每年至少进行一次全面检测，确保消防设施完好有效。要严格落实消防控制室管理和应急程序规定，消防控制室操作人员必须持证上岗。

(2) 依法履行管理和监督职责。坚持谁主管、谁负责，各部门、各单位在各自职责范围内依法做好消防工作。建设、商务、文化、教育、卫生、民政、文物等部门要切实加强建筑工地、宾馆、饭店、商场、市场、学校、医院、公共娱乐场所、社会福利机构、烈士纪念设施、旅游景区（点）、博物馆、文物保护单位等消防安全管理，建立健全消防安全制度，严格落实各项消防安全措施。安全监管、工商、质检、交通运输、铁路、公安等部门要加强危险化学品和烟花爆竹、压力容器的安全监管，依法严厉打击违法违规生产、运输、经营、燃放烟花爆竹的行为。环境保护等部门要加强核电厂消防安全检查，落实火灾防控措施。

公安机关及其消防部门要严格履行职责，每半年对消防安全形势进行分析研判和综合评估，及时报告当地政府，采取针对性措施解决突出问题。要加大执法力度，依法查处消防违法行为，对严重危及公众生命安全的要依法从严查处；公安派出所和社区（农村）警务室要加强日常消防监督检查，开展消防安全宣传，及时督促整改火灾隐患。

（3）切实加强组织领导。地方各级人民政府全面负责本地区消防工作，政府主要负责人为第一责任人，分管负责人为主要责任人，其他负责人要认真落实消防安全"一岗双责"制度。要将消防工作纳入经济社会发展总体规划，纳入政府目标责任、社会管理综合治理内容，严格督查考评。要加大消防投入，保障消防事业发展所需经费。中央和省级财政对贫困地区消防事业发展给予一定的支持。市、县两级人民政府要组织制定并实施城乡消防规划，切实加强公共消防设施、消防力量、消防装备建设，整治消除火灾隐患。乡镇人民政府和街道办事处要建立消防安全组织，明确专人负责消防工作，推行消防安全网格化管理，加强消防安全基础建设，全面提升农村和社区消防工作水平。地方各级人民政府要建立健全消防工作协调机制，定期研究解决重大消防安全问题，扎实推进社会消防安全"防火墙"工程，认真组织开展火灾事故调查和统计工作。对热心消防公益事业、主动报告火警和扑救火灾的单位和个人，要给予奖励。各省、自治区、直辖市人民政府每年要将本地区消防工作情况向国务院作出专题报告。

（4）严格考核和责任追究。要建立健全消防工作考核评价体系，对各地区、各部门、各单位年度消防工作完成情况进行严格考核，并建立责任追究机制。地方各级人民政府和有关部门不依法履行职责，在涉及消防安全行政审批、公共消防设施建设、重大火灾隐患整改、消防力量发展等方面工作不力、失职渎职的，要依法依纪追究有关人员的责任，涉嫌犯罪的，移送司法机关处理。公安机关及其消防部门工作人员滥用职权、玩忽职守、徇私舞弊、以权谋私的，要依法依纪严肃处理。各单位因消防安全责任不落实、火灾防控措施不到位，发生人员伤亡火灾事故的，要依法依纪追究有关人员的责任；发生重大火灾事故的，要依法依纪追究单位负责人、实际控制人、上级单位主要负责人和当地政府及有关部门负责人的责任；发生特别重大火灾事故的，要根据情节轻重，追究地市级分管领导或主要领导的责任；后果特别严重、影响特别恶劣的，要按照规定追究省部级相关领导的责任。

二、《消防工作考核办法》相关要点

2013年2月26日，国务院办公厅下发《关于印发消防工作考核办法的通知》（国办发〔2013〕16号），对消防工作考核办法作出明确规定。

制定《消防工作考核办法》的目的，是根据《中华人民共和国消防法》和《国务院关于加强和改进消防工作的意见》（国发〔2011〕46号）等有关规定，为严格落实消防工作责任，有效预防火灾和减少火灾危害，进一步提高公共消防安全水平。《消防工作考核办法》分为第十二条，自印发之日起施行。

《消防工作考核办法》要点如下：

◆消防工作考核是指对各省、自治区、直辖市年度消防工作完成情况进行考核。地方政府主要负责人为本地区消防工作第一责任人，分管负责人为主要责任人。

◆考核工作由公安部牵头，会同中央综治办、发展改革委、监察部、民政部、财政部、住房城乡建设部、文化部、安全监管总局组成考核工作组，负责组织实施。

◆考核工作组每年4月底前对各省、自治区、直辖市上一年度消防工作完成情况进行考核，并将考核结果上报国务院。

◆考核工作坚持客观公正、科学合理、公开透明、求真务实的原则。考核内容包括火灾预防、消防安全基础、消防安全责任三个部分。

◆考核工作组结合每年初各省、自治区、直辖市报国务院的消防工作专题报告，通过听取汇报、查阅资料、座谈走访、暗访调查等方式，按照考核计分表和实施细则逐项细化并进行量化评分。

考核采用评分法，满分为100分。考核结果分为优秀、良好、合格、不合格四个等级。考核得分90分以上为优秀，80分以上90分以下为良好，60分以上80分以下为合格，60分以下为不合格（以上包括本数，以下不包括本数）。

◆考核结果经国务院审定后，由公安部向各省、自治区、直辖市政府和有关部门进行通报。对考核结果为优秀的予以表扬，有关部门在相关项目安排上优先予以考虑。考核结果为不合格的省、自治区、直辖市政府，应在考核结果通报后一个月内，提出整改措施，向国务院作出书面报告，抄送考核工作组各成员单位。

◆经国务院审定后的考核结果，交由中央干部主管部门，作为对各省、自治区、直辖市政府主要负责人和领导班子综合考核评价的重要依据。

◆对在考核工作中弄虚作假、瞒报虚报情况的，予以通报批评，对有关责任人员依法依纪追究责任。

◆各省、自治区、直辖市政府应根据本办法，结合当地实际，对本行政区域内各级政府消防工作进行考核。

附件：消防工作考核计分表

消防工作考核计分表

考核项目		分值	评分标准
火灾预防（30分）	消防安全源头管控	7分	严格落实建设工程消防设计、施工质量和消防审核验收终身负责制。（2分）
			行政审批部门对涉及消防安全的事项严格审批，凡不符合法定审批条件的，行业管理部门不得核发相关许可证照或批准开办。（4分）
			相关部门严格落实消防产品监管职责。（1分）
	火灾隐患排查整治	7分	建立常态化火灾隐患排查整治机制，组织开展消防安全专项治理。（2分）
			制订区域性火灾隐患整治工作规划，督促落实整改措施。（1分）
			地方各级政府按时限决定重大火灾隐患挂牌督办、停产停业整改事宜，重大火灾隐患限期整改。（3分）
			火灾隐患举报、投诉制度完善，及时查处受理的火灾隐患。（1分）
	火灾高危单位监管	3分	省级政府制定火灾高危单位消防安全管理规定，明确界定范围、消防安全标准和监管措施。（1分）
			火灾高危单位按要求开展消防安全评估。（2分）
	建筑工地和建筑材料消防管理	3分	依法加强对建设工程施工现场的消防安全检查，建设工程施工现场消防安全管理规范。（2分）
			建筑外保温材料防火性能及施工符合相关标准规范要求，建筑室内装饰装修材料符合国家、行业标准中有关消防安全要求。（1分）
	消防宣传教育培训	10分	制订落实《全民消防安全宣传教育纲要（2011—2015年）》规划或年度计划。（2分）
			组织开展消防宣传进学校、进社区、进企业、进农村、进家庭工作，大力普及消防安全知识。（2分）
			新闻媒体安排专门时段、版块刊播消防公益广告。（1分）中小学、居（村）委会和物业服务企业每年至少组织1次消防应急疏散演练。（1分）
			中小学、居（村）委会和物业服务企业每年至少组织1次消防应急疏散演练。（1分）
			将消防法律法规和消防知识纳入党政领导干部及公务员培训、职业培训、科普和普法教育、义务教育内容。（2分）
			开展各行业、各领域的社会化消防教育培训工作，严格执行消防安全培训合格上岗制度。（2分）
消防安全基础（30分）	消防法律法规体系	4分	针对本地消防安全突出问题，依法制定地方性法规、地方政府规章和技术标准。（2分）
			直辖市、省会市、副省级市和其他大城市制定并执行更加严格的消防安全标准或规定。（2分）
	消防科研和信息化	5分	省、市两级政府将消防科学技术研究纳入当地科技发展规划和科研计划。（2分）
			按规划完成消防信息化建设和应用任务。（3分）
	公共消防设施	6分	县级以上地方政府和建制镇科学编制并严格落实城乡消防规划。（2分）
			消防站、消防供水、消防通信、消防车通道等公共消防设施建设与城乡基础设施建设同步发展，符合国家标准，定期维护保养，能够正常使用。（4分）

续表

考核项目		分值	评分标准
消防安全基础（30分）	多种形式消防队伍	5分	省级政府制定专职消防队伍管理办法。（1分）
			按国家有关规定建立政府专职消防队、企事业单位专职消防队和志愿消防队。（3分）
			落实多种形式消防队伍各项保障。（1分）
	消防技术服务机构管理	4分	消防技术服务机构资质、资格审批严格。（2分）
			消防技术服务机构内部管理制度健全，服务规范。（2分）
	灭火应急救援	6分	按要求加强综合性应急救援队伍建设。（1分）
			灭火应急救援指挥平台和社会联动机制健全，预案完善，定期演练；应急救援物资储备充足。（2分）
			消防装备达到《城市消防站建设标准》。（1分）
			消防训练基地和消防特勤力量建设达标。（2分）
消防安全责任（40分）	政府领导责任	14分	地方各级政府将消防工作纳入本地经济社会发展总体规划。（3分）
			地方各级政府消防工作协调机制健全，定期研究解决重大消防安全问题。（2分）
			地方各级政府定期督导检查消防工作，每年向上级政府专题报告本地消防工作情况。（3分）
			地方各级政府建立消防工作考核评价体系，把考评结果作为领导干部政绩考评的重要内容。（2分）
			乡镇政府和街道办事处建立消防安全组织，明确专人负责消防工作，推行消防安全网格化管理。（3分）
			建立并落实热心消防公益事业、主动报告火警和扑救火灾奖励制度。（1分）
	部门监管责任	12分	各部门、各单位落实“谁主管、谁负责”原则，消防安全职责明确、制度健全、措施有力。（2分）
			相关部门切实加强宾馆、饭店、商场、市场、学校、医院、公共娱乐场所、社会福利机构、烈士纪念设施、旅游景区（点）、博物馆、文物保护单位等消防安全管理。（5分）
			相关部门依法加强对危险化学品和烟花爆竹、压力容器的安全监管。（2分）
			公安机关每半年向本级政府报告消防安全形势，公安派出所和社区（农村）警务室依法开展日常消防监督检查。（3分）
	单位主体责任	5分	机关、团体、企业事业单位消防安全“四个能力”（检查消除火灾隐患、组织扑救初起火灾、组织人员疏散逃生和消防宣传教育培训的能力）达标。（1分）
			机关、团体、企业事业单位建立消防安全自我评估机制，定期维护保养消防设施，消防控制室操作人员持证上岗。（3分）
			消防安全重点单位责任人、管理人、消防管理员职责明确，责任落实。（1分）

续表

考核项目		分值	评分标准
消防安全责任（40分）	经费保障	5分	地方各级政府保障本地消防事业发展所需经费。（4分）
			省级财政对贫困地区消防事业发展给予一定的支持。（1分）
	责任追究	4分	建立并严格实施消防安全责任追究制度。（4分）
备注	1. 每发生一起重大亡人火灾责任事故扣20分 2. 发生特别重大亡人火灾责任事故的考核结果直接认定为“不合格”		

三、《消防监督检查规定》相关要点

1. 制定《消防监督检查规定》的目的

修订后的《消防监督检查规定》（公安部令第107号）已经2009年4月30日公安部部长办公会议通过，自2009年5月1日起施行。2004年6月9日发布的《消防监督检查规定》（公安部令第73号）同时废止。

《消防监督检查规定》分为六章四十条，各章内容为：第一章“总则”，第二章“消防监督检查的形式和内容”，第三章“消防监督检查的程序”，第四章“公安派出所日常消防监督检查”，第五章“执法监督”，第六章“附则”。

制定《消防监督检查规定》的目的，是依据《中华人民共和国消防法》，为了加强和规范消防监督检查工作，督促机关、团体、企业、事业等单位（以下简称单位）履行消防安全职责。

《消防监督检查规定》适用于公安机关消防机构和公安派出所依法对单位遵守消防法律、法规情况进行消防监督检查。

2. 《消防监督检查规定》的有关内容

在《消防监督检查规定》第二章“消防监督检查的形式和内容”中，对消防监督检查的形式和内容作了规定。有关规定有：

◆消防监督检查的形式有：

（1）对公众聚集场所在投入使用、营业前的消防安全检查；

（2）对单位履行法定消防安全职责情况的监督抽查；

（3）对举报投诉的消防安全违法行为的核查；

（4）对大型群众性活动举办前的消防安全检查；

（5）根据需要进行的其他消防监督检查。

◆公安机关消防机构根据本地区火灾规律、特点等消防安全需要组织监督抽查；在火灾多发季节，重大节日、重大活动前或者期间，应当组织监督抽查。

消防安全重点单位应当作为监督抽查的重点，非消防安全重点单位必须在监督抽查的单位数量中占有一定比例。对属于人员密集场所的消防安全重点单位每年至少监督检查一次。

◆对公众聚集场所投入使用、营业前进行消防安全检查，应当检查下列内容：

（1）场所是否依法通过消防验收合格或者进行消防竣工验收备案抽查合格；依法进行消防竣工验收备案且没有进行备案抽查的场所是否符合消防技术标准；

（2）消防安全管理制度、灭火和应急疏散预案是否制定；

（3）自动消防系统操作人员是否持证上岗，员工是否经过岗前消防安全培训；

（4）消防设施、器材是否符合消防技术标准并完好有效；

（5）疏散通道、安全出口和消防车通道是否畅通；

（6）室内装修装饰材料是否符合消防技术标准。

◆对单位履行法定消防安全职责情况的监督抽查，应当根据单位的实际情况检查下列内容：

（1）建筑物或者场所是否依法通过消防验收或者进行消防竣工验收备案，公众聚集场所是否通过投入使用、营业前的消防安全检查；

（2）建筑物或者场所的使用情况是否与消防验收或者进行消防竣工验收备案时确定的使用性质相符；

（3）单位消防安全制度、灭火和应急疏散预案是否制定；

（4）建筑消防设施是否定期进行全面检测，消防设施、器材和消防安全标志是否定期组织检验、维修，是否完好有效；

（5）电器线路、燃气管路是否定期维护保养、检测；

（6）疏散通道、安全出口、消防车通道是否畅通，防火分区是否改变，防火间距是否被占用；

（7）是否组织防火检查、消防演练和员工消防安全教育培训，自动消防系统操作人员是否持证上岗；

（8）生产、储存、经营易燃易爆危险品的场所是否与居住场所设置在同一建筑物内；

（9）生产、储存、经营其他物品的场所与居住场所设置在同一建筑物内的，是否符合消防技术标准；

（10）其他依法需要检查的内容。

对人员密集场所还应当抽查室内装修装饰材料是否符合消防技术标准。

◆对消防安全重点单位履行法定消防安全职责情况的监督抽查，除检查上述规定的内容外，还应当检查下列内容：

（1）是否确定消防安全管理人；

（2）是否开展每日防火巡查并建立巡查记录；

（3）是否定期组织消防安全培训和消防演练；

（4）是否建立消防档案、确定消防安全重点部位。

对属于人员密集场所的消防安全重点单位，还应当检查单位灭火和应急疏散预案中承担灭火和组织疏散任务的人员是否确定。

◆对大型的人员密集场所和其他特殊建设工程的施工工地进行消防监督检查，应当重点检查施工单位履行下列消防安全职责的情况：

（1）是否制定施工现场消防安全制度、灭火和应急疏散预案；

（2）对电焊、气焊等明火作业是否有相应的消防安全防护措施；

（3）是否设置与施工进度相适应的临时消防水源、安装消火栓并配备水带水枪，消防器材是否配备并完好有效；

（4）是否设有消防车通道并畅通；

（5）是否组织员工消防安全教育培训和消防演练；

（6）员工集体宿舍是否与施工作业区分开设置，员工集体宿舍是否存在违章用火、用电、用油、用气。

第五章 《特种设备安全法》有关知识

特种设备是指危及生命安全、危险性较大的锅炉、压力容器、压力管道、电梯、起重机械、客运索道、大型游乐设施、场（厂）内车辆等设备、设施。这些设备的共同特点是具有潜在危险性，易发生爆炸、有毒介质泄漏、失稳、失效、倒塌等事故，造成人员伤亡甚至群死群伤。由于特种设备的特殊性，国家对特种设备的设计、制造、安装、使用、检验、维护保养、改造等都提出了明确的要求，实行统一管理，并对特种设备进行质量监督和安全监察。

第一节 特种设备的分类、特点与安全监察

特种设备通常在高压、高温、高空、高速条件下运行，若管理不善，易导致爆炸、坠落等生产和公共事故，严重危害人身和财产安全。随着我国经济快速发展，特种设备数量迅猛增长。2012 年年底，全国特种设备总数达 822 万台。在特种设备数量猛增的同时，安全形势也更加复杂，需要进一步加强安全监管，通过强化企业主体责任，加大对违法行为的处罚力度，督促生产、经营、使用单位及其负责人树立安全意识，切实承担保障特种设备安全的责任。

一、特种设备的分类、特点与危险性

《特种设备安全法》第二条规定：本法所称特种设备，是指对人身和财产安全有较大危险性的锅炉、压力容器（含气瓶）、压力管道、电梯、起重机械、客运索道、大型游乐设施、场（厂）内专用机动车辆以及法律、行政法规规定适用本法的其他特种设备。

截至 2012 年年底，全国特种设备总数达 822 万台，另有气瓶 1.3 亿只，压力管道 75 万 km。

1. 锅炉的特点与危险性

锅炉是一种能量转换设备，它将燃料的化学能、高温烟气的热能以及电能等转换成由蒸汽、高温水或者有机热载体携带的热能，并向外输出蒸汽、高温水或者有机热载体。在工业生产和人们生活中，主要用蒸汽作为加热介质，用热水和有机热载体采暖。

锅炉的附件与仪表，是确保锅炉安全和经济运行必不可少的组成部分，它们分布在锅炉和锅炉房各个重要部位，对锅炉的运行状况起着监视和控制的作用。安全附件包括安全阀、压力表、水位表、高低水位报警器、温度计、排污和放水装置以及自动控制与保护装置等。随着机械化和自动化程度的提高，锅炉的机械化操作和自动控制的仪表也越来越多，使操作更加简化，能源的利用率越来越高，安全保护设施更加完善，进而提高了锅炉的利用率和效率。

锅炉附属设备是指燃料的供给与制备系统，主要包括：上煤、磨粉、燃煤、燃油、燃气装置及鼓、引风机、除渣、清灰、空气预热、除尘等装置。

（1）锅炉设备的特点。锅炉作为一种受热、承压、有可能发生爆炸危险的特种设备，广泛使用于各类工业企业和人民日常生活之中。锅炉具有与一般机械设备有不同的特点，这些特点主要是：

1）具有爆炸危险而且破坏性极大。锅炉是一种密闭的容器，处于受热、受压的条件下运行，因此具有爆炸的危险性。锅炉发生爆炸的原因很多，归纳起来不外乎两种情况：一种是锅炉内压力升高，超过允许工作压力，而安全附件失灵，未能及时报警和排气降压，致使锅炉内压力继续升高，在大于某一受压元件所能承受的极限压力时，发生爆炸；另一种是在正常工作压力时，由于受压元件结构本身有缺陷，使用后造成损坏，或钢材不能承受原来允许的工作压力时，就可能突然破裂爆炸。锅炉在爆炸时，锅内压力骤降，高温饱和水靠自身的潜热汽化，体积成百倍地膨胀形成冲击波，冲垮建筑物，造成严重的破坏和伤亡。

2）具有易损坏的恶劣工作环境。由于锅炉处在较高温度和承受一定压力的条件下运行，它的工作条件要比一般机械设备恶劣。如受热面内外广泛接触烟、火、灰、水、气、水垢等，它们在一定的条件下对锅炉受压元件起腐蚀作用；锅炉各受压元件上承受不同的内外压力而产生相应的应力，同时由于各元件工作温度差异、热胀冷缩程度不同而产生相应应力也不同，随着负荷和燃烧的变化，这种应力也发生变化，部分承受集中应力的受压元件疲劳损坏；依靠锅内流动循环的水汽冷却的受热面因缺水、结水垢或水循环被破坏使传热发生障碍，都可能使高温区的受热面烧损鼓包、开裂；另外，飞灰造成磨损、渗漏引起腐蚀等。所以，锅炉设备工作条件恶劣，要比一般机械设备容易损坏。

3）使用广泛并要求连续运行。锅炉的用途十分广泛，是火力发电厂以及化工、纺织、轻工行业中的关键性设备，在日常生活中的食品加工、医疗消毒、洗澡取暖等都离不开它，遍及城乡各地、各行各业。而锅炉一般还要求连续运行，不同一般设备可以随时停车检修，运行中的锅炉如果发生突然停炉事件，会影响到一条生产线、一个工厂、甚至一个地区的生产和生活。

（2）锅炉的主要危险。锅炉的主要危险在于易出现介质失控，表现形式有爆炸、泄漏、缺水、满水、超温等。另外，燃料为油、天然气和煤粉的锅炉，还会出现燃烧失控的问题，表现形式为爆燃。锅炉事故造成人员伤亡的因素主要有爆炸、爆燃、灼烫等。此外，检修时人员进入锅炉内部，还易出现缺氧窒息；运行操作时出现机械伤害、触电等。

锅炉常见事故有爆炸、爆管、缺水、满水、汽水共腾、炉膛及尾部烟道爆炸、泄漏、变形等类型。

2. 压力容器（含气瓶）的特点与危险性

压力容器（含气瓶）是在一定温度和压力下进行工作且介质复杂的特种设备，在石油化工、轻工、纺织、医药、军事及科研等领域被广泛使用。随着生产的发展和技术的进步，其操作工艺条件向高温、高压及低温发展，工作介质种类繁多，且具有易燃、易爆、剧毒、腐蚀等特征，危险性更为显著，一旦发生爆炸事故，就会危及人身安全、造成财产损失、带来灾难性恶果。

（1）压力容器的特点。压力容器不管其形状、用途、结构如何，一般都是由筒体、封头（端盖）、管板、球壳板、法兰、接管、人（手）孔、支座等部分组成。其中筒体是压力容器的重要部件，与封头或管板共同构成承压壳体，为物料的储存和完成介质的物理、化学反应及其他工艺用途提供所必需的空间。

压力容器可提供一个能够承装介质并且承受其压力的密闭空间（单腔或者多腔）。固定式压力容器的主要作用可分为 4 种，一是用于完成介质的物理、化学反应；二是用于完成介质的热量交换；三是用于完成介质的流体压力平衡缓冲和气体的净化分离；四是用于储存、盛装气体、液体、液化气体等介质。移动式压力容器和气瓶主要用于盛装气体、液体、液化气体等介质。

由于压力容器是承压设备，是在各种介质和十分苛刻的环境下运行，所以按操作规程操作显得尤为重要。压力容器工艺参数范围较大，其操作压力有的高达 250 MPa（如高压法聚乙烯），温度可达上千度，还有的是在－196℃（如乙烯）下运行。内部盛装的介质有的是易燃、易爆，有的毒性程度为高度危害、极度危害，有的腐蚀性强等。因此，对压力容器最主要、最基本的要求必须最大限度地保证工艺生产有效、安全地实施。换句话说，压力容器必须具有工艺要求的特定使用性能，安全可靠；制造安装简单；结构先进，维修方便和经济合理等方面的特点。

（2）压力容器的危险性。压力容器广泛用于化工、石化、能源、冶金、制药、纺织、造纸、医疗、军工、建材、机械制造、民用等领域。固定式压力容器、移动式压力容器和气瓶的主要危险在于其易于失去密封介质的能力，表现形式分为爆炸和泄漏两大类。压力容器盛装的介质比较复杂，如果是可燃介质逸出，可造成气体爆炸、火灾；如果是有毒介质溢出，可造成中毒以及环境污染。尤其是压力容器介质盛装量较大的时候，发生事故的后果会更为严重。氧舱的主要危险是易发生火灾。压力容器事故造成人员伤亡的因素主要有爆炸、爆燃、中毒、火灾、灼烫等。此外，检修时进入压力容器内部，还易出现缺氧窒息和中毒。

压力容器常见事故有爆炸、泄漏、爆燃、火灾、中毒以及设备损坏等类型。压力容器发生爆炸事故的主要原因，一是存在较严重的先天性缺陷，即设计结构不合理、选材不当、强度不足、粗制滥造，二是使用管理不善，即操作失误、超温、超压、超负荷运行、失检、失修、安全装置失灵等。因此，压力容器安全涉及容器设计、制造、安装、管理、检验、修理、改造等各个方面。

3. 压力管道的特点与危险性

压力管道是指利用一定的压力，用于输送气体或者液体的管状设备，其范围规定为最高工作压力大于或者等于 0.1 MPa（表压）的气体、液化气体、蒸汽介质或者可燃、易爆、有毒、有腐蚀性、最高工作温度高于或者等于标准沸点的液体介质，且公称直径大于 25 mm 的管道。压力管道及压力管道元件统称为压力管道。

(1) 压力管道的特点。压力管道包括工业管道、公用管道、长输（油气）管道。工业管道包括工艺管道、动力管道和制冷管道。公用管道包括燃气管道和热力管道。长输（油气）管道分为输油管道和输气管道。

压力管道元件主要是指压力管道管子、压力管道管件、阀门、法兰、补偿器、压力管道支撑件和压力管道密封元件。

管道输送是与铁路、公路、水运、航运并列的五大运输行业之一，它作为一种特殊设备越来越广泛用于石油、化工、冶金、电力行业、城市燃气和供热系统中。随着经济的发展，管道数量在不断增加。在现代化工农业生产、交通运输、物质文化生活中，管道占据着重要的位置。可以说，离开了管道，现代化的工农业生产和人民的日常物质文化生活就难以正常进行或遇到很大困难。

压力管道是一种承压设备，除可导致本身爆破外，还会因介质泄漏引起爆炸、火灾、中毒等恶性事故。世界上主要的经济发达国家（如美国、日本、德国）都把压力管道与锅炉压力容器并列为特种设备，实行国家安全监察。

压力管道按地域性分为三类。一类是工厂内的工业管道，主要是锅炉、压力容器以及其他工艺设备的连接件，可视为锅炉、压力容器等设备的延伸，可以纳入锅炉、压力容器之中，进行相关的管理与监察。二类是城市内的公用管道，主要指燃气（天然气、煤气、液化石油气）管道和热力管道，对于上水、中水、下水管道一般不会有特别大的危险，不在安全监察之列。三类是城市之间长输管道，由质量技术监督部门授权的特种设备检查机构直接负责监察。

压力管道总起来说具有使用广泛性、敷设隐蔽性、管道组成复杂性、环境恶劣腐蚀性、距离长难于管理等特点。

(2) 压力管道的危险性。压力管道的主要作用是输送介质。其中的工业管道主要将介质输入锅炉、压力容器等设备，或将介质从设备中输出到使用、储存地点；燃气管道主要将燃气从储存地输送至燃气用户；热力管道主要将蒸汽或者高温水输送到换热站；长输（油气）管道主要将石油、天然气从产地输送到炼油厂及各类用户，以及将石油、成品油、天然气等输送到码头、车站。

压力管道的主要危险在于易于失去密封介质的能力，表现形式分为泄漏和爆炸两大类，其中泄漏占绝大多数。压力管道盛装的介质如果是可燃介质，溢出后可造成气体爆炸、火灾；如果是有毒介质，其溢出可造成中毒以及环境污染。尤其是长输（油气）管道和燃气管道，一旦发生事故，往往造成严重后果。与压力容器类似，压力管道事故造成人员伤亡的因素主要有爆炸、爆燃、中毒、火灾、灼烫等。压力管道常见事故有泄漏、爆炸、爆燃、火灾、中毒以及设备损坏等类型。

4. 电梯的特点与危险性

电梯是指动力驱动，利用沿刚性导轨运行的轿厢或者沿固定线路运行的梯级（踏步），进行升降或者平行运送人、货物的机电设备，主要包括载人（货）电梯、自动扶梯和自动人行道等。

(1) 电梯的特点。电梯有很多种类，电梯的安全管理应根据电梯的特点来进行。

电梯的安全技术是涉及多学科的综合性技术。电梯的安全技术涉及多学科，如机械、电子、力学、焊接、管理及建筑学，必须考虑电梯结构、用途、使用环境和不可测因素（如地震）等来规范设计、制造、安装、使用和维护及改造。电梯的安全技术首先应“以人为本”进行管理。因为电梯的安全与人的因素最大，从设计、制造、安装、使用、检验及维护，无论哪一个环节都离不开人，所以电梯安全的优化就是人力资源的最佳优化，只有意识到人本、人生才会真正意义上去消除各种隐患，避免安全事故的发生。此外，电梯的管理和操作也离不开人，前面的因素要消除，后面人的安全管理意识更应提高，从安全制度的建立、定期不定期的检验维护到操作人员技能和资质的合法化以及安全保障体系的运行和有效的监管实施，彻底消除人为因素带来的灾难。

电梯的安全技术应注重从实际出发。建立设备档案，对易于出现故障的部件要提前更换，同时利用先进的检验技术对电梯的运行进行监控，做到早发现，早报告，早处理，使安全隐患消除在萌芽状态，特别是建立专人负责制、巡点检制和事故处理后的教育机制。

(2) 电梯的危险性。电梯是一个多层及高层建筑的上下垂直运输设备，需要频繁的上下启动停止，人经常处于加速度及颠簸状态。因此，采用垂直输送方式的电梯主要危险是设备失控，一是可导致人从高处坠落或者人和货物随轿厢从高处坠落；二是在人员出入轿厢的瞬间，轿厢突然启动，造成人员在轿门与层门之间的门坎处被剪切；三是轿厢冲顶或撞底时，导致位于轿顶或底坑的检修人员被挤压。另外，电梯还会造成触电、机械伤害等事故。自动扶梯和自动人行道设备的主要危险是机械伤害以及失控时致使乘客绊倒（跌倒）。

电梯事故可分为人身伤害事故、设备损坏事故和复合性事故等三类。电梯人身伤害事故分为坠落、剪切、挤压、撞击、缠绕和卷入、滑倒、绊倒（跌倒）、触电以及乘客被困在电梯中等事故类型。

5. 起重机械的特点与危险性

起重机械是一种搬运设备，主要作用是吊起重物，在空间移动后，在指定地点放下重物，即通过在空间的移动完成重物位移。起重机械主要用于工业企业、港口码头、铁路车站、仓库、电站、房屋建筑、工程建设、设备制造及安装、维修等场所。

起重机械的主要危险在于易出现设备失控和起吊物失控。设备失控可导致起重机倾覆、折臂、过卷扬、碰撞等；起吊物失控可导致吊物坠落、碰撞，而起吊物为盛装液体介质的容器如钢水包时，起吊物失控还会造成钢水的溅出或溢出。另外，起重机械还会导致触电、机械伤害等。

起重机械对人的伤害包括各种起重作业（包括起重机安装、检修、试验）中发生的挤压、坠落（吊具、吊重）、物体打击和触电。起重机械常见事故类型有吊物坠落、挤压碰撞、触电和机体倾翻和设备损坏等。

6. 客运索道的特点与危险性

客运索道是指动力驱动，利用柔性绳索牵引厢体等运载工具运送人员的机电设备，包括客运架空索道、客运缆车、客运拖牵索道等。

(1) 客运索道的特点。客运索道可分为客运架空索道、客运缆车、客运拖牵索道及客运索道部件。客运索道作为一种交通工具，已在我国交通、冶金、煤炭、化工、水电、林业、农业以及旅游等行业中得到了日益广泛的应用，为人们的出行、货物的运输、旅游观光提供了便利，并且其发展势头迅猛。截止到目前，我国已有近 500 条索道在运营中，遍布全国各地。其中我国自行设计制造的客运索道约占 80%，其余 20%主要从奥地利、日本、美国、法国等引进。

由于客运索道大部分建于风景名胜区和城市中，用于风景游览和城市观光，因此促进了第三产业的发展和经济建设，取得了良好的社会效益和经济效益，其发展态势良好，并且越来越多的城市和景区正在发展和兴建客运索道。由于大部分索道用于客运，保证群众生命的安全问题就显得尤为突出，索道的安全防范措施必须得到保证，只有安全才能运营，运营必保安全，这应成为索道经营的理念。同时国家也相继出台了一系列的法律法规、标准规范和相应的规定，对客运索道设计、制造、安装、使用、验收、监督检验、运营资格、安全维护、人员操作等都提出了相应的明确的规定。

(2) 客运索道的危险性。相对客运缆车和客运拖牵索道，客运架空索道的危险性较大。其主要危险是在高处运行，设备失控造成乘客或吊厢（吊椅）从高处坠落，或者将乘客困在高处。另外，检修人员在进行检修时，也易发生高处坠落。

客运架空索道对人的伤害主要为高处坠落、被困引发的伤害以及机械伤害。客运架空索道事故常见类型有人员坠落、吊厢坠落、设备异常停运，乘客被困逃生时遇难以及机械伤害、设备损坏等。

7. 大型游乐设施的特点与危险性

大型游乐设施是综合运用声、光、电、计算机技术的机械产品，具有追求惊险刺激的特性，其用途是载人游乐，乘客不需要训练和特别的准备就能乘坐娱乐或自行操纵娱乐。大型游乐设施主要设置在游乐园。

大型游乐设施包括观览车类、滑行车类、架空游览车类、陀螺类、飞行塔类、转马类、自控飞行类、赛车类、小火车类、碰碰车类、电池车类、观光车类、水上游乐设施、无动力游乐设施及其相关部件等。

大型游乐设施的主要危险是由于其高速运行、高空运行、水上运行或者高速状态下在高空或水上运行，如果发生失控，易出现游乐设施整体（局部）倒塌或倾覆倾翻、人员坠落、碰撞、火灾等情况。

大型游乐设施对人的伤害因素可按照其运行特点划分。对于在高空并以高速运行的大型游乐设施，主要为高处坠落、碰撞、挤压和物体打击；对于在地面运行的大型游乐设施，主要是运行中人体坠落和物体倒塌、飞落、挤压等；对于在水面运行的大型游乐设施，主要是淹溺；对于电力驱动的大型游乐设施，还有触电及火灾。大型游乐设施事故常见类型有倒塌（倾覆倾翻）、坠落、挤压（剪切）、碰撞、火灾、触电、物体打击、溺水、机械伤害和设备损坏等。

8. 场（厂）内机动车辆的分类、特点与危险性

场（厂）内机动车辆是指在工地、厂区、矿山等作业区域内行驶，主要用于运输作业、搬运作业以及工程施工作业等的机动车辆。场（厂）内机动车辆兼有运输、搬运及工程施工作业功能，并可配备各种可拆换的工作装置与专用属具，能机动灵活地适应多变的物料搬运作业场合，经济高效地满足各种短距离物料搬运作业的需要。

(1) 场（厂）内机动车辆的作业特点。场（厂）内机动车辆驾驶与在城乡道路上行驶的车辆相比，主要有以下特点：

1) 运输距离短。场（厂）内机动车辆驾驶局限于生产作业区域内，属于短程运输。

2) 操作频率高。由于厂区的路况不同于公路，道路、区域狭小，所以车辆转向、换挡、制动操作相当频繁，单位行驶距离内的操作次数，可能是城乡道路上驾驶车辆的几倍甚至于几十倍。

3) 工作时间长。在某些劳动密集型企业（如木材加工企业），车辆每天的运行时间，一般都在二十小时以上。

4) 道路的因素也决定着行车安全。工厂作业区域的道路一般情况下都具有狭窄、弯道多、人员出现突发性强的特点。这就要求场（厂）内机动车驾驶员要严格遵守并规范驾驶行为。主要路段设立警告标志、限速标志。在车间内划定醒目的运输通道，加强对外来车辆的管理，统一建立外来车辆停放区。

(2) 场（厂）内机动车辆的危险性。场（厂）内机动车辆的主要危险在于，当其在地面以较高速度行驶或搬运重物时，一旦失控，会对人造成伤害。

场（厂）内机动车辆对人的伤害因素主要是车辆伤害和搬运重物引发的伤害。常见伤害事故按车辆事故的事态可分为碰撞、碾轧、刮擦、翻车、坠车、爆炸、失火、出轨和搬运、装卸中的坠落及物体打击等类型；按场（厂）区道路可分为交叉路口、弯道、直行、坡道、铁路平交道口、狭窄路面、仓库、车间等行车事故。

二、特种设备的安全监察与管理

随着经济的快速发展，具有高温、高压、高载荷、高服役期特点的特种设备，是生产和生活中广泛使用的重要技术设备和设施，并且成为现代文明和科技进步的标志，但随之而来的潜在危险性，也成为安全生产监察与管理的重点。

1. 当前特种设备的基本情况

我国的特种设备虽然起步较晚，但是发展速度及需求量十分惊人。经过 50 年的更新、发展、变化，截至 2006 年年底，全国在用特种设备总数达 403.73 万台，比 2005 年增加了 7.3%。各级质检部门考核、发放特种设备作业人员证 114.11 万个，全国持证作业人员累计达到 353.88 万人。

鉴于特种设备具有危险性的特点和在经济生产及社会生活中特殊的重要性，其安全问题历来受到各国政府的高度重视，都设立了相应的专门的监督机构，制定出一系列法规、规范、标准，供从事特种设备的设计、制造、安装、使用、检验、修理及改造等方面有关人员共同遵循，并监督各方面对规范的执行情况，目的是把事故发生率降到最低。

特种设备的发展过程中，加强对特种设备的有效管理和监督是遏制事故发生的关键手段。由于特种设备自身的特点和具有高危险性，特别是其在设计、制造、使用、安装、维护、检修、检验以及改造过程中都离不开人的因素。为了人民的安全、健康以及生命和财产的安全，国家根据设备的特点，将锅炉、压力容器、压力管道、电梯、起重设备、客运索道和大型游乐设施列入特种设备管理，并出台了一系列法律、法规及相关文件，强制性将这些设备列入特种设备管理，并对其设计、制造、安装、检验、改造、维护提出了特殊的要求，并逐级进行检验、监督，并对制造单位、使用单位、设计单位、监检机构、检测机构以及改造施工单位都提出了明确的法律约束，阐明了其资格、权力、职责和相关义务。

2. 特种设备安全监察的行政体制

（1）特种设备安全监察工作实行分级监督管理的行政体制。我国特种设备安全监察工作实行分级监督管理的行政体制。国家质检总局负责全国特种设备的安全监察工作，县以上地方质量技术监督局负责对本行政区域的特种设备实施安全监察。

国家质检总局是国务院的直属机构，地方质量技术监督部门实行省以下垂直管理。国家质检总局和地方质量技术监督部门是特种设备安全监察的行政执法主体，其内设的特种设备安全监察机构负责安全监察工作的具体实施。国家质检总局内设特种设备安全监察局（简称特种设备局），全国各省级、市级和部分经济发达地区县级质量技术监督局均设置了特种设备安全监察机构。

（2）特种设备安全监察的特点与作用。特种设备安全监察是负责特种设备安全的政府行政机关为实现安全目的而从事的决策、组织、管理、控制和监督检查等活动的总和。它是由政府向社会提供的一种公共安全服务，是由政府强制实施的一种行政措施，主要作用如下：

1）制定全社会必须普遍遵守的特种设备安全规则，禁止或限制导致特种设备事故发生的行为，防止以牺牲公众利益为代价，追求经济效益最大化，牺牲特种设备安全指标的行为。

2）采取措施，防止因教育培训不足，或因设计、制造、安装、改造等产生的缺陷以及设备、设施安全要求方面的缺陷等原因导致特种设备事故。

3）督促使用单位努力消除管理缺陷，识别、控制、排除人的不安全行为和设备的不安全状态。发现特种设备处于不安全状态时，限制其使用，防止事故的发生。

4）实施强制性的定期检验制度，及时发现特种设备的不安全状态。

5）利用对事故的借鉴，采取有效措施，把事故降低到可以接受的程度。

安全监察对国家的特种设备安全水平起着重要的作用。实践证明，它是一种防止特种设备事故的有效方法。

(3) 特种设备安全监察工作的五大工作体系。在特种设备安全监察工作中，需要构建法规标准体系、动态监管体系、安全责任体系、应急救援体系和安全评价体系5个特种设备安全工作体系。其中特种设备法规标准体系是实现依法监管的基础；特种设备动态监管体系是实现有效监管的基础；特种设备安全责任体系是以强化责任的管理理念促进特种设备安全目标实现的重要手段；特种设备事故应急救援体系作为专业应急救援体系，可为当地政府指挥特种设备事故应急救援工作提供技术支持；而特种设备安全评价体系是实现特种设备科学监管的基础，是提高监管效能、促进政府科学决策的重要依据。

(4) 特种设备安全责任的特点。特种设备安全责任体系是指在政府的统一领导下，特种设备安全监督管理部门、检测检验机构、生产及使用单位四方各负其责，共同促进特种设备安全的运行体系。特种设备安全责任有6个特点。

一是特种设备安全责任贯穿于特种设备生产、使用、检验检测、直至报废的全过程。

二是特种设备安全责任涉及与特种设备安全有关的所有单位和相关人员，也包括各级政府、各级特种设备安全监督管理部门及其负责安全监督管理工作的人员。

三是特种设备安全责任应当分系统或者环节来识别。要根据不同种类特种设备的特点，在其立法、设计、制造、安装、维修、改造、使用、检验、充装、运输、销售、储存、应急救援等环节识别与特种设备安全相关单位及人员并落实安全责任。

四是确保特种设备安全责任到位，要制定安全责任制度，明确责任内涵、落实责任措施、考核责任机制、建立责任追究和奖励制度。

五是与特种设备安全相关的单位所负的安全责任不同。

六是特种设备安全法律责任是特种设备安全责任的核心。

第二节 《特种设备安全法》主要内容

特种设备与人民群众的生命财产安全息息相关。近年来，随着我国经济的快速发展，特种设备数量也在迅速增加。特种设备本身所具有的危险性，与迅猛增长的数量因素双重叠加，使得特种设备安全形势更加复杂。特种设备安全法的出台，必将为特种设备安全提供更加坚实的法制保障。《特种设备安全法》是第一部对各类特种设备安全管理做统一、全面规范的法律。它的出台标志着我国特种设备安全工作向科学化、法制化方向迈进了一大步。

一、制定《特种设备安全法》目的

2013年6月29日，第十二届全国人大常委会第三次会议通过《中华人民共和国特种设备安全法》，自2014年1月1日起施行。

制定《特种设备安全法》的目的，是为了加强特种设备安全工作，预防特种设备事故，保障人身和财产安全，促进经济社会发展。《特种设备安全法》分为七章一百零一条，各章内容为：第一章“总则”，第二章“生产、经营、使用”，第三章“检验、检测”，第四章“监督管理”，第五章“事故应急救援与调查处理”，第六章“法律责任”，第七章“附则”。

《特种设备安全法》所称特种设备，是指对人身和财产安全有较大危险性的锅炉、压力容器（含气瓶）、压力管道、电梯、起重机械、客运索道、大型游乐设施、场（厂）内专用机动车辆以及法律、行政法规规定适用本法的其他特种设备。特种设备的生产（包括设计、制造、安装、改造、修理）、经营、使用、检验、检测和特种设备安全的监督管理，适用本法。

二、《特种设备安全法》总则中的有关规定

在《特种设备安全法》第一章“总则”中，对相关事项作了规定。

◆特种设备安全工作应当坚持安全第一、预防为主、节能环保、综合治理的原则。

◆国家对特种设备的生产、经营、使用，实施分类的、全过程的安全监督管理。

◆国务院负责特种设备安全监督管理的部门对全国特种设备安全实施监督管理。县级以上地方各级人民政府负责特种设备安全监督管理的部门对本行政区域内特种设备安全实施监督管理。

◆特种设备生产、经营、使用单位应当遵守本法和其他有关法律、法规，建立、健全特种设备安全和节能责任制度，加强特种设备安全和节能管理，确保特种设备生产、经营、使用安全，符合节能要求。

◆特种设备生产、经营、使用、检验、检测应当遵守有关特种设备安全技术规范及相关标准。

◆特种设备行业协会应当加强行业自律，推进行业诚信体系建设，提高特种设备安全管理水平。

◆国家支持有关特种设备安全的科学技术研究，鼓励先进技术和先进管理方法的推广应用，对做出突出贡献的单位和个人给予奖励。

◆负责特种设备安全监督管理的部门应当加强特种设备安全宣传教育，普及特种设备

安全知识，增强社会公众的特种设备安全意识。

◆任何单位和个人有权向负责特种设备安全监督管理的部门和有关部门举报涉及特种设备安全的违法行为，接到举报的部门应当及时处理。

三、特种设备生产、经营、使用有关规定

在《特种设备安全法》第二章“生产、经营、使用”中，对相关事项作了规定。

◆特种设备生产、经营、使用单位及其主要负责人对其生产、经营、使用的特种设备安全负责。

特种设备生产、经营、使用单位应当按照国家有关规定配备特种设备安全管理人员、检测人员和作业人员，并对其进行必要的安全教育和技能培训。

◆特种设备安全管理人员、检测人员和作业人员应当按照国家有关规定取得相应资格，方可从事相关工作。特种设备安全管理人员、检测人员和作业人员应当严格执行安全技术规范和管理制度，保证特种设备安全。

◆特种设备生产、经营、使用单位对其生产、经营、使用的特种设备应当进行自行检测和维护保养，对国家规定实行检验的特种设备应当及时申报并接受检验。

◆特种设备采用新材料、新技术、新工艺，与安全技术规范的要求不一致，或者安全技术规范未作要求、可能对安全性能有重大影响的，应当向国务院负责特种设备安全监督管理的部门申报，由国务院负责特种设备安全监督管理的部门及时委托安全技术咨询机构或者相关专业机构进行技术评审，评审结果经国务院负责特种设备安全监督管理的部门批准，方可投入生产、使用。

◆国家鼓励投保特种设备安全责任保险。

◆国家按照分类监督管理的原则对特种设备生产实行许可制度。特种设备生产单位应当具备下列条件，并经负责特种设备安全监督管理的部门许可，方可从事生产活动：

（1）有与生产相适应的专业技术人员；

（2）有与生产相适应的设备、设施和工作场所；

（3）有健全的质量保证、安全管理和岗位责任等制度。

◆特种设备生产单位应当保证特种设备生产符合安全技术规范及相关标准的要求，对其生产的特种设备的安全性能负责。不得生产不符合安全性能要求和能效指标以及国家明令淘汰的特种设备。

◆锅炉、气瓶、氧舱、客运索道、大型游乐设施的设计文件，应当经负责特种设备安全监督管理的部门核准的检验机构鉴定，方可用于制造。

◆特种设备出厂时，应当随附安全技术规范要求的设计文件、产品质量合格证明、安

装及使用维护保养说明、监督检验证明等相关技术资料和文件，并在特种设备显著位置设置产品铭牌、安全警示标识及其说明。

◆电梯的安装、改造、修理，必须由电梯制造单位或者其委托的依照本法取得相应许可的单位进行。电梯制造单位委托其他单位进行电梯安装、改造、修理的，应当对其安装、改造、修理进行安全指导和监控，并按照安全技术规范的要求进行校验和调试。电梯制造单位对电梯安全性能负责。

◆特种设备安装、改造、修理的施工单位应当在施工前将拟进行的特种设备安装、改造、修理情况书面告知直辖市或者设区的市级人民政府负责特种设备安全监督管理的部门。

◆特种设备安装、改造、修理竣工后，安装、改造、修理的施工单位应当在验收后30日内将相关技术资料和文件移交特种设备使用单位。特种设备使用单位应当将其存入该特种设备的安全技术档案。

◆锅炉、压力容器、压力管道元件等特种设备的制造过程和锅炉、压力容器、压力管道、电梯、起重机械、客运索道、大型游乐设施的安装、改造、重大修理过程，应当经特种设备检验机构按照安全技术规范的要求进行监督检验；未经监督检验或者监督检验不合格的，不得出厂或者交付使用。

◆国家建立缺陷特种设备召回制度。因生产原因造成特种设备存在危及安全的同一性缺陷的，特种设备生产单位应当立即停止生产，主动召回。国务院负责特种设备安全监督管理的部门发现特种设备存在应当召回而未召回的情形时，应当责令特种设备生产单位召回。

◆特种设备销售单位销售的特种设备，应当符合安全技术规范及相关标准的要求，其设计文件、产品质量合格证明、安装及使用维护保养说明、监督检验证明等相关技术资料和文件应当齐全。

特种设备销售单位应当建立特种设备检查验收和销售记录制度。

禁止销售未取得许可生产的特种设备，未经检验和检验不合格的特种设备，或者国家明令淘汰和已经报废的特种设备。

◆特种设备出租单位不得出租未取得许可生产的特种设备或者国家明令淘汰和已经报废的特种设备以及未按照安全技术规范的要求进行维护保养和未经检验或者检验不合格的特种设备。

◆特种设备在出租期间的使用管理和维护保养义务由特种设备出租单位承担，法律另有规定或者当事人另有约定的除外。

◆进口的特种设备应当符合我国安全技术规范的要求，并经检验合格；需要取得我国特种设备生产许可的，应当取得许可。

◆特种设备使用单位应当使用取得许可生产并经检验合格的特种设备。

禁止使用国家明令淘汰和已经报废的特种设备。

◆特种设备使用单位应当在特种设备投入使用前或者投入使用后30日内，向负责特种设备安全监督管理的部门办理使用登记，取得使用登记证书。登记标志应当置于该特种设备的显著位置。

◆特种设备使用单位应当建立岗位责任、隐患治理、应急救援等安全管理制度，制定操作规程，保证特种设备安全运行。

◆特种设备使用单位应当建立特种设备安全技术档案。安全技术档案应当包括以下内容：

（1）特种设备的设计文件、产品质量合格证明、安装及使用维护保养说明、监督检验证明等相关技术资料和文件；

（2）特种设备的定期检验和定期自行检查记录；

（3）特种设备的日常使用状况记录；

（4）特种设备及其附属仪器仪表的维护保养记录；

（5）特种设备的运行故障和事故记录。

◆电梯、客运索道、大型游乐设施等为公众提供服务的特种设备的运营使用单位，应当对特种设备的使用安全负责，设置特种设备安全管理机构或者配备专职的特种设备安全管理人员；其他特种设备使用单位，应当根据情况设置特种设备安全管理机构或者配备专职、兼职的特种设备安全管理人员。

◆特种设备的使用应当具有规定的安全距离、安全防护措施。

与特种设备安全相关的建筑物、附属设施，应当符合有关法律、行政法规的规定。

◆特种设备属于共有的，共有人可以委托物业服务单位或者其他管理人管理特种设备，受托人履行本法规定的特种设备使用单位的义务，承担相应责任。共有人未委托的，由共有人或者实际管理人履行管理义务，承担相应责任。

◆特种设备使用单位应当对其使用的特种设备进行经常性维护保养和定期自行检查，并作出记录。特种设备使用单位应当对其使用的特种设备的安全附件、安全保护装置进行定期校验、检修，并作出记录。

◆特种设备使用单位应当按照安全技术规范的要求，在检验合格有效期届满前一个月内向特种设备检验机构提出定期检验要求。

未经定期检验或者检验不合格的特种设备，不得继续使用。

◆特种设备安全管理人员应当对特种设备使用状况进行经常性检查，发现问题应当立即处理；情况紧急时，可以决定停止使用特种设备并及时报告本单位有关负责人。

特种设备作业人员在作业过程中发现事故隐患或者其他不安全因素，应当立即向特种设备安全管理人员和单位有关负责人报告；特种设备运行不正常时，特种设备作业人员应当按照操作规程采取有效措施保证安全。

◆特种设备出现故障或者发生异常情况，特种设备使用单位应当对其进行全面检查，消除事故隐患，方可继续使用。

◆客运索道、大型游乐设施在每日投入使用前，其运营使用单位应当进行试运行和例行安全检查，并对安全附件和安全保护装置进行检查确认。

电梯、客运索道、大型游乐设施的运营使用单位应当将电梯、客运索道、大型游乐设施的安全使用说明、安全注意事项和警示标识置于易于为乘客注意的显著位置。

公众乘坐或者操作电梯、客运索道、大型游乐设施，应当遵守安全使用说明和安全注意事项的要求，服从有关工作人员的管理和指挥；遇有运行不正常时，应当按照安全指引，有序撤离。

◆锅炉使用单位应当按照安全技术规范的要求进行锅炉水（介）质处理，并接受特种设备检验机构的定期检验。从事锅炉清洗，应当按照安全技术规范的要求进行，并接受特种设备检验机构的监督检验。

◆电梯的维护保养应当由电梯制造单位或者依照本法取得许可的安装、改造、修理单位进行。

电梯的维护保养单位应当在维护保养中严格执行安全技术规范的要求，保证其维护保养的电梯的安全性能，并负责落实现场安全防护措施，保证施工安全。

电梯的维护保养单位应当对其维护保养的电梯的安全性能负责；接到故障通知后，应当立即赶赴现场，并采取必要的应急救援措施。

◆电梯投入使用后，电梯制造单位应当对其制造的电梯的安全运行情况进行跟踪调查和了解，对电梯的维护保养单位或者使用单位在维护保养和安全运行方面存在的问题，提出改进建议，并提供必要的技术帮助；发现电梯存在严重事故隐患时，应当及时告知电梯使用单位，并向负责特种设备安全监督管理的部门报告。电梯制造单位对调查和了解的情况，应当作出记录。

◆特种设备进行改造、修理，按照规定需要变更使用登记的，应当办理变更登记，方可继续使用。

◆特种设备存在严重事故隐患，无改造、修理价值，或者达到安全技术规范规定的其他报废条件的，特种设备使用单位应当依法履行报废义务，采取必要措施消除该特种设备的使用功能，并向原登记的负责特种设备安全监督管理的部门办理使用登记证书注销手续。

◆移动式压力容器、气瓶充装单位，应当具备下列条件，并经负责特种设备安全监督管理的部门许可，方可从事充装活动：

（1）有与充装和管理相适应的管理人员和技术人员；

（2）有与充装和管理相适应的充装设备、检测手段、场地厂房、器具、安全设施；

（3）有健全的充装管理制度、责任制度、处理措施。

充装单位应当建立充装前后的检查、记录制度，禁止对不符合安全技术规范要求的移动式压力容器和气瓶进行充装。

气瓶充装单位应当向气体使用者提供符合安全技术规范要求的气瓶，对气体使用者进行气瓶安全使用指导，并按照安全技术规范的要求办理气瓶使用登记，及时申报定期检验。

四、特种设备检验、检测有关规定

在《特种设备安全法》第三章“检验、检测”中，对相关事项作了规定。

◆从事本法规定的监督检验、定期检验的特种设备检验机构，以及为特种设备生产、经营、使用提供检测服务的特种设备检测机构，应当具备下列条件，并经负责特种设备安全监督管理的部门核准，方可从事检验、检测工作：

（1）有与检验、检测工作相适应的检验、检测人员；

（2）有与检验、检测工作相适应的检验、检测仪器和设备；

（3）有健全的检验、检测管理制度和责任制度。

◆特种设备检验、检测机构的检验、检测人员应当经考核，取得检验、检测人员资格，方可从事检验、检测工作。

特种设备检验、检测机构的检验、检测人员不得同时在两个以上检验、检测机构中执业；变更执业机构的，应当依法办理变更手续。

◆特种设备检验、检测工作应当遵守法律、行政法规的规定，并按照安全技术规范的要求进行。

特种设备检验、检测机构及其检验、检测人员应当依法为特种设备生产、经营、使用单位提供安全、可靠、便捷、诚信的检验、检测服务。

◆特种设备检验、检测机构及其检验、检测人员应当客观、公正、及时地出具检验、检测报告，并对检验、检测结果和鉴定结论负责。

特种设备检验、检测机构及其检验、检测人员在检验、检测中发现特种设备存在严重事故隐患时，应当及时告知相关单位，并立即向负责特种设备安全监督管理的部门报告。

负责特种设备安全监督管理的部门应当组织对特种设备检验、检测机构的检验、检测结果和鉴定结论进行监督抽查，但应当防止重复抽查。监督抽查结果应当向社会公布。

◆特种设备生产、经营、使用单位应当按照安全技术规范的要求向特种设备检验、检测机构及其检验、检测人员提供特种设备相关资料和必要的检验、检测条件，并对资料的真实性负责。

◆特种设备检验、检测机构及其检验、检测人员对检验、检测过程中知悉的商业秘密，负有保密义务。

特种设备检验、检测机构及其检验、检测人员不得从事有关特种设备的生产、经营活动，不得推荐或者监制、监销特种设备。

◆特种设备检验机构及其检验人员利用检验工作故意刁难特种设备生产、经营、使用单位的，特种设备生产、经营、使用单位有权向负责特种设备安全监督管理的部门投诉，接到投诉的部门应当及时进行调查处理。

五、特种设备监督管理有关规定

在《特种设备安全法》第四章“监督管理”中，对相关事项作了规定。

◆负责特种设备安全监督管理的部门依照本法规定，对特种设备生产、经营、使用单位和检验、检测机构实施监督检查。

负责特种设备安全监督管理的部门应当对学校、幼儿园以及医院、车站、客运码头、商场、体育场馆、展览馆、公园等公众聚集场所的特种设备，实施重点安全监督检查。

◆负责特种设备安全监督管理的部门实施本法规定的许可工作，应当依照本法和其他有关法律、行政法规规定的条件和程序以及安全技术规范的要求进行审查；不符合规定的，不得许可。

◆负责特种设备安全监督管理的部门在办理本法规定的许可时，其受理、审查、许可的程序必须公开，并应当自受理申请之日起30日内，作出许可或者不予许可的决定；不予许可的，应当书面向申请人说明理由。

◆负责特种设备安全监督管理的部门对依法办理使用登记的特种设备应当建立完整的监督管理档案和信息查询系统；对达到报废条件的特种设备，应当及时督促特种设备使用单位依法履行报废义务。

◆负责特种设备安全监督管理的部门在依法履行监督检查职责时，可以行使下列职权：

（1）进入现场进行检查，向特种设备生产、经营、使用单位和检验、检测机构的主要负责人和其他有关人员调查、了解有关情况；

（2）根据举报或者取得的涉嫌违法证据，查阅、复制特种设备生产、经营、使用单位和检验、检测机构的有关合同、发票、账簿以及其他有关资料；

（3）对有证据表明不符合安全技术规范要求或者存在严重事故隐患的特种设备实施查封、扣押；

（4）对流入市场的达到报废条件或者已经报废的特种设备实施查封、扣押；

（5）对违反本法规定的行为作出行政处罚决定。

◆负责特种设备安全监督管理的部门在依法履行职责过程中，发现违反本法规定和安全技术规范要求的行为或者特种设备存在事故隐患时，应当以书面形式发出特种设备安全监察指令，责令有关单位及时采取措施予以改正或者消除事故隐患。紧急情况下要求有关单位采取紧急处置措施的，应当随后补发特种设备安全监察指令。

◆负责特种设备安全监督管理的部门在依法履行职责过程中，发现重大违法行为或者特种设备存在严重事故隐患时，应当责令有关单位立即停止违法行为、采取措施消除事故隐患，并及时向上级负责特种设备安全监督管理的部门报告。接到报告的负责特种设备安全监督管理的部门应当采取必要措施，及时予以处理。

◆负责特种设备安全监督管理的部门的安全监察人员应当熟悉相关法律、法规，具有相应的专业知识和工作经验，取得特种设备安全行政执法证件。

特种设备安全监察人员应当忠于职守、坚持原则、秉公执法。

负责特种设备安全监督管理的部门实施安全监督检查时，应当有两名以上特种设备安全监察人员参加，并出示有效的特种设备安全行政执法证件。

◆负责特种设备安全监督管理的部门对特种设备生产、经营、使用单位和检验、检测机构实施监督检查，应当对每次监督检查的内容、发现的问题及处理情况作出记录，并由参加监督检查的特种设备安全监察人员和被检查单位的有关负责人签字后归档。被检查单位的有关负责人拒绝签字的，特种设备安全监察人员应当将情况记录在案。

◆负责特种设备安全监督管理的部门及其工作人员不得推荐或者监制、监销特种设备；对履行职责过程中知悉的商业秘密负有保密义务。

六、特种设备事故应急救援与调查处理的有关规定

在《特种设备安全法》第五章“事故应急救援与调查处理”中，对相关事项作了规定。

◆国务院负责特种设备安全监督管理的部门应当依法组织制定特种设备重特大事故应急预案，报国务院批准后纳入国家突发事件应急预案体系。

县级以上地方各级人民政府及其负责特种设备安全监督管理的部门应当依法组织制定本行政区域内特种设备事故应急预案，建立或者纳入相应的应急处置与救援体系。

特种设备使用单位应当制定特种设备事故应急专项预案，并定期进行应急演练。

◆特种设备发生事故后，事故发生单位应当按照应急预案采取措施，组织抢救，防止事故扩大，减少人员伤亡和财产损失，保护事故现场和有关证据，并及时向事故发生地县级以上人民政府负责特种设备安全监督管理的部门和有关部门报告。

与事故相关的单位和人员不得迟报、谎报或者瞒报事故情况，不得隐匿、毁灭有关证据或者故意破坏事故现场。

◆事故发生地人民政府接到事故报告，应当依法启动应急预案，采取应急处置措施，

组织应急救援。

◆事故责任单位应当依法落实整改措施，预防同类事故发生。事故造成损害的，事故责任单位应当依法承担赔偿责任。

七、有关法律责任的规定

在《特种设备安全法》第六章“法律责任”中，对相关事项作了规定。

◆违反本法规定，未经许可从事特种设备生产活动的，责令停止生产，没收违法制造的特种设备，处10万元以上50万元以下罚款；有违法所得的，没收违法所得；已经实施安装、改造、修理的，责令恢复原状或者责令限期由取得许可的单位重新安装、改造、修理。

◆违反本法规定，特种设备的设计文件未经鉴定，擅自用于制造的，责令改正，没收违法制造的特种设备，处5万元以上50万元以下罚款。

◆违反本法规定，未进行型式试验的，责令限期改正；逾期未改正的，处3万元以上30万元以下罚款。

◆违反本法规定，特种设备出厂时，未按照安全技术规范的要求随附相关技术资料和文件的，责令限期改正；逾期未改正的，责令停止制造、销售，处2万元以上20万元以下罚款；有违法所得的，没收违法所得。

◆违反本法规定，特种设备安装、改造、修理的施工单位在施工前未书面告知负责特种设备安全监督管理的部门即行施工的，或者在验收后30日内未将相关技术资料和文件移交特种设备使用单位的，责令限期改正；逾期未改正的，处1万元以上10万元以下罚款。

◆违反本法规定，特种设备的制造、安装、改造、重大修理以及锅炉清洗过程，未经监督检验的，责令限期改正；逾期未改正的，处5万元以上25万元以下罚款；有违法所得的，没收违法所得；情节严重的，吊销生产许可证。

◆违反本法规定，电梯制造单位有下列情形之一的，责令限期改正；逾期未改正的，处1万元以上10万元以下罚款：

(1) 未按照安全技术规范的要求对电梯进行校验、调试的；

(2) 对电梯的安全运行情况进行跟踪调查和了解时，发现存在严重事故隐患，未及时告知电梯使用单位并向负责特种设备安全监督管理的部门报告的。

◆违反本法规定，特种设备生产单位有下列行为之一的，责令限期改正；逾期未改正的，责令停止生产，处5万元以上50万元以下罚款；情节严重的，吊销生产许可证：

(1) 不再具备生产条件、生产许可证已经过期或者超出许可范围生产的；

(2) 明知特种设备存在同一性缺陷，未立即停止生产并召回的。

违反本法规定，特种设备生产单位生产、销售、交付国家明令淘汰的特种设备的，责令停止生产、销售，没收违法生产、销售、交付的特种设备，处3万元以上30万元以下罚款；有违法所得的，没收违法所得。

特种设备生产单位涂改、倒卖、出租、出借生产许可证的，责令停止生产，处5万元以上50万元以下罚款；情节严重的，吊销生产许可证。

◆违反本法规定，特种设备经营单位有下列行为之一的，责令停止经营，没收违法经营的特种设备，处3万元以上30万元以下罚款；有违法所得的，没收违法所得：

（1）销售、出租未取得许可生产，未经检验或者检验不合格的特种设备的；

（2）销售、出租国家明令淘汰、已经报废的特种设备，或者未按照安全技术规范的要求进行维护保养的特种设备的。

违反本法规定，特种设备销售单位未建立检查验收和销售记录制度，或者进口特种设备未履行提前告知义务的，责令改正，处1万元以上10万元以下罚款。

特种设备生产单位销售、交付未经检验或者检验不合格的特种设备的，依照本条第一款规定处罚；情节严重的，吊销生产许可证。

◆违反本法规定，特种设备使用单位有下列行为之一的，责令限期改正；逾期未改正的，责令停止使用有关特种设备，处1万元以上10万元以下罚款：

（1）使用特种设备未按照规定办理使用登记的；

（2）未建立特种设备安全技术档案或者安全技术档案不符合规定要求，或者未依法设置使用登记标志、定期检验标志的；

（3）未对其使用的特种设备进行经常性维护保养和定期自行检查，或者未对其使用的特种设备的安全附件、安全保护装置进行定期校验、检修，并作出记录的；

（4）未按照安全技术规范的要求及时申报并接受检验的；

（5）未按照安全技术规范的要求进行锅炉水（介）质处理的；

（6）未制定特种设备事故应急专项预案的。

◆违反本法规定，特种设备使用单位有下列行为之一的，责令停止使用有关特种设备，处3万元以上30万元以下罚款：

（1）使用未取得许可生产，未经检验或者检验不合格的特种设备，或者国家明令淘汰、已经报废的特种设备的；

（2）特种设备出现故障或者发生异常情况，未对其进行全面检查、消除事故隐患，继续使用的；

（3）特种设备存在严重事故隐患，无改造、修理价值，或者达到安全技术规范规定的其他报废条件，未依法履行报废义务，并办理使用登记证书注销手续的。

◆违反本法规定，特种设备生产、经营、使用单位有下列情形之一的，责令限期改正；

逾期未改正的，责令停止使用有关特种设备或者停产停业整顿，处1万元以上5万元以下罚款：

(1) 未配备具有相应资格的特种设备安全管理人员、检测人员和作业人员的；

(2) 使用未取得相应资格的人员从事特种设备安全管理、检测和作业的；

(3) 未对特种设备安全管理人员、检测人员和作业人员进行安全教育和技能培训的。

◆违反本法规定，电梯、客运索道、大型游乐设施的运营使用单位有下列情形之一的，责令限期改正；逾期未改正的，责令停止使用有关特种设备或者停产停业整顿，处2万元以上10万元以下罚款：

(1) 未设置特种设备安全管理机构或者配备专职的特种设备安全管理人员的；

(2) 客运索道、大型游乐设施每日投入使用前，未进行试运行和例行安全检查，未对安全附件和安全保护装置进行检查确认的；

(3) 未将电梯、客运索道、大型游乐设施的安全使用说明、安全注意事项和警示标识置于易于为乘客注意的显著位置的。

◆违反本法规定，未经许可，擅自从事电梯维护保养的，责令停止违法行为，处1万元以上10万元以下罚款；有违法所得的，没收违法所得。

电梯的维护保养单位未按照本法规定以及安全技术规范的要求，进行电梯维护保养的，依照前款规定处罚。

◆发生特种设备事故，有下列情形之一的，对单位处5万元以上20万元以下罚款；对主要负责人处1万元以上5万元以下罚款；主要负责人属于国家工作人员的，并依法给予处分：

(1) 发生特种设备事故时，不立即组织抢救或者在事故调查处理期间擅离职守或者逃匿的；

(2) 对特种设备事故迟报、谎报或者瞒报的。

◆违反本法规定，特种设备安全管理人员、检测人员和作业人员不履行岗位职责，违反操作规程和有关安全规章制度，造成事故的，吊销相关人员的资格。

◆违反本法规定，特种设备生产、经营、使用单位或者检验、检测机构拒不接受负责特种设备安全监督管理的部门依法实施的监督检查的，责令限期改正；逾期未改正的，责令停产停业整顿，处2万元以上20万元以下罚款。

特种设备生产、经营、使用单位擅自动用、调换、转移、损毁被查封、扣押的特种设备或者其主要部件的，责令改正，处五万元以上20万元以下罚款；情节严重的，吊销生产许可证，注销特种设备使用登记证书。

◆违反本法规定，被依法吊销许可证的，自吊销许可证之日起3年内，负责特种设备安全监督管理的部门不予受理其新的许可申请。

◆违反本法规定，造成人身、财产损害的，依法承担民事责任。

违反本法规定，应当承担民事赔偿责任和缴纳罚款、罚金，其财产不足以同时支付时，先承担民事赔偿责任。

◆违反本法规定，构成违反治安管理行为的，依法给予治安管理处罚；构成犯罪的，依法追究刑事责任。

第三节　特种设备其他相关规定

特种设备与人民群众的生命财产安全息息相关。近年来，随着我国经济的快速发展，特种设备数量也在迅速增加。特种设备本身所具有的危险性，与迅猛增长的数量因素双重叠加，使得特种设备安全形势更加复杂。确保特种设备的安全，不能只靠事后监管，而要将安全意识贯彻到特种设备从生产到使用、从经营到检测、从维护到报废的全过程。

一、《特种设备安全监察条例》相关要点

《特种设备安全监察条例》中规定，特种设备是指危及生命安全、危险性较大的锅炉、压力容器、压力管道、电梯、起重机械、客运索道、大型游乐设施、场（厂）内车辆等 8 类设备、设施。这些设备的共同特点是具有潜在危险性，易发生爆炸、有毒介质泄漏、失稳、失效、倒塌等事故，造成人员伤亡甚至群死群伤。特种设备设计、制造、安装、使用、改造、维修、检验检测各个环节的安全管理，都与特种设备的安全运行密切相关。从近年来我国特种设备的事故发生情况来看，保障特种设备的安全，不仅要抓好生产（设计、制造、安装、改造、维修）过程的监管，更重要的是要抓好使用环节的安全管理。

1. 制定和修订《特种设备安全监察条例》的目的

2009 年 1 月 14 日，《国务院关于修改〈特种设备安全监察条例〉的决定》于国务院第 46 次常务会议通过，1 月 24 日，温家宝总理签署公布了此项决定。《特种设备安全监察条例》（国务院令第 373 号）根据该决定作出了相应的修订并重新公布。新修改的《特种设备安全监察条例》于 2009 年 5 月 1 日起施行。

新修订的《特种设备安全监察条例》分为八章一百零三条，各章内容为：第一章“总则”，第二章“特种设备的生产”，第三章“特种设备的使用”，第四章“检验检测”，第五章“监督检查”，第六章“事故预防和调查处理”，第七章“法律责任”，第八章“附则”。

制定《特种设备安全监察条例》的目的，是为了加强特种设备的安全监察，防止和减少事故，保障人民群众生命和财产安全，促进经济发展。

《特种设备安全监察条例》所称特种设备是指涉及生命安全、危险性较大的锅炉、压力容器（含气瓶，下同）、压力管道、电梯、起重机械、客运索道、大型游乐设施和场（厂）内专用机动车辆。

2. 制定和修订《特种设备安全监察条例》的背景

修改前的《特种设备安全监察条例》是第一部关于我国特种设备安全监督管理的专门法规。这部条例规定了特种设备设计、制造、安装、改造、维修、使用、检验检测全过程安全监察的基本制度。自 2003 年 6 月 1 日开始实施，《特种设备安全监察条例》对于加强特种设备的安全管理，防止和减少事故，保障人民群众生命、财产安全发挥了重要作用。

近几年，随着我国经济社会的发展，锅炉、电梯、客运索道、大型游乐设施等特种设备数量急速增长，其节能管理和安全管理问题日益突出。经全国人大常委会修订、自 2008 年 4 月 1 日起施行的《中华人民共和国节约能源法》第十六条规定："对高耗能的特种设备，按照国务院的规定实行节能审查和监管"。同时，由于在实践中特种设备事故的预防和调查处理与一般的生产安全事故差异较大，具有很强的专业性，需要对特种设备事故的调查处理主管部门和事故分类标准等作出专门规定。2007 年 6 月 1 日起施行的《生产安全事故报告和调查处理条例》第四十五条规定："特别重大事故以下等级事故的报告和调查处理，有关法律、行政法规或者国务院另有规定的，依照其规定"。根据特种设备管理的实际情况和上述两部法律、行政法规的要求，有必要对《特种设备安全监察条例》进行修改，明确特种设备事故调查处理的相关制度，落实并加强特种设备节能减排的措施和相关制度。

修订变化的内容包括：一是根据节能减排的要求，增加高耗能特种设备节能管理的规定；二是适应特种设备事故调查的实际需要，增加特种设备事故分级和调查的相关制度；三是按照行政许可便民高效的原则，将国务院特种设备安全监督管理部门行使的部分行政许可权下放给省、自治区、直辖市特种设备安全监督管理部门；四是将场（厂）内专用机动车辆、移动式压力容器充装、特种设备无损检测的安全监察明确纳入条例调整范围，鼓励实行特种设备责任保险；五是进一步完善法律责任，加大对违法行为的处罚力度。

3. 《特种设备安全监察条例》总则中的有关规定

在《特种设备安全监察条例》第一章"总则"中，对特种设备安全监察一些原则问题作了明确规定。有关规定有：

◆特种设备的生产（含设计、制造、安装、改造、维修，下同）、使用、检验检测及其监督检查，应当遵守本条例，但本条例另有规定的除外。

◆国务院特种设备安全监督管理部门负责全国特种设备的安全监察工作，县以上地方负责特种设备安全监督管理的部门对本行政区域内特种设备实施安全监察（以下统称特种设备安全监督管理部门）。

◆特种设备生产、使用单位应当建立健全特种设备安全、节能管理制度和岗位安全、节能责任制度。

特种设备生产、使用单位的主要负责人应当对本单位特种设备的安全和节能全面负责。

特种设备生产、使用单位和特种设备检验检测机构，应当接受特种设备安全监督管理部门依法进行的特种设备安全监察。

◆国家鼓励推行科学的管理方法，采用先进技术，提高特种设备安全性能和管理水平，增强特种设备生产、使用单位防范事故的能力，对取得显著成绩的单位和个人，给予奖励。

国家鼓励实行特种设备责任保险制度，提高事故赔付能力。

◆任何单位和个人对违反本条例规定的行为，有权向特种设备安全监督管理部门和行政监察等有关部门举报。

特种设备安全监督管理部门和行政监察等有关部门应当为举报人保密，并按照国家有关规定给予奖励。

4. 特种设备生产的有关规定

在《特种设备安全监察条例》第二章“特种设备的生产”中，对特种设备生产作了明确规定。有关规定有：

◆特种设备生产单位，应当依照本条例规定以及国务院特种设备安全监督管理部门制定并公布的安全技术规范（以下简称安全技术规范）的要求，进行生产活动。

特种设备生产单位对其生产的特种设备的安全性能和能效指标负责，不得生产不符合安全性能要求和能效指标的特种设备，不得生产国家产业政策明令淘汰的特种设备。

◆特种设备出厂时，应当附有安全技术规范要求的设计文件、产品质量合格证明、安装及使用维修说明、监督检验证明等文件。

◆锅炉、压力容器、电梯、起重机械、客运索道、大型游乐设施、场（厂）内专用机动车辆的维修单位，应当有与特种设备维修相适应的专业技术人员和技术工人以及必要的检测手段，并经省、自治区、直辖市特种设备安全监督管理部门许可，方可从事相应的维修活动。

◆锅炉、压力容器、起重机械、客运索道、大型游乐设施的安装、改造、维修以及场（厂）内专用机动车辆的改造、维修，必须由依照本条例取得许可的单位进行。

电梯的安装、改造、维修，必须由电梯制造单位或者其通过合同委托、同意的依照本条例取得许可的单位进行。电梯制造单位对电梯质量以及安全运行涉及的质量问题负责。

特种设备安装、改造、维修的施工单位应当在施工前将拟进行的特种设备安装、改造、维修情况书面告知直辖市或者设区的市的特种设备安全监督管理部门，告知后即可施工。

◆电梯井道的土建工程必须符合建筑工程质量要求。电梯安装施工过程中，电梯安装单位应当遵守施工现场的安全生产要求，落实现场安全防护措施。电梯安装施工过程中，施工现场的安全生产监督，由有关部门依照有关法律、行政法规的规定执行。

电梯安装施工过程中，电梯安装单位应当服从建筑施工总承包单位对施工现场的安全生产管理，并订立合同，明确各自的安全责任。

◆电梯的制造、安装、改造和维修活动，必须严格遵守安全技术规范的要求。电梯制造单位委托或者同意其他单位进行电梯安装、改造、维修活动的，应当对其安装、改造、维修活动进行安全指导和监控。电梯的安装、改造、维修活动结束后，电梯制造单位应当按照安全技术规范的要求对电梯进行校验和调试，并对校验和调试的结果负责。

◆锅炉、压力容器、电梯、起重机械、客运索道、大型游乐设施的安装、改造、维修以及场（厂）内专用机动车辆的改造、维修竣工后，安装、改造、维修的施工单位应当在验收后30日内将有关技术资料移交使用单位，高耗能特种设备还应当按照安全技术规范的要求提交能效测试报告。使用单位应当将其存入该特种设备的安全技术档案。

◆锅炉、压力容器、压力管道元件、起重机械、大型游乐设施的制造过程和锅炉、压力容器、电梯、起重机械、客运索道、大型游乐设施的安装、改造、重大维修过程，必须经国务院特种设备安全监督管理部门核准的检验检测机构按照安全技术规范的要求进行监督检验；未经监督检验合格的不得出厂或者交付使用。

◆移动式压力容器、气瓶充装单位应当经省、自治区、直辖市的特种设备安全监督管理部门许可，方可从事充装活动。

充装单位应当具备下列条件：

（1）有与充装和管理相适应的管理人员和技术人员；

（2）有与充装和管理相适应的充装设备、检测手段、场地厂房、器具、安全设施；

（3）有健全的充装管理制度、责任制度、紧急处理措施。

气瓶充装单位应当向气体使用者提供符合安全技术规范要求的气瓶，对使用者进行气瓶安全使用指导，并按照安全技术规范的要求办理气瓶使用登记，提出气瓶的定期检验要求。

5. 特种设备使用的有关规定

在《特种设备安全监察条例》第三章“特种设备的使用”中，对特种设备使用作了明确规定。有关规定有：

◆特种设备使用单位，应当严格执行本条例和有关安全生产的法律、行政法规的规定，保证特种设备的安全使用。

◆特种设备在投入使用前或者投入使用后30日内，特种设备使用单位应当向直辖市或者设区的市的特种设备安全监督管理部门登记。登记标志应当置于或者附着于该特种设备的显著位置。

◆特种设备使用单位应当建立特种设备安全技术档案。安全技术档案应当包括以下内容：

（1）特种设备的设计文件、制造单位、产品质量合格证明、使用维护说明等文件以及安装技术文件和资料；

（2）特种设备的定期检验和定期自行检查的记录；

（3）特种设备的日常使用状况记录；

（4）特种设备及其安全附件、安全保护装置、测量调控装置及有关附属仪器仪表的日常维护保养记录；

（5）特种设备运行故障和事故记录；

（6）高耗能特种设备的能效测试报告、能耗状况记录以及节能改造技术资料。

◆特种设备使用单位应当对在用特种设备进行经常性日常维护保养，并定期自行检查。

特种设备使用单位对在用特种设备应当至少每月进行一次自行检查，并作出记录。特种设备使用单位在对在用特种设备进行自行检查和日常维护保养时发现异常情况的，应当及时处理。

特种设备使用单位应当对在用特种设备的安全附件、安全保护装置、测量调控装置及有关附属仪器仪表进行定期校验、检修，并作出记录。

锅炉使用单位应当按照安全技术规范的要求进行锅炉水（介）质处理，并接受特种设备检验检测机构实施的水（介）质处理定期检验。

从事锅炉清洗的单位，应当按照安全技术规范的要求进行锅炉清洗，并接受特种设备检验检测机构实施的锅炉清洗过程监督检验。

◆特种设备使用单位应当按照安全技术规范的定期检验要求，在安全检验合格有效期届满前1个月向特种设备检验检测机构提出定期检验要求。

检验检测机构接到定期检验要求后，应当按照安全技术规范的要求及时进行安全性能检验和能效测试。

未经定期检验或者检验不合格的特种设备，不得继续使用。

◆特种设备出现故障或者发生异常情况，使用单位应当对其进行全面检查，消除事故隐患后，方可重新投入使用。

特种设备不符合能效指标的，特种设备使用单位应当采取相应措施进行整改。

◆特种设备存在严重事故隐患，无改造、维修价值，或者超过安全技术规范规定使用年限，特种设备使用单位应当及时予以报废，并应当向原登记的特种设备安全监督管理部门办理注销。

◆电梯的日常维护保养必须由依照本条例取得许可的安装、改造、维修单位或者电梯制造单位进行。

电梯应当至少每 15 日进行一次清洁、润滑、调整和检查。

◆电梯的日常维护保养单位应当在维护保养中严格执行国家安全技术规范的要求，保证其维护保养的电梯的安全技术性能，并负责落实现场安全防护措施，保证施工安全。

电梯的日常维护保养单位，应当对其维护保养的电梯的安全性能负责。接到故障通知后，应当立即赶赴现场，并采取必要的应急救援措施。

◆电梯、客运索道、大型游乐设施等为公众提供服务的特种设备运营使用单位，应当设置特种设备安全管理机构或者配备专职的安全管理人员；其他特种设备使用单位，应当根据情况设置特种设备安全管理机构或者配备专职、兼职的安全管理人员。

特种设备的安全管理人员应当对特种设备使用状况进行经常性检查，发现问题的应当立即处理；情况紧急时，可以决定停止使用特种设备并及时报告本单位有关负责人。

◆客运索道、大型游乐设施的运营使用单位在客运索道、大型游乐设施每日投入使用前，应当进行试运行和例行安全检查，并对安全装置进行检查确认。

电梯、客运索道、大型游乐设施的运营使用单位应当将电梯、客运索道、大型游乐设施的安全注意事项和警示标识置于易于为乘客注意的显著位置。

◆客运索道、大型游乐设施的运营使用单位的主要负责人应当熟悉客运索道、大型游乐设施的相关安全知识，并全面负责客运索道、大型游乐设施的安全使用。

客运索道、大型游乐设施的运营使用单位的主要负责人至少应当每月召开一次会议，督促、检查客运索道、大型游乐设施的安全使用工作。

客运索道、大型游乐设施的运营使用单位，应当结合本单位的实际情况，配备相应数量的营救装备和急救物品。

◆电梯、客运索道、大型游乐设施的乘客应当遵守使用安全注意事项的要求，服从有关工作人员的指挥。

◆锅炉、压力容器、电梯、起重机械、客运索道、大型游乐设施、场（厂）内专用机动车辆的作业人员及其相关管理人员（以下统称特种设备作业人员），应当按照国家有关规定经特种设备安全监督管理部门考核合格，取得国家统一格式的特种作业人员证书，方可从事相应的作业或者管理工作。

◆特种设备使用单位应当对特种设备作业人员进行特种设备安全、节能教育和培训，保证特种设备作业人员具备必要的特种设备安全、节能知识。

特种设备作业人员在作业中应当严格执行特种设备的操作规程和有关的安全规章制度。

◆特种设备作业人员在作业过程中发现事故隐患或者其他不安全因素，应当立即向现场安全管理人员和单位有关负责人报告。

6. 事故预防和调查处理的有关规定

在《特种设备安全监察条例》第六章“事故预防和调查处理”中，对事故预防和调查处理作了明确规定。有关规定有：

◆特种设备安全监督管理部门应当制定特种设备应急预案。特种设备使用单位应当制定事故应急专项预案，并定期进行事故应急演练。

压力容器、压力管道发生爆炸或者泄漏，在抢险救援时应当区分介质特性，严格按照相关预案规定程序处理，防止二次爆炸。

◆特种设备事故发生后，事故发生单位应当立即启动事故应急预案，组织抢救，防止事故扩大，减少人员伤亡和财产损失，并及时向事故发生地县以上特种设备安全监督管理部门和有关部门报告。

二、《特种设备事故报告和调查处理规定》相关要点

1. 制定《特种设备事故报告和调查处理规定》的目的

2009 年 5 月 26 日，国家质量监督检验检疫总局局务会议审议通过《特种设备事故报告和调查处理规定》（国家质量监督检验检疫总局令第 115 号），自公布之日（2009 年 7 月 3 日）起施行。2001 年 9 月 17 日国家质量监督检验检疫总局公布的《锅炉压力容器压力管道特种设备事故处理规定》同时废止。

制定《特种设备事故报告和调查处理规定》的目的，是根据《特种设备安全监察条例》和《生产安全事故报告和调查处理条例》，为了规范特种设备事故报告和调查处理工作，及时准确查清事故原因，严格追究事故责任，防止和减少同类事故重复发生。

特种设备制造、安装、改造、维修、使用（含移动式压力容器、气瓶充装）、检验检测活动中发生的特种设备事故，其报告、调查和处理工作适用本规定。

国家质量监督检验检疫总局（以下简称国家质检总局）主管全国特种设备事故报告、调查和处理工作，县以上地方质量技术监督部门负责本行政区域内的特种设备事故报告、调查和处理工作。

事故报告应当及时、准确、完整，任何单位和个人对事故不得迟报、漏报、谎报或者瞒报。

事故调查和处理工作必须坚持实事求是、客观公正、尊重科学的原则，及时、准确地查清事故经过、事故原因和事故损失，查明事故性质，认定事故责任，提出处理和整改措

施，并对事故责任单位和责任人员依法追究责任。任何单位和个人不得阻挠和干涉特种设备事故报告、调查和处理工作。

对事故报告、调查和处理中的违法行为，任何单位和个人有权向各级质量技术监督部门或者有关部门举报。接到举报的部门应当依法及时处理。

2. 特种设备事故的定义与报告

《特种设备事故报告和调查处理规定》所称特种设备事故，是指因特种设备的不安全状态或者相关人员的不安全行为，在特种设备制造、安装、改造、维修、使用（含移动式压力容器、气瓶充装）、检验检测活动中造成的人员伤亡、财产损失、特种设备严重损坏或者中断运行、人员滞留、人员转移等突发事件。

发生特种设备事故后，事故现场有关人员应当立即向事故发生单位负责人报告；事故发生单位的负责人接到报各后，应当于 1 小时内向事故发生地的县以上质量技术监督部门和有关部门报告。

情况紧急时，事故现场有关人员可以直接向事故发生地的县以上质量技术监督部门报告。

报告事故应当包括以下内容：

（1）事故发生的时间、地点、单位概况以及特种设备种类；

（2）事故发生初步情况，包括事故简要经过、现场破坏情况、已经造成或者可能造成的伤亡和涉险人数、初步估计的直接经济损失、初步确定的事故等级、初步判断的事故原因；

（3）已经采取的措施；

（4）报告人姓名、联系电话；

（5）其他有必要报告的情况。

事故发生单位的负责人接到事故报告后，应当立即启动事故应急预案，采取有效措施，组织抢救，防止事故扩大，减少人员伤亡和财产损失。

质量技术监督部门接到事故报告后，应当按照特种设备事故应急预案的分工，在当地人民政府的领导下积极组织开展事故应急救援工作。

3. 事故的调查与处理的有关规定

发生特种设备事故后，事故发生单位及其人员应当妥善保护事故现场以及相关证据，及时收集、整理有关资料，为事故调查做好准备；必要时，应当对设备、场地、资料进行封存，由专人看管。

因抢救人员、防止事故扩大以及疏通交通等原因，需要移动事故现场物件的，负责移动的单位或者相关人员应当做出标志，绘制现场简图并做出书面记录，妥善保存现场重要痕迹、物证。有条件的，应当现场制作视听资料。

事故调查期间，任何单位和个人不得擅自移动事故相关设备，不得毁灭相关资料、伪造或者故意破坏事故现场。

事故调查组成员应当具有特种设备事故调查所需要的知识和专长，与事故发生单位及相关人员不存在任何利害关系。事故调查组组长由负责事故调查的质量技术监督部门负责人担任。

事故调查组应当履行下列职责：

（1）查清事故发生前的特种设备状况；

（2）查明事故经过、人员伤亡、特种设备损坏、经济损失情况以及其他后果；

（3）分析事故原因；

（4）认定事故性质和事故责任；

（5）提出对事故责任者的处理建议；

（6）提出防范事故发生和整改措施的建议；

（7）提交事故调查报告。

发生特种设备特别重大事故，依照《生产安全事故报告和调查处理条例》的有关规定实施行政处罚和处分；构成犯罪的，依法追究刑事责任。

发生特种设备重大事故及其以下等级事故的，依照《特种设备安全监察条例》的有关规定实施行政处罚和处分；构成犯罪的，依法追究刑事责任。

发生特种设备事故，有下列行为之一，构成犯罪的，依法追究刑事责任；构成有关法律法规规定的违法行为的，依法予以行政处罚；未构成有关法律法规规定的违法行为的，由质量技术监督部门等处以 4 千元以上 2 万元以下的罚款：

（1）伪造或者故意破坏事故现场的；

（2）拒绝接受调查或者拒绝提供有关情况或者资料的；

（3）阻挠、干涉特种设备事故报告和调查处理工作的。

三、《起重机械安全监察规定》相关要点

1. 制定《起重机械安全监察规定》的目的

《起重机械安全监察规定》（国家质量监督检验检疫总局令第 92 号）已经 2006 年 11 月 27 日国家质量监督检验检疫总局局务会议审议通过，自 2007 年 6 月 1 日起施行。

《起重机械安全监察规定》分为七章四十六条，各章内容为：第一章“总则”，第二章“起重机械制造”，第三章“起重机械安装改造维修”，第四章“起重机械使用”，第五章

“监督检查”，第六章“法律责任”，第七章“附则”。

制定《起重机械安全监察规定》的目的，是根据《特种设备安全监察条例》，为了加强起重机械安全监察工作，防止和减少起重机械事故，保障人身和财产安全。

起重机械的制造、安装、改造、维修、使用、检验检测及其监督检查，应当遵守本规定。

房屋建筑工地和市政工程工地用起重机械的安装、使用的监督管理按照有关法律、法规的规定执行。

2.《起重机械安全监察规定》的有关内容

◆国家质量监督检验检疫总局（以下简称国家质检总局）负责全国起重机械安全监察工作，县以上地方质量技术监督部门负责本行政区域内起重机械的安全监察工作。

◆制造单位应当依法取得起重机械制造许可，方可从事相应的制造活动。

起重机械制造许可实施分级管理，制造单位取得制造许可应当具备相应条件，具体要求按照有关安全技术规范等规定执行。

◆起重机械安装、改造、维修单位应当依法取得安装、改造、维修许可，方可从事相应的活动。

起重机械安装、改造、维修许可实施分级管理，安装、改造、维修单位取得安装、改造、维修许可应当具备相应条件，具体要求按照有关安全技术规范等规定执行。

从事起重机械改造活动，应当具有相应类型和级别的起重机械制造能力。

◆从事安装、改造、维修的单位应当按照规定向质量技术监督部门告知，告知后方可施工。

对流动作业并需要重新安装的起重机械，异地安装时，应当按照规定向施工所在地的质量技术监督部门办理安装告知后方可施工。

施工前告知应当采用书面形式，告知内容包括：单位名称、许可证书号及联系方式，使用单位名称及联系方式，施工项目、拟施工的起重机械、监督检验证书号、型式试验证书号、施工地点、施工方案、施工日期，持证作业人员名单等。

◆起重机械在投入使用前或者投入使用后30日内，使用单位应当按照规定到登记部门办理使用登记。

流动作业的起重机械，使用单位应当到产权单位所在地的登记部门办理使用登记。

◆起重机械报废的，使用单位应当到登记部门办理使用登记注销。

◆起重机械使用单位应当履行下列义务：

（1）使用具有相应许可资质的单位制造并经监督检验合格的起重机械；

（2）建立健全相应的起重机械使用安全管理制度；

（3）设置起重机械安全管理机构或者配备专（兼）职安全管理人员从事起重机械安全管理工作；

（4）对起重机械作业人员进行安全技术培训，保证其掌握操作技能和预防事故的知识，增强安全意识；

（5）对起重机械的主要受力结构件、安全附件、安全保护装置、运行机构、控制系统等进行日常维护保养，并做出记录；

（6）配备符合安全要求的索具、吊具，加强日常安全检查和维护保养，保证索具、吊具安全使用；

（7）制定起重机械事故应急救援预案，根据需要建立应急救援队伍，并且定期演练。

◆使用单位应当建立起重机械安全技术档案。起重机械安全技术档案应当包括以下内容：

（1）设计文件、产品质量合格证明、监督检验证明、安装技术文件和资料、使用和维护说明；

（2）安全保护装置的型式试验合格证明；

（3）定期检验报告和定期自行检查的记录；

（4）日常使用状况记录；

（5）日常维护保养记录；

（6）运行故障和事故记录；

（7）使用登记证明。

◆起重机械定期检验周期最长不超过 2 年，不同类别的起重机械检验周期按照相应安全技术规范执行。使用单位应当在定期检验有效期届满 1 个月前，向检验检测机构提出定期检验申请。

流动作业的起重机械异地使用的，使用单位应当按照检验周期等要求向使用所在地检验检测机构申请定期检验，使用单位应当将检验结果报登记部门。

◆起重机械的拆卸应当由具有相应安装许可资质的单位实施。

起重机械拆卸施工前，应当制定周密的拆卸作业指导书，按照拆卸作业指导书的要求进行施工，保证起重机械拆卸过程的安全。

◆起重机械具有下列情形之一的，使用单位应当及时予以报废并采取解体等销毁措施：

（1）存在严重事故隐患，无改造、维修价值的；

（2）达到安全技术规范等规定的设计使用年限或者报废条件的。

◆起重机械出现故障或者发生异常情况，使用单位应当停止使用，对其全面检查，消除故障和事故隐患后，方可重新投入使用。

◆发生起重机械事故，使用单位必须按照有关规定要求，及时向所在地的质量技术监督部门和相关部门报告。

四、《特种设备作业人员监督管理办法》相关要点

2010年11月23日，国家质量监督检验检疫总局局务会议审议通过《国家质量监督检验检疫总局关于修改〈特种设备作业人员监督管理办法〉的决定》（国家质检总局2011年第140号总局令），自2011年7月1日起施行。原有规定与本办法要求不一致的，以本办法为准。

制定《特种设备作业人员监督管理办法》的目的，是根据《中华人民共和国行政许可法》《特种设备安全监察条例》和《国务院对确需保留的行政审批项目设定行政许可的决定》，为了加强特种设备作业人员监督管理工作，规范作业人员考核发证程序，保障特种设备安全运行。

《特种设备作业人员监督管理办法》分为五章四十一条，各章内容为：第一章“总则”，第二章“考试和审核发证程序”，第三章“证书使用及监督管理”，第四章“罚则”，第五章“附则”。

1.《特种设备作业人员监督管理办法》总则中有关规定

在《特种设备作业人员监督管理办法》第一章“总则”中，对相关事项作了规定。

◆锅炉、压力容器（含气瓶）、压力管道、电梯、起重机械、客运索道、大型游乐设施、场（厂）内专用机动车辆等特种设备的作业人员及其相关管理人员统称特种设备作业人员。

从事特种设备作业的人员应当按照本办法的规定，经考核合格取得《特种设备作业人员证》，方可从事相应的作业或者管理工作。

◆国家质量监督检验检疫总局（以下简称国家质检总局）负责全国特种设备作业人员的监督管理，县以上质量技术监督部门负责本辖区内的特种设备作业人员的监督管理。

◆申请《特种设备作业人员证》的人员，应当首先向省级质量技术监督部门指定的特种设备作业人员考试机构（以下简称考试机构）报名参加考试。

◆特种设备生产、使用单位（以下统称用人单位）应当聘（雇）用取得《特种设备作业人员证》的人员从事相关管理和作业工作，并对作业人员进行严格管理。

特种设备作业人员应当持证上岗，按章操作，发现隐患及时处置或者报告。

2. 考试和审核发证程序的有关规定

在《特种设备作业人员监督管理办法》第二章“考试和审核发证程序”中，对相关事

项作了规定。

◆特种设备作业人员考核发证工作由县以上质量技术监督部门分级负责。省级质量技术监督部门决定具体的发证分级范围，负责对考核发证工作的日常监督管理。

申请人经指定的考试机构考试合格的，持考试合格凭证向考试场所所在地的发证部门申请办理《特种设备作业人员证》。

◆特种设备作业人员考试机构应当具备相应的场所、设备、师资、监考人员以及健全的考试管理制度等必备条件和能力，经发证部门批准，方可承担考试工作。

发证部门应当对考试机构进行监督，发现问题及时处理。

◆特种设备作业人员考试和审核发证程序包括：考试报名、考试、领证申请、受理、审核、发证。

◆发证部门和考试机构应当在办公处所公布本办法、考试和审核发证程序、考试作业人员种类、报考具体条件、收费依据和标准、考试机构名称及地点、考试计划等事项。其中，考试报名时间、考试科目、考试地点、考试时间等具体考试计划事项，应当在举行考试之日两个月前公布。

◆申请《特种设备作业人员证》的人员应当符合下列条件：

（1）年龄在18周岁以上；

（2）身体健康并满足申请从事的作业种类对身体的特殊要求；

（3）有与申请作业种类相适应的文化程度；

（4）具有相应的安全技术知识与技能；

（5）符合安全技术规范规定的其他要求。

作业人员的具体条件应当按照相关安全技术规范的规定执行。

◆用人单位应当对作业人员进行安全教育和培训，保证特种设备作业人员具备必要的特种设备安全作业知识、作业技能和及时进行知识更新。作业人员未能参加用人单位培训的，可以选择专业培训机构进行培训。

作业人员培训的内容按照国家质检总局制定的相关作业人员培训考核大纲等安全技术规范执行。

◆符合条件的申请人员应当向考试机构提交有关证明材料，报名参加考试。

◆考试机构应当制订和认真落实特种设备作业人员的考试组织工作的各项规章制度，严格按照公开、公正、公平的原则，组织实施特种设备作业人员的考试，确保考试工作质量。

◆考试结束后，考试机构应当在20个工作日内将考试结果告知申请人，并公布考试成绩。

◆考试合格的人员，凭考试结果通知单和其他相关证明材料，向发证部门申请办理

《特种设备作业人员证》。

◆发证部门应当在5个工作日内对报送材料进行审查，或者告知申请人补正申请材料，并作出是否受理的决定。能够当场审查的，应当当场办理。

◆对同意受理的申请，发证部门应当在20个工作日内完成审核批准手续。准予发证的，在10个工作日内向申请人颁发《特种设备作业人员证》；不予发证的，应当书面说明理由。

◆特种设备作业人员考核发证工作遵循便民、公开、高效的原则。为方便申请人办理考核发证事项，发证部门可以将受理和发放证书的地点设在考试报名地点，并在报名考试时委托考试机构对申请人是否符合报考条件进行审查，考试合格后发证部门可以直接办理受理手续和审核、发证事项。

3. 证书使用及监督管理的有关规定

在《特种设备作业人员监督管理办法》第三章“证书使用及监督管理”中，对相关事项作了规定。

◆持有《特种设备作业人员证》的人员，必须经用人单位的法定代表人（负责人）或者其授权人雇（聘）用后，方可在许可的项目范围内作业。

◆用人单位应当加强对特种设备作业现场和作业人员的管理，履行下列义务：

（1）制定特种设备操作规程和有关安全管理制度；

（2）聘用持证作业人员，并建立特种设备作业人员管理档案；

（3）对作业人员进行安全教育和培训；

（4）确保持证上岗和按章操作；

（5）提供必要的安全作业条件；

（6）其他规定的义务。

用人单位可以指定一名本单位管理人员作为特种设备安全管理负责人，具体负责前款规定的相关工作。

◆特种设备作业人员应当遵守以下规定：

（1）作业时随身携带证件，并自觉接受用人单位的安全管理和质量技术监督部门的监督检查；

（2）积极参加特种设备安全教育和安全技术培训；

（3）严格执行特种设备操作规程和有关安全规章制度；

（4）拒绝违章指挥；

（5）发现事故隐患或者不安全因素应当立即向现场管理人员和单位有关负责人报告；

（6）其他有关规定。

◆《特种设备作业人员证》每4年复审一次。持证人员应当在复审期届满3个月前，向发证部门提出复审申请。对持证人员在4年内符合有关安全技术规范规定的不间断作业要求和安全、节能教育培训要求，且无违章操作或者管理等不良记录、未造成事故的，发证部门应当按照有关安全技术规范的规定准予复审合格，并在证书正本上加盖发证部门复审合格章。

复审不合格、逾期未复审的，其《特种设备作业人员证》予以注销。

◆有下列情形之一的，应当撤销《特种设备作业人员证》：

(1) 持证作业人员以考试作弊或者以其他欺骗方式取得《特种设备作业人员证》的；

(2) 持证作业人员违反特种设备的操作规程和有关的安全规章制度操作，情节严重的；

(3) 持证作业人员在作业过程中发现事故隐患或者其他不安全因素未立即报告，情节严重的；

(4) 考试机构或者发证部门工作人员滥用职权、玩忽职守、违反法定程序或者超越发证范围考核发证的；

(5) 依法可以撤销的其他情形。

◆《特种设备作业人员证》遗失或者损毁的，持证人应当及时报告发证部门，并在当地媒体予以公告。查证属实的，由发证部门补办证书。

◆任何单位和个人不得非法印制、伪造、涂改、倒卖、出租或者出借《特种设备作业人员证》。

◆各级质量技术监督部门应当对特种设备作业活动进行监督检查，查处违法作业行为。

◆发证部门应当加强对考试机构的监督管理，及时纠正违规行为，必要时应当派人现场监督考试的有关活动。

◆发证部门要建立特种设备作业人员监督管理档案，记录考核发证、复审和监督检查的情况。发证、复审及监督检查情况要定期向社会公布。

◆特种设备作业人员考试报名、考试、领证申请、受理、审核、发证等环节的具体规定，以及考试机构的设立、《特种设备作业人员证》的注销和复审等事项，按照国家质检总局制定的特种设备作业人员考核规则等安全技术规范执行。

4. 罚则的有关规定

在《特种设备作业人员监督管理办法》第四章“罚则”中，对相关事项作了规定。

◆申请人隐瞒有关情况或者提供虚假材料申请《特种设备作业人员证》的，不予受理或者不予批准发证，并在1年内不得再次申请《特种设备作业人员证》。

◆有下列情形之一的，责令用人单位改正，并处1千元以上3万元以下罚款：

(1) 违章指挥特种设备作业的；

(2) 作业人员违反特种设备的操作规程和有关的安全规章制度操作，或者在作业过程中发现事故隐患或者其他不安全因素未立即向现场管理人员和单位有关负责人报告，用人单位未给予批评教育或者处分的。

◆非法印制、伪造、涂改、倒卖、出租、出借《特种设备作业人员证》，或者使用非法印制、伪造、涂改、倒卖、出租、出借《特种设备作业人员证》的，处1 000元以下罚款；构成犯罪的，依法追究刑事责任。

◆发证部门或者考试机构工作人员滥用职权、玩忽职守、以权谋私的，应当依法给予行政处分；构成犯罪的，依法追究刑事责任。

◆特种设备作业人员未取得《特种设备作业人员证》上岗作业，或者用人单位未对特种设备作业人员进行安全教育和培训的，按照《特种设备安全监察条例》第八十六条的规定对用人单位予以处罚。

◆本办法不适用于从事房屋建筑工地和市政工程工地起重机械、场（厂）内专用机动车辆作业及其相关管理的人员。

第六章 《道路交通安全法》有关知识

道路交通运输业是面向社会的服务性行业，其安全运行状况如何，直接涉及千家万户，关系到人们生命和财产安危，影响行业形象，因此，排查治理事故，保障安全，是交通行业管理的永恒主题。在道路旅客运输和道路货物运输中，安全是运输企业、驾驶人员以及行业管理部门永恒的主题。要做到安全运输，必须牢固树立"安全第一、预防为主"的观念，采取积极有效的措施，加强对道路运输企业和驾驶人员的安全管理，降低事故发生率，保障人民生命和财产的安全。

第一节 道路交通运输特点与安全要求

道路交通运输是覆盖领域最广、线路最多、与人民群众生产生活联系最为密切的交通运输方式。尤其是随着我国经济的高速增长和道路建设的迅速发展，道路交通运输的作用和地位已越来越重要，完成的客运量、旅客周转量、货运量连续多年呈现出快速增长态势，为经济的发展起到了推动作用。道路交通运输属于服务性行业，也属于高风险的行业，据有关资料统计，道路交通运输是死伤人数最多的行业，安全问题日益突出。因此，必须加强道路交通运输安全管理工作，采取齐抓共管、综合治理的方式，提高安全可靠性，降低事故发生率，保障人民生命和财产的安全。

一、道路交通运输特点与优势

近几年，我国的道路交通运输事业有了很大发展，在道路交通运输快速发展的同时，一些影响交通运输安全的问题也凸显出来，如疲劳驾驶、违章操作、超载运输、车辆失保失修、安全管理失控等，从而造成大量的安全隐患以及直接引发重大人员伤亡事故的发生。

1. 道路交通运输的特点

道路交通运输方式与铁路、水路、航空交通运输方式相比，具有十分明显突出的特点，其主要特点体现在以下几个方面：

（1）机动灵活、运输方便。道路交通运输在运送时间上，可以随时调度，具有较大机动性；在运送空间上，既可以长途运输，也可以短途运输，可以深入到广大的城镇和农村、工厂、车站、码头等地；在批量上，既能满足大宗货物的运输，又能满足零散、小批量的运输；在班次安排上，班次多、密度大，既可满足旅客随到随走，又能根据客流变化随时增开加班车和包车。

（2）点多面广、流动分散。与航空运输的点与点之间或铁路运输以线为主的运输形式不同，道路运输是一种地区性的“面”上运输。由于目前公路网密布全国城乡，覆盖区域大，全国所有的县城、98%以上的乡镇和91%以上的行政村通公路，因此道路运输能满足各种需要。

（3）送达迅捷，可实现“门到门”的直达运输。道路运输可以做到取货（接客）上门，送货（送客）到家，是综合运输体系中唯一可以实现“门到门”直达运输的方式，可减少中转环节和装卸次数，送达速度快。

（4）可达性与可靠性高，服务能力强。道路运输既可为其他运输方式提供集疏运服务，也可以自成体系，独立地完成运输任务。

（5）原始投资少，资金周转快，回收期短。道路运输准入成本较低，原始投资回收期短，运输资本周转快。

（6）运量小，单位运输成本相对较高。这是道路运输的不足之处，尤其与铁路运输相比，在运量和单位运输成本上都不如铁路运输。

2. 道路交通运输的优势

道路交通运输随着城乡经济的发展和人民生活水平的提高，作用越来越明显，从宏观经济角度讲，其作用主要体现在以下几个方面：

（1）促进农业的发展。道路交通运输是我国广大农村地区最基本的运输方式。道路交通运输的发展为农村地区农副产品的流通、城乡物资交流、商品经济的发展、人员的流动和社会的文明进步创造了物质条件。道路交通运输是我国广大农村地区社会经济发展最重要的基础条件之一。

（2）促进工业的发展。道路运输是工业企业能源、原材料得以及时输入，销售产品能够及时输出的必要条件。便利的交通为现代企业降低了流通成本，通畅的运输加速了资金周转，为企业创造了利润，高效的物流服务提高了企业的市场竞争能力。我国的乡镇企业已在我国现代化建设中具有重要的地位，其发展更是离不开道路运输。在我国乡镇企业发达的长江三角洲、珠江三角洲地区，各种经济成分的企业竞相沿公路向纵深发展，公路成为企业发展的载体，公路的走向成为企业群体布局的方向，而道路运输则成为确保这些企业生产所需的原材料输入以及产成品输出的首选运输方式。

（3）促进第三产业的发展。道路交通运输特别是以高速公路为代表的快速客货运输，相对缩短了人员交往和商品流通的时空距离，为人与物的流动创造了有利条件，因而促进了商业、旅游业等第三产业的发展。道路运输使商品流通在更大的空间进行得以实现，扩大了市场的范围；同时公路会带来沿线地区商业的繁荣，促进各类大小集贸中心的形成。道路交通运输也为沿线旅游业提供了便利的条件，促使旅游景点向纵深拓展并提高旅游业的综合服务水平。

二、道路交通事故的危害与特点

道路交通事故是指人、车在道路上通行时，由于违反交通规则或其他原因发生人员、牲畜伤亡或车、物损失的事件。《道路交通事故处理办法》中对道路交通事故定义为：车辆驾驶人员、行人、乘车人以及其他在道路上进行与交通有关活动的人员，因有违反《道路交通管理条例》和其他道路交通管理法规、规章的行为，过失造成人身体或财产损失的事故。

1. 道路交通事故的危害

道路交通在促进经济迅速发展，给人们带来极大的便利的同时，也造成交通事故的大量增加。而且由于我国道路增长和交通设施建设滞后，混合交通在相当长的时期内仍然存在，一些城市交通拥挤和堵塞现象严重等问题将会越来越突出，交通事故多发，人员伤亡、财产损失巨大，已成为影响经济发展和公共安全的一个不可忽视的难题。据有关资料统计，2004 年，全国发生道路交通事故近百万起，死亡 10.6 万人，死亡人数居世界第一，平均每天死亡 300 余人。在过去的 10 余年，我国的道路交通事故频率总量是上升的，例如在 1990 年我国当年的交通事故死亡人数是近 5 万人，到 2001 年突破 10 万人，2004 年高达 10.6 万人。但是万车死亡率是下降的，我国 1990 年的万车死亡率是 34 人（国际上对我国的统计是 50 人），到 2004 年下降到 9 人。这表明了我国交通安全的进步和改善，但是与发达国家相比，还具有明显的差距。

2. 道路交通事故的特点

据有关专家分析，道路交通事故主要有这样一些特点：

（1）交通事故中 80%以上都是人为因素造成的。例如，驾驶员道路行车经验或缺乏高速公路行车经验，在高速公路或夜间行车时，驾驶员容易产生麻痹思想，反应迟钝，对于突发的险情判断失误，加之车速很快，不知所措，酿成事故。

（2）交通安全法规意识淡薄，违章驾车。例如超速、违章超车、超载、逆行、随意停车、不按规定车道行驶，车距过小，驾驶员疲劳开车，酒后驾车等。部分驾驶人员不熟悉或不注意安全行车规则、安全交通标志。

(3) 恶劣气候对行车环境的影响。秋冬季节，时常出现雨、雪、雾天气，特别是大雾、大雪天气，道路能见度低，路面摩擦系数、制动距离、抗侧滑力、方向盘控制力较差。因此，每年因恶劣天气发生的交通事故在交通事故中占较大的比例。

(4) 车辆技术状况差，检修不及时。交通安全防范除人的意识、管理制度、道路养护、自然条件外，车辆的技术状况是较为重要的方面。有些单位对应该报废的车辆不报废，该送修的不送修，有些驾驶人员出车前，不对车辆进行必要的安全技术状况检查，特别是制动、转向信号灯、轮胎，车辆带病出车后，使事故几率增加，从而导致事故的发生。

(5) 使用劣质车胎和配件引发的交通事故。由于部分驾驶人员在车辆维修中贪图便宜，或者车辆修理单位追求经济效益，大量使用假冒伪劣产品，这些假冒伪劣产品在车辆行驶中形成事故隐患，遇到适当条件就会爆发出来，导致事故的发生。例如，有的车辆使用劣质轮胎，在高速行驶时，由于轮胎散热不及时，温度达到100度就可能出现爆胎，发生事故。

(6) 路面损坏维修及障碍物清理不及时。随着使用时间的增加，有的国道、省道以及县级公路，因缺乏维修保养，导致路面老化，坑凹不平，造成车辆行驶困难，容易造成事故。

(7) 道路设施被盗、被毁造成事故。由于有的道路路段维护保养不善，常有设施被盗、被毁现象，使得安全系数降低，有些事故就因此而发生。

3. 交通事故发生的原因分析

对于交通事故频繁发生的原因，有不同的总结与归纳，集中起来主要有以下几个方面：

(1) 违章违规开车。有的驾驶员不遵守交通规则，违章驾驶，违规行车、超速超载、人货混装；有的酒后开车，开英雄车，开赌气车。这些违规违章开车者，往往在遇到紧急情况时都束手无措，手忙脚乱，因采取措施不利而导致交通事故发生。

(2) 开车技术生疏。很多年轻驾驶员没有经过正规的驾驶技术培训、考试，而是凭关系“领取”的驾驶证开车。他们既不懂机动车辆的构造原理，又不懂交通法规，更不懂车辆维修保养和故障排除的技术知识。有的错将油门当制动器，遇到紧急情况需要刹车时，一脚踩下去而造成交通事故。此类交通事故，往往损失惨重。

(3) 思想麻痹大意。有些驾驶员缺乏牢固的安全意识，开车时思想不集中，注意力分散，存有侥幸心理。如有的驾驶员边开车边与他人聊天；有的驾驶员开车时东张西望；有的驾驶员在开车时吸烟或吃东西；有的驾驶员甚至用一只手开车，另一只手放在腿上或插在裤袋里；有的驾驶员在冰雪天行车不采取防滑等。一旦遇到紧急情况时，对可能发生的情况就来不及周密思考和分析，对紧急情况的处理不当而造成交通事故。

(4) 无证驾驶车辆。有的驾驶员不守法纪，不讲原则，为了顾及人情面子而将机动车辆交给无驾驶证的亲友、同事、领导等人驾驶。在紧急状态下，因无证开车者的操作失误而造成交通事故。

(5) 疲劳驾驶。有的驾驶员开车跑长途，为了抢时间，争班次、客源、货源而不辞辛劳、不分昼夜地开车；有的驾驶员染上了不良习气，白天辛辛苦苦开车，晚上搓麻将、打牌或看电视、录像至深夜，第二天清早起床开车，驾车时疲倦不堪，昏昏欲睡，肇事成祸还不知原因何在。

(6) 车辆机械故障。有的车辆因出厂时存在质量问题或使用不当而出现故障，有的驾驶员发现故障后懒得及时维修保养，导致车辆曲轴、连杆、半轴损断或方向机、制动器失灵，脱胎、飞车等机件故障发生而造成交通事故。

(7) 擅自改装车辆。擅自改装车辆或购买改装车辆营运，由此而引发的交通事故屡见不鲜。有的为了多装降耗，嫌车辆载重量少或座位太少，便擅自加高车厢，增加座位；有的擅自更换主机，加大马力，提高时速；有的擅自牵引拖挂车；有的汽车改装厂家擅自将报废或即将报废的车辆改装成“新型车”等。这些擅自改装车辆的行为，也是造成交通事故的主要原因。

(8) 车辆乱停乱放。有的车在途中抛锚，驾驶员为了及时维修而就地停车，到了夜晚也不亮灯明示；有的将车停在坡道上或渡口处不拉手刹，不塞三角木；有的车抛锚在转弯处也不做标志明示等。这些违章停靠行为，也是引发交通事故的重要原因。

三、道路交通运输的安全与应急保障建设

2011 年 4 月 13 日，交通运输部正式印发了《交通运输“十二五”发展规划》（交规划发〔2011〕191 号，以下简称《规划》）。《规划》紧扣“科学发展”这一主题，围绕“加快转变发展方式”这条主线，包含了综合运输、公路交通、水路交通、民用航空、邮政服务以及城市客运管理等方面内容，体现了交通运输业发展的时代要求，体现了“适度超前”的交通运输发展战略，是指导“十二五”时期交通运输发展的重要纲领性文件。

在《规划》的第九章安全与应急保障中，明确安全是交通运输发展的永恒主题，是交通运输可持续发展的基本保障。要加强安全生产管理，加强交通安全监管和应急体系建设，更好地保障经济社会持续健康发展和人民群众安全便捷出行。

1. 强化交通运输企业安全管理

完善交通运输安全生产和应急管理的法规、标准和体制、机制建设，加强安全监管和应急管理工作。强化运输企业源头准入管理，建立健全市场退出机制。继续开展车辆超载超限治理工作，进一步健全长效机制，遏制违法超限超载反弹。加快推进交通运输企业安

全管理体系建设，开展企业安全生产评估和绩效考核。

2. 强化交通运输从业人员安全管理

严把交通运输行业从业人员资质准入关，加强安全生产职业资格制度建设。加强交通运输安全生产和应急专兼职队伍建设，重点加大企业安全生产负责人、安全应急专职管理人员的培训教育，重点实施营运车辆驾驶员、运输船舶船员、危险品码头现场作业人员安全教育工程，加大安全生产和应急关键岗位的安全知识和技能培训力度，严格培训与考试。对从业人员定期进行考核评估，并将评估情况作为退出市场和业绩考核的重要依据。加强交通运输建设安全管理人员和安全监理工程师等关键岗位的培训考核。

3. 加强交通运输工具安全管理

交通运输企业要建立车辆、船舶保养维护制度，交通建设施工企业要制定和完善工程施工安全防护规程，交通运输主管部门要进一步完善营运车辆和运输船舶安全技术标准规范。健全营运车辆、运输船舶和城市公交工具维护检查（验）制度，加强维护、检测（验）和等级评定监督。加快制定与完善公路、桥梁、港口、航道、通航枢纽等交通基础设施维护和安全检测的技术规程。严格安全维护检测机构的资格管理，实行许可证制度。

第二节 《道路交通安全法》主要内容

2003 年 10 月 28 日，第十届全国人大常委会第五次会议通过；2007 年 12 月 29 日，第十届全国人大常委会第三十一次会议第一次修正。2011 年 4 月 22 日，第十一届全国人大常委会第二十次会议审议通过《关于修改〈中华人民共和国道路交通安全法〉的决定》，自 2011 年 5 月 1 日起施行。

制定《道路交通安全法》的目的，是为了维护道路交通秩序，预防和减少交通事故，保护人身安全，保护公民、法人和其他组织的财产安全及其他合法权益，提高通行效率。《道路交通安全法》分为八章一百二十四条，各章内容为：第一章“总则”，第二章“车辆和驾驶人”，第三章“道路通行条件”，第四章“道路通行规定”，第五章“交通事故处理”，第六章“执法监督”，第七章“法律责任”，第八章“附则”。

一、《道路交通安全法》总则中有关规定

在《道路交通安全法》第一章“总则”中，对相关事项作了规定。

◆中华人民共和国境内的车辆驾驶人、行人、乘车人以及与道路交通活动有关的单位和个人，都应当遵守本法。

◆道路交通安全工作，应当遵循依法管理、方便群众的原则，保障道路交通有序、安全、畅通。

◆各级人民政府应当保障道路交通安全管理工作与经济建设和社会发展相适应。

县级以上地方各级人民政府应当适应道路交通发展的需要，依据道路交通安全法律、法规和国家有关政策，制定道路交通安全管理规划，并组织实施。

◆国务院公安部门负责全国道路交通安全管理工作。县级以上地方各级人民政府公安机关交通管理部门负责本行政区域内的道路交通安全管理工作。

县级以上各级人民政府交通、建设管理部门依据各自职责，负责有关的道路交通工作。

◆各级人民政府应当经常进行道路交通安全教育，提高公民的道路交通安全意识。

机关、部队、企业事业单位、社会团体以及其他组织，应当对本单位的人员进行道路交通安全教育。

二、车辆和驾驶人的有关规定

在《道路交通安全法》第二章“车辆和驾驶人”中，对相关事项作了规定。

◆国家对机动车实行登记制度。机动车经公安机关交通管理部门登记后，方可上道路行驶。尚未登记的机动车，需要临时上道路行驶的，应当取得临时通行牌证。

◆申请机动车登记，应当提交以下证明、凭证：

（1）机动车所有人的身份证明；

（2）机动车来历证明；

（3）机动车整车出厂合格证明或者进口机动车进口凭证；

（4）车辆购置税的完税证明或者免税凭证；

（5）法律、行政法规规定应当在机动车登记时提交的其他证明、凭证。

◆准予登记的机动车应当符合机动车国家安全技术标准。申请机动车登记时，应当接受对该机动车的安全技术检验。但是，经国家机动车产品主管部门依据机动车国家安全技术标准认定的企业生产的机动车型，该车型的新车在出厂时经检验符合机动车国家安全技术标准，获得检验合格证的，免予安全技术检验。

◆驾驶机动车上道路行驶，应当悬挂机动车号牌，放置检验合格标志、保险标志，并随车携带机动车行驶证。机动车号牌应当按照规定悬挂并保持清晰、完整，不得故意遮挡、污损。任何单位和个人不得收缴、扣留机动车号牌。

◆有下列情形之一的，应当办理相应的登记：

(1) 机动车所有权发生转移的；

(2) 机动车登记内容变更的；

(3) 机动车用作抵押的；

(4) 机动车报废的。

◆对登记后上道路行驶的机动车，应当依照法律、行政法规的规定，根据车辆用途、载客载货数量、使用年限等不同情况，定期进行安全技术检验。对提供机动车行驶证和机动车第三者责任强制保险单的，机动车安全技术检验机构应当予以检验，任何单位不得附加其他条件。对符合机动车国家安全技术标准的，公安机关交通管理部门应当发给检验合格标志。

◆国家实行机动车强制报废制度，根据机动车的安全技术状况和不同用途，规定不同的报废标准。应当报废的机动车必须及时办理注销登记。

达到报废标准的机动车不得上道路行驶。报废的大型客、货车及其他营运车辆应当在公安机关交通管理部门的监督下解体。

◆任何单位或者个人不得有下列行为：

(1) 拼装机动车或者擅自改变机动车已登记的结构、构造或者特征；

(2) 改变机动车型号、发动机号、车架号或者车辆识别代号；

(3) 伪造、变造或者使用伪造、变造的机动车登记证书、号牌、行驶证、检验合格标志、保险标志；

(4) 使用其他机动车的登记证书、号牌、行驶证、检验合格标志、保险标志。

◆国家实行机动车第三者责任强制保险制度，设立道路交通事故社会救助基金。具体办法由国务院规定。

◆依法应当登记的非机动车，经公安机关交通管理部门登记后，方可上道路行驶。

◆驾驶机动车，应当依法取得机动车驾驶证。驾驶人应当按照驾驶证载明的准驾车型驾驶机动车；驾驶机动车时，应当随身携带机动车驾驶证。公安机关交通管理部门以外的任何单位或者个人，不得收缴、扣留机动车驾驶证。

◆驾驶人驾驶机动车上道路行驶前，应当对机动车的安全技术性能进行认真检查；不得驾驶安全设施不全或者机件不符合技术标准等具有安全隐患的机动车。

◆机动车驾驶人应当遵守道路交通安全法律、法规的规定，按照操作规范安全驾驶、文明驾驶。

饮酒、服用国家管制的精神药品或者麻醉药品，或者患有妨碍安全驾驶机动车的疾病，或者过度疲劳影响安全驾驶的，不得驾驶机动车。任何人不得强迫、指使、纵容驾驶人违反道路交通安全法律、法规和机动车安全驾驶要求驾驶机动车。

◆公安机关交通管理部门依照法律、行政法规的规定，定期对机动车驾驶证实施审验。

◆公安机关交通管理部门对机动车驾驶人违反道路交通安全法律、法规的行为，除依法给予行政处罚外，实行累积记分制度。公安机关交通管理部门对累积记分达到规定分值的机动车驾驶人，扣留机动车驾驶证，对其进行道路交通安全法律、法规教育，重新考试；考试合格的，发还其机动车驾驶证。

三、道路通行条件的有关规定

在《道路交通安全法》第三章“道路通行条件”中，对相关事项作了规定。

◆全国实行统一的道路交通信号。交通信号包括交通信号灯、交通标志、交通标线和交通警察的指挥。交通信号灯、交通标志、交通标线的设置应当符合道路交通安全、畅通的要求和国家标准，并保持清晰、醒目、准确、完好。

◆交通信号灯由红灯、绿灯、黄灯组成。红灯表示禁止通行，绿灯表示准许通行，黄灯表示警示。

◆铁路与道路平面交叉的道口，应当设置警示灯、警示标识或者安全防护设施。无人看守的铁路道口，应当在距道口一定距离处设置警示标志。

◆任何单位和个人不得擅自设置、移动、占用、损毁交通信号灯、交通标志、交通标线。

◆道路、停车场和道路配套设施的规划、设计、建设，应当符合道路交通安全、畅通的要求，并根据交通需求及时调整。

◆未经许可，任何单位和个人不得占用道路从事非交通活动。

◆因工程建设需要占用、挖掘道路，或者跨越、穿越道路架设、增设管线设施，应当事先征得道路主管部门的同意；影响交通安全的，还应当征得公安机关交通管理部门的同意。

◆新建、改建、扩建的公共建筑、商业街区、居住区、大（中）型建筑等，应当配建、增建停车场；停车泊位不足的，应当及时改建或者扩建；投入使用的停车场不得擅自停止使用或者改作他用。

◆学校、幼儿园、医院、养老院门前的道路没有行人过街设施的，应当施划人行横道线，设置提示标志。

四、道路通行的有关规定

在《道路交通安全法》第四章“道路通行规定”中，对相关事项作了规定。

◆机动车、非机动车实行右侧通行。

◆根据道路条件和通行需要，道路划分为机动车道、非机动车道和人行道的，机动车、非机动车、行人实行分道通行。没有划分机动车道、非机动车道和人行道的，机动车在道路中间通行，非机动车和行人在道路两侧通行。

◆道路划设专用车道的，在专用车道内，只准许规定的车辆通行，其他车辆不得进入专用车道内行驶。

◆车辆、行人应当按照交通信号通行；遇有交通警察现场指挥时，应当按照交通警察的指挥通行；在没有交通信号的道路上，应当在确保安全、畅通的原则下通行。

◆公安机关交通管理部门根据道路和交通流量的具体情况，可以对机动车、非机动车、行人采取疏导、限制通行、禁止通行等措施。遇有大型群众性活动、大范围施工等情况，需要采取限制交通的措施，或者作出与公众的道路交通活动直接有关的决定，应当提前向社会公告。

◆遇有自然灾害、恶劣气象条件或者重大交通事故等严重影响交通安全的情形，采取其他措施难以保证交通安全时，公安机关交通管理部门可以实行交通管制。

◆有关道路通行的其他具体规定，由国务院规定。

◆机动车上道路行驶，不得超过限速标志标明的最高时速。在没有限速标志的路段，应当保持安全车速。夜间行驶或者在容易发生危险的路段行驶，以及遇有沙尘、冰雹、雨、雪、雾、结冰等气象条件时，应当降低行驶速度。

◆同车道行驶的机动车，后车应当与前车保持足以采取紧急制动措施的安全距离。有下列情形之一的，不得超车：

(1) 前车正在左转弯、掉头、超车的；

(2) 与对面来车有会车可能的；

(3) 前车为执行紧急任务的警车、消防车、救护车、工程救险车的；

(4) 行经铁路道口、交叉路口、窄桥、弯道、陡坡、隧道、人行横道、市区交通流量大的路段等没有超车条件的。

◆机动车通过交叉路口，应当按照交通信号灯、交通标志、交通标线或者交通警察的指挥通过；通过没有交通信号灯、交通标志、交通标线或者交通警察指挥的交叉路口时，应当减速慢行，并让行人和优先通行的车辆先行。

◆机动车遇有前方车辆停车排队等候或者缓慢行驶时，不得借道超车或者占用对面车道，不得穿插等候的车辆。

在车道减少的路段、路口，或者在没有交通信号灯、交通标志、交通标线或者交通警察指挥的交叉路口遇到停车排队等候或者缓慢行驶时，机动车应当依次交替通行。

◆机动车通过铁路道口时，应当按照交通信号或者管理人员的指挥通行；没有交通信号或者管理人员的，应当减速或者停车，在确认安全后通过。

◆机动车行经人行横道时，应当减速行驶；遇行人正在通过人行横道，应当停车让行。机动车行经没有交通信号的道路时，遇行人横过道路，应当避让。

◆机动车载物应当符合核定的载质量，严禁超载；载物的长、宽、高不得违反装载要求，不得遗洒、飘散载运物。

机动车运载超限的不可解体的物品，影响交通安全的，应当按照公安机关交通管理部门指定的时间、路线、速度行驶，悬挂明显标志。在公路上运载超限的不可解体的物品，并应当依照公路法的规定执行。

机动车载运爆炸物品、易燃易爆化学物品以及剧毒、放射性等危险物品，应当经公安机关批准后，按指定的时间、路线、速度行驶，悬挂警示标识并采取必要的安全措施。

◆机动车载人不得超过核定的人数，客运机动车不得违反规定载货。

◆禁止货运机动车载客。货运机动车需要附载作业人员的，应当设置保护作业人员的安全措施。

◆机动车行驶时，驾驶人、乘坐人员应当按规定使用安全带，摩托车驾驶人及乘坐人员应当按规定戴安全头盔。

◆机动车在道路上发生故障，需要停车排除故障时，驾驶人应当立即开启危险报警闪光灯，将机动车移至不妨碍交通的地方停放；难以移动的，应当持续开启危险报警闪光灯，并在来车方向设置警告标识等措施扩大示警距离，必要时迅速报警。

◆高速公路、大中城市中心城区内的道路，禁止拖拉机通行。其他禁止拖拉机通行的道路，由省、自治区、直辖市人民政府根据当地实际情况规定。

在允许拖拉机通行的道路上，拖拉机可以从事货运，但是不得用于载人。

◆机动车应当在规定地点停放。禁止在人行道上停放机动车；但是，依照本法第三十三条规定施划的停车泊位除外。在道路上临时停车的，不得妨碍其他车辆和行人通行。

◆驾驶非机动车在道路上行驶应当遵守有关交通安全的规定。非机动车应当在非机动车道内行驶；在没有非机动车道的道路上，应当靠车行道的右侧行驶。

◆残疾人机动轮椅车、电动自行车在非机动车道内行驶时，最高时速不得超过十五公里。

◆非机动车应当在规定地点停放。未设停放地点的，非机动车停放不得妨碍其他车辆和行人通行。

◆驾驭畜力车，应当使用驯服的牲畜；驾驭畜力车横过道路时，驾驭人应当下车牵引牲畜；驾驭人离开车辆时，应当拴系牲畜。

◆行人应当在人行道内行走，没有人行道的靠路边行走。

◆行人通过路口或者横过道路，应当走人行横道或者过街设施；通过有交通信号灯的人行横道，应当按照交通信号灯指示通行；通过没有交通信号灯、人行横道的路口，或者在没有过街设施的路段横过道路，应当在确认安全后通过。

◆行人不得跨越、倚坐道路隔离设施，不得扒车、强行拦车或者实施妨碍道路交通安全的其他行为。

◆学龄前儿童以及不能辨认或者不能控制自己行为的精神疾病患者、智力障碍者在道路上通行，应当由其监护人、监护人委托的人或者对其负有管理、保护职责的人带领。盲人在道路上通行，应当使用盲杖或者采取其他导盲手段，车辆应当避让盲人。

◆行人通过铁路道口时，应当按照交通信号或者管理人员的指挥通行；没有交通信号和管理人员的，应当在确认无火车驶近后，迅速通过。

◆乘车人不得携带易燃易爆等危险物品，不得向车外抛洒物品，不得有影响驾驶人安全驾驶的行为。

◆行人、非机动车、拖拉机、轮式专用机械车、铰接式客车、全挂拖斗车以及其他设计最高时速低于70公里的机动车，不得进入高速公路。高速公路限速标志标明的最高时速不得超过120公里。

◆机动车在高速公路上发生故障时，应当依照本法第五十二条的有关规定办理；但是，警告标志应当设置在故障车来车方向150米以外，车上人员应当迅速转移到右侧路肩上或者应急车道内，并且迅速报警。

◆任何单位、个人不得在高速公路上拦截检查行驶的车辆，公安机关的人民警察依法执行紧急公务除外。

五、交通事故处理的有关规定

在《道路交通安全法》第五章“交通事故处理”中，对相关事项作了规定。

◆在道路上发生交通事故，车辆驾驶人应当立即停车，保护现场；造成人身伤亡的，车辆驾驶人应当立即抢救受伤人员，并迅速报告执勤的交通警察或者公安机关交通管理部门。因抢救受伤人员变动现场的，应当标明位置。乘车人、过往车辆驾驶人、过往行人应当予以协助。

在道路上发生交通事故，未造成人身伤亡，当事人对事实及成因无争议的，可以即行撤离现场，恢复交通，自行协商处理损害赔偿事宜；不即行撤离现场的，应当迅速报告执勤的交通警察或者公安机关交通管理部门。

在道路上发生交通事故，仅造成轻微财产损失，并且基本事实清楚的，当事人应当先撤离现场再进行协商处理。

◆车辆发生交通事故后逃逸的，事故现场目击人员和其他知情人员应当向公安机关交通管理部门或者交通警察举报。举报属实的，公安机关交通管理部门应当给予奖励。

◆公安机关交通管理部门接到交通事故报警后，应当立即派交通警察赶赴现场，先组织抢救受伤人员，并采取措施，尽快恢复交通。

◆公安机关交通管理部门应当根据交通事故现场勘验、检查、调查情况和有关的检验、鉴定结论，及时制作交通事故认定书，作为处理交通事故的证据。交通事故认定书应当载明交通事故的基本事实、成因和当事人的责任，并送达当事人。

◆对交通事故损害赔偿的争议，当事人可以请求公安机关交通管理部门调解，也可以直接向人民法院提起民事诉讼。

经公安机关交通管理部门调解，当事人未达成协议或者调解书生效后不履行的，当事人可以向人民法院提起民事诉讼。

◆机动车发生交通事故造成人身伤亡、财产损失的，由保险公司在机动车第三者责任强制保险责任限额范围内予以赔偿；不足的部分，按照下列规定承担赔偿责任：

（1）机动车之间发生交通事故的，由有过错的一方承担赔偿责任；双方都有过错的，按照各自过错的比例分担责任。

（2）机动车与非机动车驾驶人、行人之间发生交通事故，非机动车驾驶人、行人没有过错的，由机动车一方承担赔偿责任；有证据证明非机动车驾驶人、行人有过错的，根据过错程度适当减轻机动车一方的赔偿责任；机动车一方没有过错的，承担不超过10%的赔偿责任。

交通事故的损失是由非机动车驾驶人、行人故意碰撞机动车造成的，机动车一方不承担赔偿责任。

六、执法监督的有关规定

在《道路交通安全法》第六章“执法监督”中，对相关事项作了规定。

◆公安机关交通管理部门应当加强对交通警察的管理，提高交通警察的素质和管理道路交通的水平。公安机关交通管理部门应当对交通警察进行法制和交通安全管理业务培训、考核。交通警察经考核不合格的，不得上岗执行职务。

◆公安机关交通管理部门及其交通警察实施道路交通安全管理，应当依据法定的职权和程序，简化办事手续，做到公正、严格、文明、高效。

◆交通警察执行职务时，应当按照规定着装，佩戴人民警察标志，持有人民警察证件，保持警容严整，举止端庄，指挥规范。

◆公安机关交通管理部门及其交通警察的行政执法活动，应当接受行政监察机关依法实施的监督。

公安机关督察部门应当对公安机关交通管理部门及其交通警察执行法律、法规和遵守纪律的情况依法进行监督。

上级公安机关交通管理部门应当对下级公安机关交通管理部门的执法活动进行监督。

◆公安机关交通管理部门及其交通警察执行职务，应当自觉接受社会和公民的监督。

任何单位和个人都有权对公安机关交通管理部门及其交通警察不严格执法以及违法违纪行为进行检举、控告。收到检举、控告的机关，应当依据职责及时查处。

◆任何单位不得给公安机关交通管理部门下达或者变相下达罚款指标；公安机关交通管理部门不得以罚款数额作为考核交通警察的标准。公安机关交通管理部门及其交通警察对超越法律、法规规定的指令，有权拒绝执行，并同时向上级机关报告。

七、法律责任的有关规定

在《道路交通安全法》第七章“法律责任”中，对相关事项作了规定。

◆公安机关交通管理部门及其交通警察对道路交通安全违法行为，应当及时纠正。公安机关交通管理部门及其交通警察应当依据事实和本法的有关规定对道路交通安全违法行为予以处罚。对于情节轻微，未影响道路通行的，指出违法行为，给予口头警告后放行。

◆对道路交通安全违法行为的处罚种类包括：警告、罚款、暂扣或者吊销机动车驾驶证、拘留。

◆行人、乘车人、非机动车驾驶人违反道路交通安全法律、法规关于道路通行规定的，处警告或者 5 元以上 50 元以下罚款；非机动车驾驶人拒绝接受罚款处罚的，可以扣留其非机动车。

◆机动车驾驶人违反道路交通安全法律、法规关于道路通行规定的，处警告或者 20 元以上 200 元以下罚款。本法另有规定的，依照规定处罚。

◆饮酒后驾驶机动车的，处暂扣六个月机动车驾驶证，并处 1 000 元以上 2 000 元以下罚款。因饮酒后驾驶机动车被处罚，再次饮酒后驾驶机动车的，处十日以下拘留，并处 1 000 元以上 2 000 元以下罚款，吊销机动车驾驶证。

饮酒后或者醉酒驾驶机动车发生重大交通事故，构成犯罪的，依法追究刑事责任，并由公安机关交通管理部门吊销机动车驾驶证，终生不得重新取得机动车驾驶证。

◆公路客运车辆载客超过额定乘员的，处 200 元以上 500 元以下罚款；超过额定乘员 20%或者违反规定载货的，处 500 元以上 2 000 元以下罚款。

货运机动车超过核定载质量的，处 200 元以上 500 元以下罚款；超过核定载质量 30%或者违反规定载客的，处 500 元以上 2 000 元以下罚款。

◆对违反道路交通安全法律、法规关于机动车停放、临时停车规定的，可以指出违法行为，并予以口头警告，令其立即驶离。机动车驾驶人不在现场或者虽在现场但拒绝立即驶离，妨碍其他车辆、行人通行的，处20元以上200元以下罚款，并可以将该机动车拖移至不妨碍交通的地点或者公安机关交通管理部门指定的地点停放。公安机关交通管理部门拖车不得向当事人收取费用，并应当及时告知当事人停放地点。

◆上道路行驶的机动车未悬挂机动车号牌，未放置检验合格标志、保险标志，或者未随车携带行驶证、驾驶证的，公安机关交通管理部门应当扣留机动车，通知当事人提供相应的牌证、标志或者补办相应手续，并可以依照本法第九十条的规定予以处罚。当事人提供相应的牌证、标志或者补办相应手续的，应当及时退还机动车。故意遮挡、污损或者不按规定安装机动车号牌的，依照本法第九十条的规定予以处罚。

◆伪造、变造或者使用伪造、变造的机动车登记证书、号牌、行驶证、驾驶证的，由公安机关交通管理部门予以收缴，扣留该机动车，处15日以下拘留，并处2 000元以上5 000元以下罚款；构成犯罪的，依法追究刑事责任。

◆非法安装警报器、标志灯具的，由公安机关交通管理部门强制拆除，予以收缴，并处200元以上2 000元以下罚款。

◆机动车所有人、管理人未按照国家规定投保机动车第三者责任强制保险的，由公安机关交通管理部门扣留车辆至依照规定投保后，并处依照规定投保最低责任限额应缴纳的保险费的2倍罚款。

◆有下列行为之一的，由公安机关交通管理部门处200元以上2 000元以下罚款：

（1）未取得机动车驾驶证、机动车驾驶证被吊销或者机动车驾驶证被暂扣期间驾驶机动车的；

（2）将机动车交由未取得机动车驾驶证或者机动车驾驶证被吊销、暂扣的人驾驶的；

（3）造成交通事故后逃逸，尚不构成犯罪的；

（4）机动车行驶超过规定时速50%的；

（5）强迫机动车驾驶人违反道路交通安全法律、法规和机动车安全驾驶要求驾驶机动车，造成交通事故，尚不构成犯罪的；

（6）违反交通管制的规定强行通行，不听劝阻的；

（7）故意损毁、移动、涂改交通设施，造成危害后果，尚不构成犯罪的；

（8）非法拦截、扣留机动车辆，不听劝阻，造成交通严重阻塞或者较大财产损失的。

◆驾驶拼装的机动车或者已达到报废标准的机动车上道路行驶的，公安机关交通管理部门应当予以收缴，强制报废。

◆违反道路交通安全法律、法规的规定，发生重大交通事故，构成犯罪的，依法追究刑事责任，并由公安机关交通管理部门吊销机动车驾驶证。造成交通事故后逃逸的，由公安机关交通管理部门吊销机动车驾驶证，且终生不得重新取得机动车驾驶证。

◆未经批准，擅自挖掘道路、占用道路施工或者从事其他影响道路交通安全活动的，由道路主管部门责令停止违法行为，并恢复原状，可以依法给予罚款；致使通行的人员、车辆及其他财产遭受损失的，依法承担赔偿责任。

◆道路施工作业或者道路出现损毁，未及时设置警示标识、未采取防护措施，或者应当设置交通信号灯、交通标志、交通标线而没有设置或者应当及时变更交通信号灯、交通标志、交通标线而没有及时变更，致使通行的人员、车辆及其他财产遭受损失的，负有相关职责的单位应当依法承担赔偿责任。

◆在道路两侧及隔离带上种植树木、其他植物或者设置广告牌、管线等，遮挡路灯、交通信号灯、交通标志，妨碍安全视距的，由公安机关交通管理部门责令行为人排除妨碍；拒不执行的，处200元以上2 000元以下罚款，并强制排除妨碍，所需费用由行为人负担。

◆对道路交通违法行为人予以警告、200元以下罚款，交通警察可以当场作出行政处罚决定，并出具行政处罚决定书。

行政处罚决定书应当载明当事人的违法事实、行政处罚的依据、处罚内容、时间、地点以及处罚机关名称，并由执法人员签名或者盖章。

◆当事人应当自收到罚款的行政处罚决定书之日起15日内，到指定的银行缴纳罚款。对行人、乘车人和非机动车驾驶人的罚款，当事人无异议的，可以当场予以收缴罚款。

◆当事人逾期不履行行政处罚决定的，作出行政处罚决定的行政机关可以采取下列措施：

（1）到期不缴纳罚款的，每日按罚款数额的3%加处罚款；

（2）申请人民法院强制执行。

◆交通警察利用职权非法占有公共财物，索取、收受贿赂，或者滥用职权、玩忽职守，构成犯罪的，依法追究刑事责任。

第三节　道路运输安全其他相关规定

我国的道路交通法律法规以及部门规章，主要由三大类组成：一是关于道路交通运输活动及其安全管理的法律规定；二是关于道路管理的法律规定；三是关于驾驶员和车辆管理的法律规定。涉及道路运输安全的法规主要有：2004年4月14日，国务院发布的《中华人民共和国道路运输条例》（国务院令第406号）；2009年4月13日，交通运输部重新修订的《道路旅客运输及客运站管理规定》；2012年12月31日，交通运输部发布的《道路危险货物运输管理规定》。需要注意的是，随着新的法律法规和部门规章的颁布实施，原有的一批部门规章已经失效。

一、《道路交通安全法实施条例》相关要点

2004 年 4 月 28 日，国务院第 49 次常务会议通过《中华人民共和国道路交通安全法实施条例》（国务院令第 405 号），自 2004 年 5 月 1 日起施行。

制定《道路交通安全法实施条例》的目的，是根据《道路交通安全法》的规定，为了规范行人、非机动车、机动车参与交通行为，并且是交通警察对违法交通行为作出处罚的依据。中华人民共和国境内的车辆驾驶人、行人、乘车人以及与道路交通活动有关的单位和个人，应当遵守道路交通安全法和本条例。

《道路交通安全法实施条例》分为八章一百一十五条，各章内容为：第一章“总则”，第二章“车辆和驾驶”人，第三章“道路通行条件”，第四章“道路通行规定”，第五章“交通事故处理”，第六章“执法监督”，第七章“法律责任”，第八章“附则”。

1. 车辆和驾驶人的有关规定

在《道路交通安全法实施条例》第二章“车辆和驾驶人”中，对相关事项作了规定。

◆机动车的登记，分为注册登记、变更登记、转移登记、抵押登记和注销登记。

◆初次申领机动车号牌、行驶证的，应当向机动车所有人住所地的公安机关交通管理部门申请注册登记。

申请机动车注册登记，应当交验机动车，并提交以下证明、凭证：

（1）机动车所有人的身份证明；

（2）购车发票等机动车来历证明；

（3）机动车整车出厂合格证明或者进口机动车进口凭证；

（4）车辆购置税完税证明或者免税凭证；

（5）机动车第三者责任强制保险凭证；

（6）法律、行政法规规定应当在机动车注册登记时提交的其他证明、凭证。

不属于国务院机动车产品主管部门规定免予安全技术检验的车型的，还应当提供机动车安全技术检验合格证明。

◆已注册登记的机动车有下列情形之一的，机动车所有人应当向登记该机动车的公安机关交通管理部门申请变更登记：

（1）改变机动车车身颜色的；

（2）更换发动机的；

（3）更换车身或者车架的；

（4）因质量有问题，制造厂更换整车的；

（5）营运机动车改为非营运机动车或者非营运机动车改为营运机动车的；

（6）机动车所有人的住所迁出或者迁入公安机关交通管理部门管辖区域的。

◆已注册登记的机动车所有权发生转移的，应当及时办理转移登记。

申请机动车转移登记，当事人应当向登记该机动车的公安机关交通管理部门交验机动车，并提交以下证明、凭证：

（1）当事人的身份证明；

（2）机动车所有权转移的证明、凭证；

（3）机动车登记证书；

（4）机动车行驶证。

◆机动车所有人将机动车作为抵押物抵押的，机动车所有人应当向登记该机动车的公安机关交通管理部门申请抵押登记。

◆已注册登记的机动车达到国家规定的强制报废标准的，公安机关交通管理部门应当在报废期满的2个月前通知机动车所有人办理注销登记。机动车所有人应当在报废期满前将机动车交售给机动车回收企业，由机动车回收企业将报废的机动车登记证书、号牌、行驶证交公安机关交通管理部门注销。机动车所有人逾期不办理注销登记的，公安机关交通管理部门应当公告该机动车登记证书、号牌、行驶证作废。

因机动车灭失申请注销登记的，机动车所有人应当向公安机关交通管理部门提交本人身份证明，交回机动车登记证书。

◆办理机动车登记的申请人提交的证明、凭证齐全、有效的，公安机关交通管理部门应当当场办理登记手续。

人民法院、人民检察院以及行政执法部门依法查封、扣押的机动车，公安机关交通管理部门不予办理机动车登记。

◆机动车登记证书、号牌、行驶证丢失或者损毁，机动车所有人申请补发的，应当向公安机关交通管理部门提交本人身份证明和申请材料。公安机关交通管理部门经与机动车登记档案核实后，在收到申请之日起15日内补发。

◆机动车号牌应当悬挂在车前、车后指定位置，保持清晰、完整。重型、中型载货汽车及其挂车、拖拉机及其挂车的车身或者车厢后部应当喷涂放大的牌号，字样应当端正并保持清晰。

机动车检验合格标志、保险标志应当粘贴在机动车前窗右上角。

机动车喷涂、粘贴标识或者车身广告的，不得影响安全驾驶。

◆用于公路营运的载客汽车、重型载货汽车、半挂牵引车应当安装、使用符合国家标准的行驶记录仪。交通警察可以对机动车行驶速度、连续驾驶时间以及其他行驶状态信息进行检查。安装行驶记录仪可以分步实施，实施步骤由国务院机动车产品主管部门会同有关部门规定。

◆机动车安全技术检验由机动车安全技术检验机构实施。机动车安全技术检验机构应当按照国家机动车安全技术检验标准对机动车进行检验，对检验结果承担法律责任。

◆机动车应当从注册登记之日起，按照下列期限进行安全技术检验：

（1）营运载客汽车5年以内每年检验1次；超过5年的，每6个月检验1次；

（2）载货汽车和大型、中型非营运载客汽车10年以内每年检验1次；超过10年的，每6个月检验1次；

（3）小型、微型非营运载客汽车6年以内每2年检验1次；超过6年的，每年检验1次；超过15年的，每6个月检验1次；

（4）摩托车4年以内每2年检验1次；超过4年的，每年检验1次；

（5）拖拉机和其他机动车每年检验1次。

营运机动车在规定检验期限内经安全技术检验合格的，不再重复进行安全技术检验。

◆已注册登记的机动车进行安全技术检验时，机动车行驶证记载的登记内容与该机动车的有关情况不符，或者未按照规定提供机动车第三者责任强制保险凭证的，不予通过检验。

◆符合国务院公安部门规定的驾驶许可条件的人，可以向公安机关交通管理部门申请机动车驾驶证。

◆公安机关交通管理部门应当对申请机动车驾驶证的人进行考试，对考试合格的，在5日内核发机动车驾驶证；对考试不合格的，书面说明理由。

◆公安机关交通管理部门对机动车驾驶人的道路交通安全违法行为除给予行政处罚外，实行道路交通安全违法行为累积记分（以下简称记分）制度，记分周期为12个月。对在一个记分周期内记分达到12分的，由公安机关交通管理部门扣留其机动车驾驶证，该机动车驾驶人应当按照规定参加道路交通安全法律、法规的学习并接受考试。考试合格的，记分予以清除，发还机动车驾驶证；考试不合格的，继续参加学习和考试。

◆机动车驾驶人在一个记分周期内记分未达到12分，所处罚款已经缴纳的，记分予以清除；记分虽未达到12分，但尚有罚款未缴纳的，记分转入下一记分周期。

◆机动车驾驶人记分达到12分，拒不参加公安机关交通管理部门通知的学习，也不接受考试的，由公安机关交通管理部门公告其机动车驾驶证停止使用。

◆机动车驾驶人在机动车驾驶证的6年有效期内，每个记分周期均未达到12分的，换发10年有效期的机动车驾驶证；在机动车驾驶证的10年有效期内，每个记分周期均未达到12分的，换发长期有效的机动车驾驶证。

换发机动车驾驶证时，公安机关交通管理部门应当对机动车驾驶证进行审验。

◆机动车驾驶证丢失、损毁，机动车驾驶人申请补发的，应当向公安机关交通管理部门提交本人身份证明和申请材料。公安机关交通管理部门经与机动车驾驶证档案核实后，在收到申请之日起 3 日内补发。

◆机动车驾驶人在机动车驾驶证丢失、损毁、超过有效期或者被依法扣留、暂扣期间以及记分达到 12 分的，不得驾驶机动车。

2. 道路通行条件的有关规定

在《道路交通安全法实施条例》第三章“道路通行条件”中，对相关事项作了规定。

◆交通信号灯分为：机动车信号灯、非机动车信号灯、人行横道信号灯、车道信号灯、方向指示信号灯、闪光警告信号灯、道路与铁路平面交叉道口信号灯。

◆交通标志分为：指示标志、警告标志、禁令标志、指路标志、旅游区标志、道路施工安全标志和辅助标志。

道路交通标线分为：指示标线、警告标线、禁止标线。

◆道路养护施工单位在道路上进行养护、维修时，应当按照规定设置规范的安全警示标识和安全防护设施。道路养护施工作业车辆、机械应当安装示警灯，喷涂明显的标志图案，作业时应当开启示警灯和危险报警闪光灯。对未中断交通的施工作业道路，公安机关交通管理部门应当加强交通安全监督检查。发生交通阻塞时，及时做好分流、疏导，维护交通秩序。

道路施工需要车辆绕行的，施工单位应当在绕行处设置标志；不能绕行的，应当修建临时通道，保证车辆和行人通行。需要封闭道路中断交通的，除紧急情况外，应当提前 5 日向社会公告。

◆道路或者交通设施养护部门、管理部门应当在急弯、陡坡、临崖、临水等危险路段，按照国家标准设置警告标志和安全防护设施。

◆道路交通标志、标线不规范，机动车驾驶人容易发生辨认错误的，交通标志、标线的主管部门应当及时予以改善。

道路照明设施应当符合道路建设技术规范，保持照明功能完好。

3. 道路通行规定的有关规定

在《道路交通安全法实施条例》第四章“道路通行规定”中，对相关事项作了规定。

◆机动车信号灯和非机动车信号灯表示：

（1）绿灯亮时，准许车辆通行，但转弯的车辆不得妨碍被放行的直行车辆、行人通行；

（2）黄灯亮时，已越过停止线的车辆可以继续通行；

（3）红灯亮时，禁止车辆通行。

在未设置非机动车信号灯和人行横道信号灯的路口，非机动车和行人应当按照机动车信号灯的表示通行。

红灯亮时，右转弯的车辆在不妨碍被放行的车辆、行人通行的情况下，可以通行。

◆在道路同方向划有两条以上机动车道的，左侧为快速车道，右侧为慢速车道。在快速车道行驶的机动车应当按照快速车道规定的速度行驶，未达到快速车道规定的行驶速度的，应当在慢速车道行驶。摩托车应当在最右侧车道行驶。有交通标志标明行驶速度的，按照标明的行驶速度行驶。慢速车道内的机动车超越前车时，可以借用快速车道行驶。

在道路同方向划有两条以上机动车道的，变更车道的机动车不得影响相关车道内行驶的机动车的正常行驶。

◆机动车在道路上行驶不得超过限速标志、标线标明的速度。在没有限速标志、标线的道路上，机动车不得超过下列最高行驶速度：

（1）没有道路中心线的道路，城市道路为每小时 30 公里，公路为每小时 40 公里；

（2）同方向只有一条机动车道的道路，城市道路为每小时 50 公里，公路为每小时 70 公里。

◆机动车行驶中遇有下列情形之一的，最高行驶速度不得超过每小时 30 公里，其中拖拉机、电瓶车、轮式专用机械车不得超过每小时 15 公里：

（1）进出非机动车道，通过铁路道口、急弯路、窄路、窄桥时；

（2）掉头、转弯、下陡坡时；

（3）遇雾、雨、雪、沙尘、冰雹，能见度在 50 米以内时；

（4）在冰雪、泥泞的道路上行驶时；

（5）牵引发生故障的机动车时。

◆机动车超车时，应当提前开启左转向灯、变换使用远、近光灯或者鸣喇叭。在没有道路中心线或者同方向只有一条机动车道的道路上，前车遇后车发出超车信号时，在条件许可的情况下，应当降低速度、靠右让路。后车应当在确认有充足的安全距离后，从前车的左侧超越，在与被超车辆拉开必要的安全距离后，开启右转向灯，驶回原车道。

◆在没有中心隔离设施或者没有中心线的道路上，机动车遇相对方向来车时应当遵守下列规定：

（1）减速靠右行驶，并与其他车辆、行人保持必要的安全距离；

（2）在有障碍的路段，无障碍的一方先行；但有障碍的一方已驶入障碍路段而无障碍的一方未驶入时，有障碍的一方先行；

（3）在狭窄的坡路，上坡的一方先行；但下坡的一方已行至中途而上坡的一方未上坡时，下坡的一方先行；

（4）在狭窄的山路，不靠山体的一方先行；

（5）夜间会车应当在距相对方向来车 150 米以外改用近光灯，在窄路、窄桥与非机动车会车时应当使用近光灯。

◆机动车在有禁止掉头或者禁止左转弯标志、标线的地点以及在铁路道口、人行横道、桥梁、急弯、陡坡、隧道或者容易发生危险的路段，不得掉头。

机动车在没有禁止掉头或者没有禁止左转弯标志、标线的地点可以掉头，但不得妨碍正常行驶的其他车辆和行人的通行。

◆机动车倒车时，应当察明车后情况，确认安全后倒车。不得在铁路道口、交叉路口、单行路、桥梁、急弯、陡坡或者隧道中倒车。

◆机动车通过有交通信号灯控制的交叉路口，应当按照下列规定通行：

（1）在划有导向车道的路口，按所需行进方向驶入导向车道；

（2）准备进入环形路口的让已在路口内的机动车先行；

（3）向左转弯时，靠路口中心点左侧转弯。转弯时开启转向灯，夜间行驶开启近光灯；

（4）遇放行信号时，依次通过；

（5）遇停止信号时，依次停在停止线以外。没有停止线的，停在路口以外；

（6）向右转弯遇有同车道前车正在等候放行信号时，依次停车等候；

（7）在没有方向指示信号灯的交叉路口，转弯的机动车让直行的车辆、行人先行。相对方向行驶的右转弯机动车让左转弯车辆先行。

◆机动车通过没有交通信号灯控制也没有交通警察指挥的交叉路口，除应当遵守有关规定外，还应当遵守下列规定：

（1）有交通标志、标线控制的，让优先通行的一方先行；

（2）没有交通标志、标线控制的，在进入路口前停车瞭望，让右方道路的来车先行；

（3）转弯的机动车让直行的车辆先行；

（4）相对方向行驶的右转弯的机动车让左转弯的车辆先行。

◆机动车遇有前方交叉路口交通阻塞时，应当依次停在路口以外等候，不得进入路口。

机动车在遇有前方机动车停车排队等候或者缓慢行驶时，应当依次排队，不得从前方车辆两侧穿插或者超越行驶，不得在人行横道、网状线区域内停车等候。

机动车在车道减少的路口、路段，遇有前方机动车停车排队等候或者缓慢行驶的，应当每车道一辆依次交替驶入车道减少后的路口、路段。

◆机动车载物不得超过机动车行驶证上核定的装载质量，装载长度、宽度不得超出车厢，并应当遵守下列规定：

（1）重型、中型载货汽车，半挂车载物，高度从地面起不得超过 4 米，载运集装箱的车辆不得超过 4.2 米；

（2）其他载货的机动车载物，高度从地面起不得超过 2.5 米；

（3）摩托车载物，高度从地面起不得超过 1.5 米，长度不得超出车身 0.2 米。两轮摩托车载物宽度左右各不得超出车把 0.15 米；三轮摩托车载物宽度不得超过车身。

载客汽车除车身外部的行李架和内置的行李箱外，不得载货。载客汽车行李架载货，从车顶起高度不得超过 0.5 米，从地面起高度不得超过 4 米。

◆机动车载人应当遵守下列规定：

(1) 公路载客汽车不得超过核定的载客人数，但按照规定免票的儿童除外，在载客人数已满的情况下，按照规定免票的儿童不得超过核定载客人数的 10%；

(2) 载货汽车车厢不得载客。在城市道路上，货运机动车在留有安全位置的情况下，车厢内可以附载临时作业人员 1 人至 5 人；载物高度超过车厢栏板时，货物上不得载人；

(3) 摩托车后座不得乘坐未满 12 周岁的未成年人，轻便摩托车不得载人。

◆机动车牵引挂车应当符合下列规定：

(1) 载货汽车、半挂牵引车、拖拉机只允许牵引 1 辆挂车。挂车的灯光信号、制动、连接、安全防护等装置应当符合国家标准；

(2) 小型载客汽车只允许牵引旅居挂车或者总质量 700 千克以下的挂车。挂车不得载人；

(3) 载货汽车所牵引挂车的载质量不得超过载货汽车本身的载质量。

大型、中型载客汽车，低速载货汽车，三轮汽车以及其他机动车不得牵引挂车。

◆机动车应当按照下列规定使用转向灯：

(1) 向左转弯、向左变更车道、准备超车、驶离停车地点或者掉头时，应当提前开启左转向灯；

(2) 向右转弯、向右变更车道、超车完毕驶回原车道、靠路边停车时，应当提前开启右转向灯。

◆机动车在夜间没有路灯、照明不良或者遇有雾、雨、雪、沙尘、冰雹等低能见度情况下行驶时，应当开启前照灯、示廓灯和后位灯，但同方向行驶的后车与前车近距离行驶时，不得使用远光灯。机动车雾天行驶应当开启雾灯和危险报警闪光灯。

◆机动车在夜间通过急弯、坡路、拱桥、人行横道或者没有交通信号灯控制的路口时，应当交替使用远近光灯示意。

机动车驶近急弯、坡道顶端等影响安全视距的路段以及超车或者遇有紧急情况时，应当减速慢行，并鸣喇叭示意。

◆机动车在道路上发生故障或者发生交通事故，妨碍交通又难以移动的，应当按照规定开启危险报警闪光灯并在车后 50 米至 100 米处设置警告标志，夜间还应当同时开启示廓灯和后位灯。

◆驾驶机动车不得有下列行为：

(1) 在车门、车厢没有关好时行车；

（2）在机动车驾驶室的前后窗范围内悬挂、放置妨碍驾驶人视线的物品；

（3）拨打接听手持电话、观看电视等妨碍安全驾驶的行为；

（4）下陡坡时熄火或者空挡滑行；

（5）向道路上抛撒物品；

（6）驾驶摩托车手离车把或者在车把上悬挂物品；

（7）连续驾驶机动车超过 4 小时未停车休息或者停车休息时间少于 20 分钟；

（8）在禁止鸣喇叭的区域或者路段鸣喇叭。

◆机动车在道路上临时停车，应当遵守下列规定：

（1）在设有禁停标志、标线的路段，在机动车道与非机动车道、人行道之间设有隔离设施的路段以及人行横道、施工地段，不得停车；

（2）交叉路口、铁路道口、急弯路、宽度不足 4 米的窄路、桥梁、陡坡、隧道以及距离上述地点 50 米以内的路段，不得停车；

（3）公共汽车站、急救站、加油站、消防栓或者消防队（站）门前以及距离上述地点 30 米以内的路段，除使用上述设施的以外，不得停车；

（4）车辆停稳前不得开车门和上下人员，开关车门不得妨碍其他车辆和行人通行；

（5）路边停车应当紧靠道路右侧，机动车驾驶人不得离车，上下人员或者装卸物品后，立即驶离；

（6）城市公共汽车不得在站点以外的路段停车上下乘客。

◆机动车行经漫水路或者漫水桥时，应当停车察明水情，确认安全后，低速通过。

◆机动车载运超限物品行经铁路道口的，应当按照当地铁路部门指定的铁路道口、时间通过。

机动车行经渡口，应当服从渡口管理人员指挥，按照指定地点依次待渡。机动车上下渡船时，应当低速慢行。

◆在单位院内、居民居住区内，机动车应当低速行驶，避让行人；有限速标志的，按照限速标志行驶。

◆行人不得有下列行为：

（1）在道路上使用滑板、旱冰鞋等滑行工具；

（2）在车行道内坐卧、停留、嬉闹；

（3）追车、抛物击车等妨碍道路交通安全的行为。

◆行人横过机动车道，应当从行人过街设施通过；没有行人过街设施的，应当从人行横道通过；没有人行横道的，应当观察来往车辆的情况，确认安全后直行通过，不得在车辆临近时突然加速横穿或者中途倒退、折返。

◆乘坐机动车应当遵守下列规定：

（1）不得在机动车道上拦乘机动车；

（2）在机动车道上不得从机动车左侧上下车；

（3）开关车门不得妨碍其他车辆和行人通行；

（4）机动车行驶中，不得干扰驾驶，不得将身体任何部分伸出车外，不得跳车；

（5）乘坐两轮摩托车应当正向骑坐。

◆高速公路应当标明车道的行驶速度，最高车速不得超过每小时 120 公里，最低车速不得低于每小时 60 公里。

在高速公路上行驶的小型载客汽车最高车速不得超过每小时 120 公里，其他机动车不得超过每小时 100 公里，摩托车不得超过每小时 80 公里。

◆机动车从匝道驶入高速公路，应当开启左转向灯，在不妨碍已在高速公路内的机动车正常行驶的情况下驶入车道。

机动车驶离高速公路时，应当开启右转向灯，驶入减速车道，降低车速后驶离。

◆机动车在高速公路上行驶，车速超过每小时 100 公里时，应当与同车道前车保持 100 米以上的距离，车速低于每小时 100 公里时，与同车道前车距离可以适当缩短，但最小距离不得少于 50 米。

◆机动车在高速公路上行驶，遇有雾、雨、雪、沙尘、冰雹等低能见度气象条件时，应当遵守下列规定：

（1）能见度小于 200 米时，开启雾灯、近光灯、示廓灯和前后位灯，车速不得超过每小时 60 公里，与同车道前车保持 100 米以上的距离；

（2）能见度小于 100 米时，开启雾灯、近光灯、示廓灯、前后位灯和危险报警闪光灯，车速不得超过每小时 40 公里，与同车道前车保持 50 米以上的距离；

（3）能见度小于 50 米时，开启雾灯、近光灯、示廓灯、前后位灯和危险报警闪光灯，车速不得超过每小时 20 公里，并从最近的出口尽快驶离高速公路。

遇有前款规定情形时，高速公路管理部门应当通过显示屏等方式发布速度限制、保持车距等提示信息。

◆机动车在高速公路上行驶，不得有下列行为：

（1）倒车、逆行、穿越中央分隔带掉头或者在车道内停车；

（2）在匝道、加速车道或者减速车道上超车；

（3）骑、轧车行道分界线或者在路肩上行驶；

（4）非紧急情况时在应急车道行驶或者停车；

（5）试车或者学习驾驶机动车。

◆在高速公路上行驶的载货汽车车厢不得载人。两轮摩托车在高速公路行驶时不得载人。

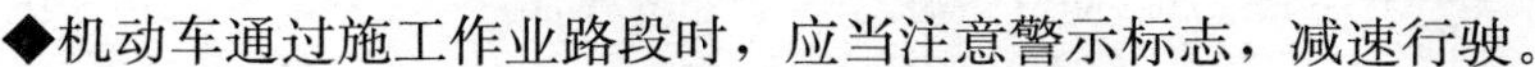

◆机动车通过施工作业路段时，应当注意警示标志，减速行驶。

4. 交通事故处理的有关规定

在《道路交通安全法实施条例》第五章“交通事故处理”中，对相关事项作了规定。

◆机动车与机动车、机动车与非机动车在道路上发生未造成人身伤亡的交通事故，当事人对事实及成因无争议的，在记录交通事故的时间、地点、对方当事人的姓名和联系方式、机动车牌号、驾驶证号、保险凭证号、碰撞部位，并共同签名后，撤离现场，自行协商损害赔偿事宜。当事人对交通事故事实及成因有争议的，应当迅速报警。

◆非机动车与非机动车或者行人在道路上发生交通事故，未造成人身伤亡，且基本事实及成因清楚的，当事人应当先撤离现场，再自行协商处理损害赔偿事宜。当事人对交通事故事实及成因有争议的，应当迅速报警。

◆机动车发生交通事故，造成道路、供电、通信等设施损毁的，驾驶人应当报警等候处理，不得驶离。机动车可以移动的，应当将机动车移至不妨碍交通的地点。公安机关交通管理部门应当将事故有关情况通知有关部门。

◆公安机关交通管理部门或者交通警察接到交通事故报警，应当及时赶赴现场，对未造成人身伤亡，事实清楚，并且机动车可以移动的，应当在记录事故情况后责令当事人撤离现场，恢复交通。对拒不撤离现场的，予以强制撤离。

◆投保机动车第三者责任强制保险的机动车发生交通事故，因抢救受伤人员需要保险公司支付抢救费用的，由公安机关交通管理部门通知保险公司。

抢救受伤人员需要道路交通事故救助基金垫付费用的，由公安机关交通管理部门通知道路交通事故社会救助基金管理机构。

◆公安机关交通管理部门应当根据交通事故当事人的行为对发生交通事故所起的作用以及过错的严重程度，确定当事人的责任。

◆发生交通事故后当事人逃逸的，逃逸的当事人承担全部责任。但是，有证据证明对方当事人也有过错的，可以减轻责任。当事人故意破坏、伪造现场、毁灭证据的，承担全部责任。

◆公安机关交通管理部门对经过勘验、检查现场的交通事故应当在勘查现场之日起10日内制作交通事故认定书。对需要进行检验、鉴定的，应当在检验、鉴定结果确定之日起5日内制作交通事故认定书。

◆当事人对交通事故损害赔偿有争议，各方当事人一致请求公安机关交通管理部门调解的，应当在收到交通事故认定书之日起10日内提出书面调解申请。

对交通事故致死的，调解从办理丧葬事宜结束之日起开始；对交通事故致伤的，调解从治疗终结或者定残之日起开始；对交通事故造成财产损失的，调解从确定损失之日起开始。

◆公安机关交通管理部门调解交通事故损害赔偿争议的期限为10日。调解达成协议的，公安机关交通管理部门应当制作调解书送交各方当事人，调解书经各方当事人共同签字后生效；调解未达成协议的，公安机关交通管理部门应当制作调解终结书送交各方当事人。

交通事故损害赔偿项目和标准依照有关法律的规定执行。

◆对交通事故损害赔偿的争议，当事人向人民法院提起民事诉讼的，公安机关交通管理部门不再受理调解申请。

公安机关交通管理部门调解期间，当事人向人民法院提起民事诉讼的，调解终止。

◆车辆在道路以外发生交通事故，公安机关交通管理部门接到报案的，参照道路交通安全法和本条例的规定处理。

车辆、行人与火车发生的交通事故以及在渡口发生的交通事故，依照国家有关规定处理。

5. 执法监督的有关规定

在《道路交通安全法实施条例》第六章“执法监督”中，对相关事项作了规定。

◆公安机关交通管理部门应当公开办事制度、办事程序，建立警风警纪监督员制度，自觉接受社会和群众的监督。

◆公安机关交通管理部门及其交通警察办理机动车登记，发放号牌，对驾驶人考试、发证，处理道路交通安全违法行为，处理道路交通事故，应当严格遵守有关规定，不得越权执法，不得延迟履行职责，不得擅自改变处罚的种类和幅度。

◆公安机关交通管理部门应当公布举报电话，受理群众举报投诉，并及时调查核实，反馈查处结果。

6. 法律责任的有关规定

在《道路交通安全法实施条例》第七章“法律责任”中，对相关事项作了规定。

◆违反本条例规定的行为，依照道路交通安全法和本条例的规定处罚。

◆以欺骗、贿赂等不正当手段取得机动车登记或者驾驶许可的，收缴机动车登记证书、号牌、行驶证或者机动车驾驶证，撤销机动车登记或者机动车驾驶许可；申请人在3年内不得申请机动车登记或者机动车驾驶许可。

◆机动车驾驶人有下列行为之一，又无其他机动车驾驶人即时替代驾驶的，公安机关交通管理部门除依法给予处罚外，可以将其驾驶的机动车移至不妨碍交通的地点或者有关部门指定的地点停放：

（1）不能出示本人有效驾驶证的；

（2）驾驶的机动车与驾驶证登载的准驾车型不符的；

（3）饮酒、服用国家管制的精神药品或者麻醉药品、患有妨碍安全驾驶的疾病，或者过度疲劳仍继续驾驶的；

（4）学习驾驶人员没有教练人员随车指导单独驾驶的。

◆机动车驾驶人有饮酒、醉酒、服用国家管制的精神药品或者麻醉药品嫌疑的，应当接受测试、检验。

◆公路客运载客汽车超过核定乘员、载货汽车超过核定载质量的，公安机关交通管理部门依法扣留机动车后，驾驶人应当将超载的乘车人转运、将超载的货物卸载，费用由超载机动车的驾驶人或者所有人承担。

◆交通警察按照简易程序当场作出行政处罚的，应当告知当事人道路交通安全违法行为的事实、处罚的理由和依据，并将行政处罚决定书当场交付被处罚人。

◆对道路交通安全违法行为人处以罚款或者暂扣驾驶证处罚的，由违法行为发生地的县级以上人民政府公安机关交通管理部门或者相当于同级的公安机关交通管理部门作出决定；对处以吊销机动车驾驶证处罚的，由设区的市人民政府公安机关交通管理部门或者相当于同级的公安机关交通管理部门作出决定。

公安机关交通管理部门对非本辖区机动车的道路交通安全违法行为没有当场处罚的，可以由机动车登记地的公安机关交通管理部门处罚。

◆当事人对公安机关交通管理部门及其交通警察的处罚有权进行陈述和申辩，交通警察应当充分听取当事人的陈述和申辩，不得因当事人陈述、申辩而加重其处罚。

◆本条例自 2004 年 5 月 1 日起施行。1960 年 2 月 11 日国务院批准、交通部发布的《机动车管理办法》，1988 年 3 月 9 日国务院发布的《中华人民共和国道路交通管理条例》，1991 年 9 月 22 日国务院发布的《道路交通事故处理办法》，同时废止。

二、《道路运输条例》相关要点

2004 年 4 月 14 日，国务院第 48 次常务会议通过《中华人民共和国道路运输条例》（国务院令第 406 号），自 2004 年 7 月 1 日起施行。

制定《道路运输条例》的目的，是为了维护道路运输市场秩序，保障道路运输安全，保护道路运输有关各方当事人的合法权益，促进道路运输业的健康发展。《道路运输条例》分为七章八十三条，各章内容为：第一章“总则”，第二章“道路运输经营”，第三章“道路运输相关业务”，第四章“国际道路运输”，第五章“执法监督”，第六章“法律责任”，第七章“附则”。

1.《道路运输条例》总则中的有关规定

在《道路运输条例》第一章“总则”中，对相关事项作了规定。

◆从事道路运输经营以及道路运输相关业务的，应当遵守本条例。

前款所称道路运输经营包括道路旅客运输经营（以下简称客运经营）和道路货物运输经营（以下简称货运经营）；道路运输相关业务包括站（场）经营、机动车维修经营、机动车驾驶员培训。

◆从事道路运输经营以及道路运输相关业务，应当依法经营，诚实信用，公平竞争。

◆道路运输管理，应当公平、公正、公开和便民。

◆国家鼓励发展乡村道路运输，并采取必要的措施提高乡镇和行政村的通班车率，满足广大农民的生活和生产需要。

◆国家鼓励道路运输企业实行规模化、集约化经营。任何单位和个人不得封锁或者垄断道路运输市场。

◆国务院交通主管部门主管全国道路运输管理工作。

县级以上地方人民政府交通主管部门负责组织领导本行政区域的道路运输管理工作。

县级以上道路运输管理机构负责具体实施道路运输管理工作。

2. 道路运输经营的有关规定

在《道路运输条例》第二章“道路运输经营”中，对相关事项作了规定。

◆申请从事客运经营的，应当具备下列条件：

（1）有与其经营业务相适应并经检测合格的车辆；

（2）有符合本条例第九条规定条件的驾驶人员；

（3）有健全的安全生产管理制度。

申请从事班线客运经营的，还应当有明确的线路和站点方案。

◆从事客运经营的驾驶人员，应当符合下列条件：

（1）取得相应的机动车驾驶证；

（2）年龄不超过60周岁；

（3）3年内无重大以上交通责任事故记录；

（4）经设区的市级道路运输管理机构对有关客运法律法规、机动车维修和旅客急救基本知识考试合格。

◆申请从事客运经营的，应当按照下列规定提出申请并提交符合本条例规定条件的相关材料：

（1）从事县级行政区域内客运经营的，向县级道路运输管理机构提出申请；

（2）从事省、自治区、直辖市行政区域内跨 2 个县级以上行政区域客运经营的，向其共同的上一级道路运输管理机构提出申请；

（3）从事跨省、自治区、直辖市行政区域客运经营的，向所在地的省、自治区、直辖市道路运输管理机构提出申请。

◆取得道路运输经营许可证的客运经营者，需要增加客运班线的，应当依照本条例第十条规定办理有关手续。

◆客运班线的经营期限为 4 年到 8 年。经营期限届满需要延续客运班线经营许可的，应当重新提出申请。

◆客运经营者需要终止客运经营的，应当在终止前 30 日内告知原许可机关。

◆客运经营者应当为旅客提供良好的乘车环境，保持车辆清洁、卫生，并采取必要的措施防止在运输过程中发生侵害旅客人身、财产安全的违法行为。

◆旅客应当持有效客票乘车，遵守乘车秩序，讲究文明卫生，不得携带国家规定的危险物品及其他禁止携带的物品乘车。

◆班线客运经营者取得道路运输经营许可证后，应当向公众连续提供运输服务，不得擅自暂停、终止或者转让班线运输。

◆从事包车客运的，应当按照约定的起始地、目的地和线路运输。从事旅游客运的，应当在旅游区域按照旅游线路运输。

◆客运经营者不得强迫旅客乘车，不得甩客、敲诈旅客；不得擅自更换运输车辆。

◆客运经营者在运输过程中造成旅客人身伤亡，行李毁损、灭失，当事人对赔偿数额有约定的，依照其约定；没有约定的，参照国家有关港口间海上旅客运输和铁路旅客运输赔偿责任限额的规定办理。

◆申请从事货运经营的，应当具备下列条件：

（1）有与其经营业务相适应并经检测合格的车辆；

（2）有符合本条例规定条件的驾驶人员；

（3）有健全的安全生产管理制度。

◆从事货运经营的驾驶人员，应当符合下列条件：

（1）取得相应的机动车驾驶证；

（2）年龄不超过 60 周岁；

（3）经设区的市级道路运输管理机构对有关货运法律法规、机动车维修和货物装载保管基本知识考试合格。

◆申请从事危险货物运输经营的，还应当具备下列条件：

（1）有 5 辆以上经检测合格的危险货物运输专用车辆、设备；

（2）有经所在地设区的市级人民政府交通主管部门考试合格，取得上岗资格证的驾驶人员、装卸管理人员、押运人员；

(3) 危险货物运输专用车辆配有必要的通信工具；

(4) 有健全的安全生产管理制度。

◆申请从事货运经营的，应当按照规定提出申请并分别提交符合本条例有关规定条件的相关材料：

(1) 从事危险货物运输经营以外的货运经营的，向县级道路运输管理机构提出申请；

(2) 从事危险货物运输经营的，向设区的市级道路运输管理机构提出申请。

◆货运经营者不得运输法律、行政法规禁止运输的货物。

法律、行政法规规定必须办理有关手续后方可运输的货物，货运经营者应当查验有关手续。

◆国家鼓励货运经营者实行封闭式运输，保证环境卫生和货物运输安全。

货运经营者应当采取必要措施，防止货物脱落、扬撒等。

运输危险货物应当采取必要措施，防止危险货物燃烧、爆炸、辐射、泄漏等。

◆运输危险货物应当配备必要的押运人员，保证危险货物处于押运人员的监管之下，并悬挂明显的危险货物运输标志。

托运危险货物的，应当向货运经营者说明危险货物的品名、性质、应急处置方法等情况，并严格按照国家有关规定包装，设置明显标志。

从事客运和货运的经营者应遵守的共同规定：

◆客运经营者、货运经营者应当加强对从业人员的安全教育、职业道德教育，确保道路运输安全。道路运输从业人员应当遵守道路运输操作规程，不得违章作业。驾驶人员连续驾驶时间不得超过 4 个小时。

◆生产（改装）客运车辆、货运车辆的企业应当按照国家规定标定车辆的核定人数或者载重量，严禁多标或者少标车辆的核定人数或者载重量。

客运经营者、货运经营者应当使用符合国家规定标准的车辆从事道路运输经营。

◆客运经营者、货运经营者应当加强对车辆的维护和检测，确保车辆符合国家规定的技术标准；不得使用报废的、擅自改装的和其他不符合国家规定的车辆从事道路运输经营。

◆客运经营者、货运经营者应当制定有关交通事故、自然灾害以及其他突发事件的道路运输应急预案。应急预案应当包括报告程序、应急指挥、应急车辆和设备的储备以及处置措施等内容。

◆发生交通事故、自然灾害以及其他突发事件，客运经营者和货运经营者应当服从县级以上人民政府或者有关部门的统一调度、指挥。

◆道路运输车辆应当随车携带车辆营运证，不得转让、出租。

◆道路运输车辆运输旅客的，不得超过核定的人数，不得违反规定载货；运输货物的，不得运输旅客，运输的货物应当符合核定的载重量，严禁超载；载物的长、宽、高不得违反装载要求。

◆客运经营者、危险货物运输经营者应当分别为旅客或者危险货物投保承运人责任险。

3. 道路运输相关业务的有关规定

在《道路运输条例》第三章“道路运输相关业务”中，对相关事项作了规定。

◆申请从事道路运输站（场）经营的，应当具备下列条件：

（1）有经验收合格的运输站（场）；

（2）有相应的专业人员和管理人员；

（3）有相应的设备、设施；

（4）有健全的业务操作规程和安全管理制度。

◆申请从事机动车维修经营的，应当具备下列条件：

（1）有相应的机动车维修场地；

（2）有必要的设备、设施和技术人员；

（3）有健全的机动车维修管理制度；

（4）有必要的环境保护措施。

◆申请从事机动车驾驶员培训的，应当具备下列条件：

（1）有健全的培训机构和管理制度；

（2）有与培训业务相适应的教学人员、管理人员；

（3）有必要的教学车辆和其他教学设施、设备、场地。

◆申请从事道路运输站（场）经营、机动车维修经营和机动车驾驶员培训业务的，应当向所在地县级道路运输管理机构提出申请，并分别附送符合本条例有关规定条件的相关材料。县级道路运输管理机构应当自受理申请之日起15日内审查完毕，作出许可或者不予许可的决定，并书面通知申请人。

◆道路运输站（场）经营者应当对出站的车辆进行安全检查，禁止无证经营的车辆进站从事经营活动，防止超载车辆或者未经安全检查的车辆出站。

◆道路旅客运输站（场）经营者应当为客运经营者合理安排班次，公布其运输线路、起止经停站点、运输班次、始发时间、票价，调度车辆进站、发车，疏导旅客，维持上下车秩序。

道路旅客运输站（场）经营者应当设置旅客购票、候车、行李寄存和托运等服务设施，按照车辆核定载客限额售票，并采取措施防止携带危险品的人员进站乘车。

◆道路货物运输站（场）经营者应当按照国务院交通主管部门规定的业务操作规程装卸、储存、保管货物。

◆机动车维修经营者应当按照国家有关技术规范对机动车进行维修，保证维修质量，不得使用假冒伪劣配件维修机动车。

机动车维修经营者应当公布机动车维修工时定额和收费标准，合理收取费用。

◆机动车维修经营者对机动车进行二级维护、总成修理或者整车修理的，应当进行维修质量检验。检验合格的，维修质量检验人员应当签发机动车维修合格证。

◆机动车维修经营者不得承修已报废的机动车，不得擅自改装机动车。

◆机动车驾驶员培训机构应当按照国务院交通主管部门规定的教学大纲进行培训，确保培训质量。培训结业的，应当向参加培训的人员颁发培训结业证书。

4. 国际道路运输的有关规定

在《道路运输条例》第四章“国际道路运输”中，对相关事项作了规定。

◆申请从事国际道路运输经营的，应当具备下列条件：

（1）依照本条例第十条、第二十五条规定取得道路运输经营许可证的企业法人；

（2）在国内从事道路运输经营满 3 年，且未发生重大以上道路交通责任事故。

◆申请从事国际道路运输的，应当向省、自治区、直辖市道路运输管理机构提出申请并提交符合本条例第四十九条规定条件的相关材料。省、自治区、直辖市道路运输管理机构应当自受理申请之日起 20 日内审查完毕，作出批准或者不予批准的决定。予以批准的，应当向国务院交通主管部门备案；不予批准的，应当向当事人说明理由。

国际道路运输经营者应当持批准文件依法向有关部门办理相关手续。

◆中国国际道路运输经营者应当在其投入运输车辆的显著位置，标明中国国籍识别标志。

5. 执法监督的有关规定

在《道路运输条例》第五章“执法监督”中，对相关事项作了规定。

◆县级以上人民政府交通主管部门应当加强对道路运输管理机构实施道路运输管理工作的指导监督。

◆道路运输管理机构应当加强执法队伍建设，提高其工作人员的法制、业务素质。

道路运输管理机构的工作人员应当接受法制和道路运输管理业务培训、考核，考核不合格的，不得上岗执行职务。

◆道路运输管理机构及其工作人员执行职务时，应当自觉接受社会和公民的监督。

◆道路运输管理机构的工作人员应当严格按照职责权限和程序进行监督检查，不得乱设卡、乱收费、乱罚款。

◆道路运输管理机构的工作人员实施监督检查时，应当有 2 名以上人员参加，并向当事人出示执法证件。

6.《道路运输条例》有关法律责任的规定

在《道路运输条例》第六章“法律责任”中，对相关事项作了规定。

◆违反本条例的规定，未取得道路运输经营许可，擅自从事道路运输经营的，由县级以上道路运输管理机构责令停止经营；有违法所得的，没收违法所得，处违法所得 2 倍以上 10 倍以下的罚款；没有违法所得或者违法所得不足 2 万元的，处 3 万元以上 10 万元以下的罚款；构成犯罪的，依法追究刑事责任。

◆不符合本条例第九条、第二十三条规定条件的人员驾驶道路运输经营车辆的，由县级以上道路运输管理机构责令改正，处 200 元以上 2 000 元以下的罚款；构成犯罪的，依法追究刑事责任。

◆违反本条例的规定，未经许可擅自从事道路运输站（场）经营、机动车维修经营、机动车驾驶员培训的，由县级以上道路运输管理机构责令停止经营；有违法所得的，没收违法所得，处违法所得 2 倍以上 10 倍以下的罚款；没有违法所得或者违法所得不足 1 万元的，处 2 万元以上 5 万元以下的罚款；构成犯罪的，依法追究刑事责任。

◆违反本条例的规定，客运经营者、货运经营者、道路运输相关业务经营者非法转让、出租道路运输许可证件的，由县级以上道路运输管理机构责令停止违法行为，收缴有关证件，处 2 000 元以上 1 万元以下的罚款；有违法所得的，没收违法所得。

◆违反本条例的规定，客运经营者、危险货物运输经营者未按规定投保承运人责任险的，由县级以上道路运输管理机构责令限期投保；拒不投保的，由原许可机关吊销道路运输经营许可证。

◆违反本条例的规定，客运经营者、货运经营者不按照规定携带车辆营运证的，由县级以上道路运输管理机构责令改正，处警告或者 20 元以上 200 元以下的罚款。

◆违反本条例的规定，客运经营者、货运经营者有下列情形之一的，由县级以上道路运输管理机构责令改正，处 1 000 元以上 3 000 元以下的罚款；情节严重的，由原许可机关吊销道路运输经营许可证：

（1）不按批准的客运站点停靠或者不按规定的线路、公布的班次行驶的；

（2）强行招揽旅客、货物的；

（3）在旅客运输途中擅自变更运输车辆或者将旅客移交他人运输的；

（4）未报告原许可机关，擅自终止客运经营的；

（5）没有采取必要措施防止货物脱落、扬撒等的。

◆违反本条例的规定，客运经营者、货运经营者不按规定维护和检测运输车辆的，由县级以上道路运输管理机构责令改正，处 1 000 元以上 5 000 元以下的罚款。

违反本条例的规定，客运经营者、货运经营者擅自改装已取得车辆营运证的车辆的，由县级以上道路运输管理机构责令改正，处5 000元以上2万元以下的罚款。

◆违反本条例的规定，道路运输站（场）经营者允许无证经营的车辆进站从事经营活动以及超载车辆、未经安全检查的车辆出站或者无正当理由拒绝道路运输车辆进站从事经营活动的，由县级以上道路运输管理机构责令改正，处1万元以上3万元以下的罚款。

违反本条例的规定，道路运输站（场）经营者擅自改变道路运输站（场）的用途和服务功能，或者不公布运输线路、起止经停站点、运输班次、始发时间、票价的，由县级以上道路运输管理机构责令改正；拒不改正的，处3 000元的罚款；有违法所得的，没收违法所得。

◆违反本条例的规定，机动车维修经营者使用假冒伪劣配件维修机动车，承修已报废的机动车或者擅自改装机动车的，由县级以上道路运输管理机构责令改正；有违法所得的，没收违法所得，处违法所得2倍以上10倍以下的罚款；没有违法所得或者违法所得不足1万元的，处2万元以上5万元以下的罚款，没收假冒伪劣配件及报废车辆；情节严重的，由原许可机关吊销其经营许可；构成犯罪的，依法追究刑事责任。

◆违反本条例的规定，机动车维修经营者签发虚假的机动车维修合格证，由县级以上道路运输管理机构责令改正；有违法所得的，没收违法所得，处违法所得2倍以上10倍以下的罚款；没有违法所得或者违法所得不足3 000元的，处5 000元以上2万元以下的罚款；情节严重的，由原许可机关吊销其经营许可；构成犯罪的，依法追究刑事责任。

◆违反本条例的规定，机动车驾驶员培训机构不严格按照规定进行培训或者在培训结业证书发放时弄虚作假的，由县级以上道路运输管理机构责令改正；拒不改正的，由原许可机关吊销其经营许可。

三、《道路危险货物运输管理规定》相关要点

2013年1月23日，交通运输部公布《道路危险货物运输管理规定》（交通运输部令2013年第2号），自2013年7月1日起施行。原交通部2005年发布的《道路危险货物运输管理规定》（交通部令2005年第9号）及交通运输部2010年发布的《关于修改〈道路危险货物运输管理规定〉的决定》（交通运输部令2010年第5号）同时废止。

制定《道路危险货物运输管理规定》的目的，是根据《中华人民共和国道路运输条例》和《危险化学品安全管理条例》等有关法律、行政法规，为了规范道路危险货物运输市场秩序，保障人民生命财产安全，保护环境，维护道路危险货物运输各方当事人的合法权益。《道路危险货物运输管理规定》分为七章七十一条，各章内容为：第一章“总则”，第二章“道路危险货物运输许可”，第三章“专用车辆、设备管理”，第四章“道路危险货物运输”，

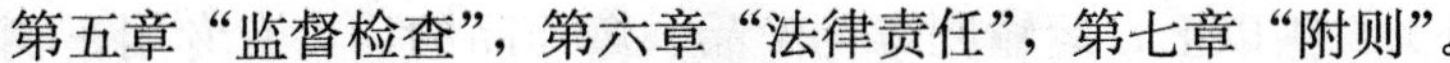

第五章“监督检查”，第六章“法律责任”，第七章“附则”。

1.《道路危险货物运输管理规定》总则中的有关规定

在《道路危险货物运输管理规定》第一章“总则”中，对相关事项作了规定。

◆从事道路危险货物运输活动，应当遵守本规定。军事危险货物运输除外。

法律、行政法规对民用爆炸物品、烟花爆竹、放射性物品等特定种类危险货物的道路运输另有规定的，从其规定。

◆本规定所称危险货物，是指具有爆炸、易燃、毒害、感染、腐蚀等危险特性，在生产、经营、运输、储存、使用和处置中，容易造成人身伤亡、财产损毁或者环境污染而需要特别防护的物质和物品。危险货物以列入国家标准《危险货物品名表》（GB 12268—2012）的为准，未列入《危险货物品名表》的，以有关法律、行政法规的规定或者国务院有关部门公布的结果为准。

本规定所称道路危险货物运输，是指使用载货汽车通过道路运输危险货物的作业全过程。

本规定所称道路危险货物运输车辆，是指满足特定技术条件和要求，从事道路危险货物运输的载货汽车（以下简称专用车辆）。

◆危险货物的分类、分项、品名和品名编号应当按照国家标准《危险货物分类和品名编号》（GB 6944—2012）、《危险货物品名表》（GB 12268—2012）执行。危险货物的危险程度依据国家标准《危险货物运输包装通用技术条件》（GB 12463—2009），分为Ⅰ、Ⅱ、Ⅲ等级。

◆从事道路危险货物运输应当保障安全，依法运输，诚实信用。

◆国家鼓励技术力量雄厚、设备和运输条件好的大型专业危险化学品生产企业从事道路危险货物运输，鼓励道路危险货物运输企业实行集约化、专业化经营，鼓励使用厢式、罐式和集装箱等专用车辆运输危险货物。

◆交通运输部主管全国道路危险货物运输管理工作。县级以上地方人民政府交通运输主管部门负责组织领导本行政区域的道路危险货物运输管理工作。县级以上道路运输管理机构负责具体实施道路危险货物运输管理工作。

2.道路危险货物运输许可的有关规定

在《道路危险货物运输管理规定》第二章“道路危险货物运输许可”中，对相关事项作了规定。

◆申请从事道路危险货物运输经营，应当具备下列条件：

（1）有符合下列要求的专用车辆及设备：

①自有专用车辆（挂车除外）5 辆以上；运输剧毒化学品、爆炸品的，自有专用车辆（挂车除外）10 辆以上。

②专用车辆技术性能符合国家标准（营运车辆综合性能和检验方法》（GB18565）的要求；技术等级达到行业标准《营运车辆技术等级划分和评定要求》（JT/T198）规定的一级技术等级。

③专用车辆外廓尺寸、轴荷和质量符合国家标准《道路车辆外廓尺寸、轴荷和质量限值》（GB1589）的要求。

④专用车辆燃消耗量符合行业标准《营运货车燃料消耗限值及测量方法》（JT719）的要求。

⑤配备有效的通信工具。

⑥专用车辆应当安装具有行驶记录功能的卫星定位装置。

⑦运输剧毒化学品、爆炸品、易制爆危险化学品的，应当配备罐式、厢式专用车辆或者压力容器等专用容器。

⑧罐式专用车辆的罐体应当经质量检验部门检验合格，且罐体载货后总质量与专用车辆核定载质量相匹配。运输爆炸品、强腐蚀性危险货物的罐式专用车辆的罐体容积不得超过 20 立方米，运输剧毒化学品的罐式容积不得超过 10 立方米，但符合国家有关标准的罐式集装箱除外。

⑨运输剧毒化学品、爆炸品、强腐蚀性危险物的非罐式专用车辆，核定载质量不得超过 10 吨，但符合国家有关标准的集装箱运输专用车辆除外。

⑩配备与运输的危险货物性质相适应的安全防护、环境保护和消防设施设备。

（2）有符合下列要求的停车场地：

①自有或者租借期限 3 年以上，且与经营范围、规模相适应的停车场地，停车场地应当位于企业注册地市级行政区域内。

②运输剧毒化学品、爆炸品专用车辆以及罐式专用车辆，数量为 20 辆（含）以下的，停车面积不低于车辆正投影面积的 1.5 倍，数量为 20 辆以上的，超过部分，每辆车的停车场面积不低于车辆正投影面积；运输其他危险品的，专用车辆数量为 10 辆（含）以下的，停车场面积不低于车辆正投影面积的 1.5 倍；数量为 10 辆以上的，超过部分，每辆车的停车场地面积，不低于车辆正投影面积。

③停车场地应当封闭并设立明显标志，不得妨碍居民生活和威胁公共安全。

（3）有符合下列要求的从业人员和安全管理人员：专用车辆的驾驶人员取得相应机动车驾驶证，年龄不超过 60 周岁。从事道路危险货物运输的驾驶人员、装卸管理人员、押运人员应当经所在地设区的市级人民政府交通运输主管部门考试合格，并取得相应的从业资格证；从事剧毒化学品、爆炸品道路运输的驾驶人员、装卸管理人员、押运人员，应当经考试合格，取得注明为“剧毒化学品运输”或者“爆炸品运输”类别的从业资格证。企业应当配备专职安全管理人员。

(4) 有健全的安全生产管理制度。

①企业主要负责人、安全管理部门负责人、专职安全管理人员生产责任制度。

②从业人员安全生产责任制度。

③安全生产监督检查制度。

④安全生产教育培训制度。

⑤从业人员、专用车辆、设备及停车场地安全管理制度。

⑥应急救援预案制度。

⑦安全生产作业规程。

⑧安全生产考核与奖惩制度。

⑨安全事故报告、统计与处理制度。

◆符合下列条件的企事业单位，可以使用自备专用车辆从事为本单位服务的非经营性道路危险货物运输：

(1) 属于下列企事业单位之一：

①省级以上安全生产监督管理部门批准设立的生产、使用、储危险化学品的企业。

②有特殊需求的科研、军工等企中业单位。

(2) 具备有关规定的条件，但自有专用车辆（挂车除外）的数量可以少于 5 辆。

◆申请从事道路危险货物运输经营的企业，应当向所在地设区的市级道路运输管理机构提出申请，并提交以下材料：

(1)《道路危险货物运输经营申请表》，包括申请人基本信息、申请运输的危险货物范围（类别、项别或品名，如果为剧毒化学品应当标注“剧毒”）等内容。

(2) 拟担任企业法定代表人的投资人或者负责人的身份证明及其复印件，经办人身份证明及其复印件和书面委托书。

(3) 企业章程文本。

(4) 证明专用车辆、设备情况的材料，包括：

①未购置专用车辆、设备的，应当提交拟投入专用车辆、设备承诺书。承诺书内容应当包括车辆数量、类型、技术等级、总质量、核定载质量、车辆数以及车辆外廓尺寸；通信工具和卫星定位装置配备情况；罐式专用车辆的制度体容积；罐式专用车辆罐体载货后的总质量与车辆核定载质量相匹配情况；运输剧毒化学品、爆炸品、易制爆危险化学品的专用车辆核定载质量等有关情况。承诺期限不得超过 1 年。

②已购置专用车辆、设备的，应当提供车辆行驶证、车辆技术等级证明或者车辆综合性能检测技术合格证明；通信工具和卫星定位装置配备；罐式专用车辆的罐体检测报告及

复印件等有关材料。

(5) 拟聘用专职安全管理人员、驾驶人员、装卸管理人员、押运人员的，应当提交拟聘用承诺书，承诺期限不得超过1年；已聘用的应当提交从业资格证及其复印件以及驾驶证及其复印件。

(6) 停车场地的土地使用证、租借合同、场地平面图等材料。

(7) 相关安全防护、环境保护、消防设施设备的配备情况清单。

(8) 有关安全生产管理制度文本。

◆道路运输管理机构不得许可一次性、临时性的道路危险货物运输。

◆被许可人应当持《道路运输经营许可证》或者《道路危险货物运输许可证》依法向工商行政管理机关办理登记手续。

◆中外合资、中外合作、外商独资形式投资道路危险货物运输的，应当同时遵守《外商投资道路运输业管理规定》。

3. 专用车辆、设备管理有关规定

在《道路危险货物运输管理规定》第三章“专用车辆、设备管理”中，对相关事项作了规定。

◆道路危险货物运输企业或者单位应当按照《道路货物运输及站场管理规定》中有关车辆管理的规定，维护、检测、使用和管理专用车辆，确保专用车辆技术状况良好。

◆设区的市级道路运输管理机构应当定期对专用车辆进行审验，每年审验一次。审验按照《道路货物运输及站场管理规定》进行，并增加以下审验项目：

(1) 专用车辆投保危险货物承运人责任险情况；

(2) 必需的应急处理器材、安全防护设施设备和专用车辆标志的配备情况；

(3) 具有行驶记录功能的卫星定位装置的配备情况。

◆禁止使用报废的、擅自改装的、检测不合格的、车辆技术等级达不到一级的和其他不符合国家规定的车辆从事道路危险货物运输。

◆运输剧毒化学品、爆炸品专用车辆及罐式专用车辆（含罐式挂车）应当到具备道路危险货物运输车辆维修资质的企业进行维修。

◆用于装卸危险货物的机械及工具的技术状况应当符合行业标准《汽车运输危险货物规则》(JT 617—2004) 规定的技术要求。

◆罐式专用车辆的常压罐体应当符合国家标准《道路运输液体危险货物罐式车辆第1部分：金属常压罐体技术要求》(GB 18564.1—2006)、《道路运输液体危险货物罐式车辆第2部分：非金属常压罐体技术要求》(GB 18564.2—2008) 等有关技术要求。

使用压力容器运输危险货物的，应当符合国家特种设备安全监督管理部门制定并公布

的《移动式压力容器安全技术监察规程》（TSG R0005—2011）等有关技术要求。

压力容器和罐式专用车辆应当在质量检验部门出具的压力容器或者罐体检验合格的有效期内承运危险货物。

◆道路危险货物运输企业或者单位对重复使用的危险货物包装物、容器，在重复使用前应当进行检查；发现存在安全隐患的，应当维修或者更换。

道路危险货物运输企业或者单位应当对检查情况作出记录，记录的保存期限不得少于2年。

◆道路危险货物运输企业或者单位应当到具有污染物处理能力的机构对常压罐体进行清洗（置换）作业，将废气、污水等污染物集中收集，消除污染，不得随意排放，污染环境。

4. 道路危险货物运输的有关规定

在《道路危险货物运输管理规定》第四章“道路危险货物运输”中，对相关事项作了规定。

◆道路危险货物运输企业或者单位应当严格按照道路运输管理机构决定的许可事项从事道路危险货物运输活动，不得转让、出租道路危险货物运输许可证件。

严禁非经营性道路危险货物运输单位从事道路危险货物运输经营活动。

◆危险货物托运人应当委托具有道路危险货物运输资质的企业承运。危险货物托运人应当对托运的危险货物种类、数量和承运人等相关信息予以记录，记录的保存期限不得少于1年。

◆危险货物托运人应当严格按照国家有关规定妥善包装并在外包装设置标志，并向承运人说明危险货物的品名、数量、危害、应急措施等情况。需要添加抑制剂或者稳定剂的，托运人应当按照规定添加，并告知承运人相关注意事项。

危险货物托运人托运危险化学品的，还应当提交与托运的危险化学品完全一致的安全技术说明书和安全标签。

◆不得使用罐式专用车辆或者运输有毒、感染性、腐蚀性危险货物的专用车辆运输普通货物。

其他专用车辆可以从事食品、生活用品、药品、医疗器具以外的普通货物运输，但应当由运输企业对专用车辆进行消除危害处理，确保不对普通货物造成污染、损害。

不得将危险货物与普通货物混装运输。

◆专用车辆应当按照国家标准《道路运输危险货物车辆标志》（GB 13392—2005）的要求悬挂标志。

◆运输剧毒化学品、爆炸品的企业或者单位，应当配备专用停车区域，并设立明显的警示标牌。

◆专用车辆应当配备符合有关国家标准以及与所载运的危险货物相适应的应急处理器材和安全防护设备。

◆道路危险货物运输企业或者单位不得运输法律、行政法规禁止运输的货物。

法律、行政法规规定的限运、凭证运输货物，道路危险货物运输企业或者单位应当按照有关规定办理相关运输手续。

法律、行政法规规定托运人必须办理有关手续后方可运输的危险货物，道路危险货物运输企业应当查验有关手续齐全有效后方可承运。

◆道路危险货物运输企业或者单位应当采取必要措施，防止危险货物脱落、扬散、丢失以及燃烧、爆炸、泄漏等。

◆驾驶人员应当随车携带《道路运输证》。驾驶人员或者押运人员应当按照《汽车运输危险货物规则》（JT 617—2004）的要求，随车携带《道路运输危险货物安全卡》。

◆在道路危险货物运输过程中，除驾驶人员外，还应当在专用车辆上配备押运人员，确保危险货物处于押运人员监管之下。

◆道路危险货物运输途中，驾驶人员不得随意停车。因住宿或者发生影响正常运输的情况需要较长时间停车的，驾驶人员、押运人员应当设置警戒带，并采取相应的安全防范措施。

运输剧毒化学品或者易制爆危险化学品需要较长时间停车的，驾驶人员或者押运人员应当向当地公安机关报告。

◆危险货物的装卸作业应当遵守安全作业标准、规程和制度，并在装卸管理人员的现场指挥或者监控下进行。

危险货物运输托运人和承运人应当按照合同约定指派装卸管理人员；若合同未予约定，则由负责装卸作业的一方指派装卸管理人员。

◆驾驶人员、装卸管理人员和押运人员上岗时应当随身携带从业资格证。

◆严禁专用车辆违反国家有关规定超载、超限运输。

道路危险货物运输企业或者单位使用罐式专用车辆运输货物时，罐体载货后的总质量应当和专用车辆核定载质量相匹配；使用牵引车运输货物时，挂车载货后的总质量应当与牵引车的准牵引总质量相匹配。

◆道路危险货物运输企业或者单位应当要求驾驶人员和押运人员在运输危险货物时，严格遵守有关部门关于危险货物运输线路、时间、速度方面的有关规定，并遵守有关部门关于剧毒、爆炸危险品道路运输车辆在重大节假日通行高速公路的相关规定。

◆道路危险货物运输企业或者单位应当通过卫星定位监控平台或者监控终端及时纠正和处理超速行驶、疲劳驾驶、不按规定线路行驶等违法违规驾驶行为。

监控数据应当至少保存3个月，违法驾驶信息及处理情况应当至少保存3年。

◆道路危险货物运输从业人员必须熟悉有关安全生产的法规、技术标准和安全生产规章制度、安全操作规程，了解所装运危险货物的性质、危害特性、包装物或者容器的使用要求和发生意外事故时的处置措施，并严格执行《汽车运输危险货物规则》（JT 617—2004）、《汽车运输、装卸危险货物作业规程》（JT 618—2004）等标准，不得违章作业。

◆道路危险货物运输企业或者单位应当通过岗前培训、例会、定期学习等方式，对从业人员进行经常性安全生产、职业道德、业务知识和操作规程的教育培训。

◆道路危险货物运输企业或者单位应当加强安全生产管理，制定突发事件应急预案，配备应急救援人员和必要的应急救援器材、设备，并定期组织应急救援演练，严格落实各项安全制度。

◆道路危险货物运输企业或者单位应当委托具备资质条件的机构，对本企业或单位的安全管理情况每3年至少进行一次安全评估，出具安全评估报告。

◆在危险货物运输过程中发生燃烧、爆炸、污染、中毒或者被盗、丢失、流散、泄漏等事故，驾驶人员、押运人员应当立即根据应急预案和《道路运输危险货物安全卡》的要求采取应急处置措施，并向事故发生地公安部门、交通运输主管部门和本运输企业或者单位报告。运输企业或者单位接到事故报告后，应当按照本单位危险货物应急预案组织救援，并向事故发生地安全生产监督管理部门和环境保护、卫生主管部门报告。

道路危险货物运输管理机构应当公布事故报告电话。

◆在危险货物装卸过程中，应当根据危险货物的性质，轻装轻卸，堆码整齐，防止混杂、撒漏、破损，不得与普通货物混合堆放。

◆道路危险货物运输企业或者单位应当为其承运的危险货物投保承运人责任险。

◆道路危险货物运输企业异地经营（运输线路起讫点均不在企业注册地市域内）累计3个月以上的，应当向经营地设区的市级道路运输管理机构备案并接受其监管。

5. 监督检查有关规定

在《道路危险货物运输管理规定》第五章“监督检查”中，对相关事项作了规定。

◆道路危险货物运输监督检查按照《道路货物运输及站场管理规定》执行。

道路运输管理机构工作人员应当定期或者不定期对道路危险货物运输企业或者单位进行现场检查。

◆道路运输管理机构在实施监督检查过程中，经本部门主要负责人批准，可以对没有随车携带《道路运输证》又无法当场提供其他有效证明文件的危险货物运输专用车辆予以扣押。

◆任何单位和个人对违反本规定的行为，有权向道路危险货物运输管理机构举报。

道路危险货物运输管理机构应当公布举报电话，并在接到举报后及时依法处理；对不属于本部门职责的，应当及时移送有关部门处理。

6. 有关法律责任的规定

在《道路危险货物运输管理规定》第六章“法律责任”中，对相关事项作了规定。

◆违反本规定，有下列情形之一的，由县级以上道路运输管理机构责令停止运输经营，有违法所得的，没收违法所得，处违法所得 2 倍以上 10 倍以下的罚款；没有违法所得或者违法所得不足 2 万元的，处 3 万元以上 10 万元以下的罚款；构成犯罪的，依法追究刑事责任：

（1）未取得道路危险货物运输许可，擅自从事道路危险货物运输的；

（2）使用失效、伪造、变造、被注销等无效道路危险货物运输许可证件从事道路危险货物运输的；

（3）超越许可事项，从事道路危险货物运输的；

（4）非经营性道路危险货物运输单位从事道路危险货物运输经营的。

◆违反本规定，道路危险货物运输企业或者单位非法转让、出租道路危险货物运输许可证件的，由县级以上道路运输管理机构责令停止违法行为，收缴有关证件，处 2 000 元以上 1 万元以下的罚款；有违法所得的，没收违法所得。

◆违反本规定，道路危险货物运输企业或者单位有下列行为之一，由县级以上道路运输管理机构责令限期投保；拒不投保的，由原许可机关吊销《道路运输经营许可证》或者《道路危险货物运输许可证》，或者吊销相应的经营范围：

（1）未投保危险货物承运人责任险的；

（2）投保的危险货物承运人责任险已过期，未继续投保的。

◆违反本规定，道路危险货物运输企业或者单位未按规定维护或者检测专用车辆的，由县级以上道路运输管理机构责令改正，并处 1 000 元以上 5 000 元以下的罚款。

◆违反本规定，道路危险货物运输企业或者单位不按照规定随车携带《道路运输证》的，由县级以上道路运输管理机构责令改正，处警告或者 20 元以上 200 元以下的罚款。

◆违反本规定，道路危险货物运输企业或者单位以及托运人有下列情形之一的，由县级以上道路运输管理机构责令改正，并处 5 万元以上 10 万元以下的罚款，拒不改正的，责令停产停业整顿；构成犯罪的，依法追究刑事责任：

（1）驾驶人员、装卸管理人员、押运人员未取得从业资格上岗作业的；

（2）托运人不向承运人说明所托运的危险化学品的种类、数量、危险特性以及发生危险情况的应急处置措施，或者未按照国家有关规定对所托运的危险化学品妥善包装并在外包装上设置相应标志的；

(3) 未根据危险化学品的危险特性采取相应的安全防护措施，或者未配备必要的防护用品和应急救援器材的；

(4) 运输危险化学品需要添加抑制剂或者稳定剂，托运人未添加或者未将有关情况告知承运人的。

◆违反本规定，道路危险货物运输企业或者单位未配备专职安全管理人员的，由县级以上道路运输管理机构责令改正，可以处1万元以下的罚款；拒不改正的，对危险化学品运输企业或单位处1万元以上5万元以下的罚款，对运输危险化学品以外其他危险货物的企业或单位处1万元以上2万元以下的罚款。

◆违反本规定，道路危险化学品运输托运人有下列行为之一的，由县级以上道路运输管理机构责令改正，处10万元以上20万元以下的罚款，有违法所得的，没收违法所得；拒不改正的，责令停产停业整顿；构成犯罪的，依法追究刑事责任：

(1) 委托未依法取得危险货物道路运输许可的企业承运危险化学品的；

(2) 在托运的普通货物中夹带危险化学品，或者将危险化学品谎报或者匿报为普通货物托运的。

◆违反本规定，道路危险货物运输企业擅自改装已取得《道路运输证》的专用车辆及罐式专用车辆罐体的，由县级以上道路运输管理机构责令改正，并处5 000元以上2万元以下的罚款。

四、《道路旅客运输及客运站管理规定》相关要点

2012年12月11日，交通运输部公布重新修订后的《道路旅客运输及客运站管理规定》(交通运输部令2012年第8号)，并于公布之日起施行。

制定《道路旅客运输及客运站管理规定》的目的，是依据《中华人民共和国道路运输条例》及有关法律、行政法规的规定，为了规范道路旅客运输及道路旅客运输站经营活动，维护道路旅客运输市场秩序，保障道路旅客运输安全，保护旅客和经营者的合法权益。《道路旅客运输及客运站管理规定》分为八章一百零一条，各章内容为：第一章“总则”，第二章“经营许可”，第三章“客运车辆管理”，第四章“客运经营管理”，第五章“客运站经营”，第六章“监督检查”，第七章“法律责任”，第八章“附则”。

1.《道路旅客运输及客运站管理规定》总则有关规定

在《道路旅客运输及客运站管理规定》第一章“总则”中，对相关事项作了规定。

◆从事道路旅客运输（以下简称道路客运）经营以及道路旅客运输站（以下简称客运站）经营的，应当遵守本规定。

◆本规定所称道路客运经营，是指用客车运送旅客、为社会公众提供服务、具有商业性质的道路客运活动，包括班车（加班车）客运、包车客运、旅游客运。

◆道路客运和客运站管理应当坚持“以人为本、安全第一”的宗旨，遵循公平、公正、公开、便民的原则，打破地区封锁和垄断，促进道路运输市场的统一、开放、竞争、有序，满足广大人民群众的出行需求。道路客运及客运站经营者应当依法经营，诚实信用，公平竞争，优质服务。

◆国家实行道路客运企业等级评定制度和质量信誉考核制度，鼓励道路客运经营者实行规模化、集约化、公司化经营，禁止挂靠经营。

◆交通运输部主管全国道路客运及客运站管理工作。

县级以上地方人民政府交通运输主管部门负责组织领导本行政区域的道路客运及客运站管理工作。

县级以上道路运输管理机构负责具体实施道路客运及客运站管理工作。

2. 经营许可的有关规定

在《道路旅客运输及客运站管理规定》第二章“经营许可”中，对相关事项作了规定。

◆班车客运的线路根据经营区域和营运线路长度分为以下四种类型：

一类客运班线：地区所在地与地区所在地之间的客运班线或者营运线路长度在800公里以上的客运班线。

二类客运班线：地区所在地与县之间的客运班线。

三类客运班线：非毗邻县之间的客运班线。

四类客运班线：毗邻县之间的客运班线或者县境内的客运班线。

本规定所称地区所在地，是指设区的市、州、盟人民政府所在城市市区；本规定所称县，包括县、旗、县级市和设区的市、州、盟下辖乡镇的区。

县城城区与地区所在地城市市区相连或者重叠的，按起讫客运站所在地确定班线起讫点所属的行政区域。

◆包车客运按照其经营区域分为省际包车客运和省内包车客运，省内包车客运分为市际包车客运、县际包车客运和县内包车客运。

◆旅游客运按照营运方式分为定线旅游客运和非定线旅游客运。

定线旅游客运按照班车客运管理，非定线旅游客运按照包车客运管理。

◆申请从事道路客运经营的，应当具备下列条件：

（1）有与其经营业务相适应并经检测合格的客车：

（2）从事客运经营的驾驶人员，应当符合下列条件：取得相应的机动车驾驶证；年龄不超过60周岁；3年内无重大以上交通责任事故记录；经设区的市级道路运输管理机构对有关客运法规、机动车维修和旅客急救基本知识考试合格而取得相应从业资格证。

(3) 有健全的安全生产管理制度，包括安全生产操作规程、安全生产责任制、安全生产监督检查、驾驶人员和车辆安全生产管理的制度。

(4) 申请从事道路客运班线经营，还应当有明确的线路和站点方案。

◆申请从事客运站经营的，应当具备下列条件：

(1) 客运站经有关部门组织的工程竣工验收合格，并且经道路运输管理机构组织的站级验收合格；

(2) 有与业务量相适应的专业人员和管理人员；

(3) 有相应的设备、设施，具体要求按照行业标准《汽车客运站级别划分和建设要求》(JT/T 200—2004) 的规定执行；

(4) 有健全的业务操作规程和安全管理制度，包括服务规范、安全生产操作规程、车辆发车前例检制度、安全生产责任制、危险品查堵、安全生产监督检查的制度。

3. 客运车辆管理的有关规定

在《道路旅客运输及客运站管理规定》第三章“客运车辆管理”中，对相关事项作了规定。

◆客运经营者应当依据国家有关技术规范对客运车辆进行定期维护，确保客运车辆技术状况良好。

◆客运经营者应当定期进行客运车辆检测，车辆检测结合车辆定期审验的频率一并进行。

◆禁止使用报废的、擅自改装的、拼装的、检测不合格的客车以及其他不符合国家规定的车辆从事道路客运经营。

◆客运经营者对达到国家规定的报废标准或者经检测不符合国家强制性标准要求的客运车辆，应当及时交回《道路运输证》，不得继续从事客运经营。

4. 客运经营管理有关规定

在《道路旅客运输及客运站管理规定》第四章“客运经营管理”中，对相关事项作了规定。

◆客运经营者应当按照道路运输管理机构决定的许可事项从事客运经营活动，不得转让、出租道路运输经营许可证件。

◆道路客运班线属于国家所有的公共资源。班线客运经营者取得经营许可后，应当向公众提供连续运输服务，不得擅自暂停、终止或者转让班线运输。

◆客运班车应当按照许可的线路、班次、站点运行，在规定的途经站点进站上下旅客，无正当理由不得改变行驶线路，不得站外上客或者沿途揽客。

◆客运经营者不得强迫旅客乘车，不得中途将旅客交给他人运输或者甩客，不得敲诈旅客，不得擅自更换客运车辆，不得阻碍其他经营者的正常经营活动。

◆严禁客运车辆超载运行，在载客人数已满的情况下，允许再搭乘不超过核定载客人数10%的免票儿童。

客运车辆不得违反规定载货。

◆客运经营者应当遵守有关运价规定，使用规定的票证，不得乱涨价、恶意压价、乱收费。

◆客运经营者应当在客运车辆外部的适当位置喷印企业名称或者标志，在车厢内显著位置公示道路运输管理机构监督电话、票价和里程表。

◆客运经营者应当为旅客提供良好的乘车环境，确保车辆设备、设施齐全有效，保持车辆清洁、卫生，并采取必要的措施防止在运输过程中发生侵害旅客人身、财产安全的违法行为。

◆客运经营者应当为旅客投保承运人责任险。

◆客运经营者在运输过程中造成旅客人身伤亡，行李毁损、灭失，当事人对赔偿数额有约定的，依照其约定；没有约定的，参照国家有关港口间海上旅客运输和铁路旅客运输赔偿责任限额的规定办理。

◆客运经营者应当加强对从业人员的安全、职业道德教育和业务知识、操作规程培训。并采取有效措施，防止驾驶人员连续驾驶时间超过4个小时。

客运车辆驾驶人员应当遵守道路运输法规和道路运输驾驶员操作规程，安全驾驶，文明服务。

◆客运经营者应当制定突发公共事件的道路运输应急预案。应急预案应当包括报告程序、应急指挥、应急车辆和设备的储备以及处置措施等内容。

发生突发公共事件时，客运经营者应当服从县级及以上人民政府或者有关部门的统一调度、指挥。

◆旅客应当持有效客票乘车，遵守乘车秩序，文明礼貌，携带免票儿童的乘客应当在购票时声明。不得携带国家规定的危险物品及其他禁止携带的物品乘车。

◆客运车辆驾驶人员应当随车携带《道路运输证》、从业资格证等有关证件，在规定位置放置客运标志牌。客运班车驾驶人员还应当随车携带《道路客运班线经营许可证明》。

5. 法律责任

在《道路旅客运输及客运站管理规定》第七章“法律责任”中，对相关事项作了规定。

◆违反本规定，有下列行为之一的，由县级以上道路运输管理机构责令停止经营；有违法所得的，没收违法所得，处违法所得2倍以上10倍以下的罚款；没有违法所得或者违法所得不足2万元的，处3万元以上10万元以下的罚款；构成犯罪的，依法追究刑事责任：

（1）未取得道路客运经营许可，擅自从事道路客运经营的；

（2）未取得道路客运班线经营许可，擅自从事班车客运经营的；

（3）使用失效、伪造、变造、被注销等无效的道路客运许可证件从事道路客运经营的；

（4）超越许可事项，从事道路客运经营的。

◆违反本规定，客运经营者有下列行为之一，由县级以上道路运输管理机构责令限期投保；拒不投保的，由原许可机关吊销《道路运输经营许可证》或者吊销相应的经营范围：

（1）未为旅客投保承运人责任险的；

（2）未按最低投保限额投保的；

（3）投保的承运人责任险已过期，未继续投保的。

◆违反本规定，客运经营者有下列情形之一的，由县级以上道路运输管理机构责令改正，处1 000元以上3 000元以下的罚款；情节严重的，由原许可机关吊销《道路运输经营许可证》或者吊销相应的经营范围：

（1）客运班车不按批准的客运站点停靠或者不按规定的线路、班次行驶的；

（2）加班车、顶班车、接驳车无正当理由不按原正班车的线路、站点、班次行驶的；

（3）客运包车未持有效的包车客运标志牌进行经营的，不按照包车客运标志牌载明的事项运行的，线路两端均不在车籍所在地的，按班车模式定点定线运营的，招揽包车合同以外的旅客乘车的；

（4）以欺骗、暴力等手段招揽旅客的；

（5）在旅客运输途中擅自变更运输车辆或者将旅客移交他人运输的；

（6）未报告原许可机关，擅自终止道路客运经营的。

◆违反本规定，客运经营者、客运站经营者已不具备开业要求的有关安全条件、存在重大运输安全隐患的，由县级以上道路运输管理机构责令限期改正；在规定时间内不能按要求改正且情节严重的，由原许可机关吊销《道路运输经营许可证》或者吊销相应的经营范围。

◆本规定自2005年8月1日起施行。交通部1995年9月6日发布的《省际道路旅客运输管理办法》（交公路发〔1995〕828号）、1998年11月26日发布的《高速公路旅客运输管理规定》（交通部令1998年第8号）、1995年5月9日发布的《汽车客运站管理规定》（交通部令1995年第2号）、2000年4月27日发布的《道路旅客运输企业经营资质管理规定（试行）》（交公路发〔2000〕225号）、1993年5月19日发布的《道路旅客运输业户开业技术经济条件（试行）》（交运发〔1993〕531号）同时废止。

第七章　《突发事件应对法》有关知识

我国是世界上人口最多的国家，现在正处在经济与社会发展的快速转型期，也是各类突发公共事件的易发期。突发公共事件主要包括：自然灾害、事故灾难、公共卫生事件、社会安全事件。各类突发公共事件往往是相互交叉和相互关联的，某类突发公共事件可能和其他类别的事件同时发生，或引发次生、衍生事件，应当具体分析，统筹应对。应该认识到，突发公共事件是影响我国社会发展和经济建设的不利因素，对此必须要加强全社会的应急机制建设，加强政府和企业的应急管理，切实做好应急管理的各项工作，在需要的时候发挥出重要作用。

第一节　建立应急管理的迫切性和重要性

应急管理是指政府或者企业在突发事件的事前预防、事发应对、事中处置和善后恢复过程中，通过建立必要的应对机制，采取一系列必要措施，应用科学、技术、规划与管理等手段，保障公众生命、健康和财产安全，促进社会和谐健康发展的有关活动。近几年，一系列突发事件和事故灾难，给了我们一个深刻的启示，那就是一定要在全社会建立应急机制，做好应急管理工作，从而提高政府和企业应对突发事件和风险的能力，降低突发事件的危害。

一、做好应急管理提高应对事故灾难和风险的能力

安全生产工作必须要坚持以防止和减少事故为目标，以服务经济建设为中心，以改革创新为动力，以队伍建设为保证，从完善法制建设、创新体制机制、强化监督管理、加大投入和宣传教育等关键环节着手，使事故率持续下降，重特大事故明显减少。

1. 居安思危，增强搞好应急管理工作的紧迫感

由于我国处在并将长期处在社会主义的初级阶段，公共安全基础工作薄弱，特别是正值经济转轨、社会转型、快速发展和矛盾凸显的历史时期，公共安全形势严峻。据有关统计，近年来平均每年因自然灾害、事故灾难、公共卫生和社会安全事件造成的非正常死亡人数超过 20 万人，非正常死亡率约 26‰（非正常死亡人数/死亡总人数×1 000‰），伤残

超过 200 万人，经济损失超过 4 500 亿元人民币。

我国特有的地质构造条件和自然地理环境，又使我国成为遭受自然灾害最严重的国家之一。20 世纪发生的破坏性地震，我国占全球的 1/3，死亡人数占全球的 1/2。仅 1976 年的唐山大地震，就造成 24.2 万人死亡，16 万人重伤，经济损失上百亿元。我国有 22 个省会城市和 2/3 的百万以上人口的大城市位于地震高烈度区；另外，我国又是受热带气旋影响最大的国家之一，平均每年有 10 个台风和热带风暴在我国登陆；全国有 2/3 的国土面积不同程度地受到洪水威胁，特别是长江、黄河等七大江河中下游地区，许多地面都处在洪水水位以下，洪涝灾害威胁严重；崩塌、滑坡、泥石流等地质灾害平均每年造成数千人死亡；森林、草原火灾年年发生，经济损失数十亿元，甚至上百亿元。总之，自然灾害频度高、分布广、损失大。

大量事实证明，世界上任何一个国家的政府，能不能有效地管理和处置危机，能不能维护正常的社会秩序，能不能保障人民群众的生命财产安全，已经成为检验这个政府能否取信于民的重要标志，成为检验这个政府是否对人民群众负责的试金石。所以，制定、修订突发公共事件应急预案和建立健全应急体制、机制、法制（简称“一案三制”），成为维护国家安全，构建社会主义和谐社会的重要手段；成为全面履行政府职能，提高执政能力的迫切需要。我们一定要居安思危，有备无患，进一步增强紧迫感、责任感和使命感，务必把“一案三制”工作摆上各级政府和全社会工作的重要议事日程。

2. 有备无患，切实加强应急体制、机制和法制建设

2004 年以来，根据党中央、国务院的统一部署，各地各部门在认真总结历史经验的基础上，吸收和借鉴国外经验，坚持科学民主决策，依法制定和修订了一批应急预案。启动应急预案已成为各级领导和企事业单位的自觉行动。

（1）认真坚持六条应急管理原则。总结多年来应对突发事件和风险的经验教训，必须坚持：以人为本，减少危害；居安思危，预防为主；统一领导，分级负责；依法规范，加强管理；快速反应，协同应对；依靠科技，提高素质。

（2）对突发公共事件实施分类管理、分级负责。突发公共事件是指突然发生，造成或者可能造成重大人员伤亡、财产损失、生态环境破坏和严重社会危害，危及公共安全的紧急事件。根据突发公共事件的性质、演变过程和发生机理，突发公共事件主要分为自然灾害、事故灾难、公共卫生事件和社会安全事件四类。但是，要特别注意各类突发公共事件的相互联系、相互影响和相互渗透，往往发生次生、衍生事件，或几个突发事件同时发生。比如，2005 年 11 月 13 日吉林石化公司双苯厂发生的爆炸事故，引发成重大水环境污染事件，进而演变成跨省、跨国的社会安全事件。

（3）建立健全突发公共事件应急预案体系。大量事实证明，当特别重大突发公共事件

发生时，如果一级等一级下指示再行动，比各级按照应急预案自动启动的效率要差 300 多倍。当灾害迫在眉睫或正在发生时，第一时间处置的好坏往往决定了伤亡损失的大小和处置成本的高低，第一时间现场指挥人员和遇险人员的行动是否正确合理，往往决定了他们在灾难中能否生存。应急预案不是万能的，但是没有应急预案是万万不能的。

（4）建立健全应急工作体制、机制和法制。在应急管理体制方面，主要是在党中央、国务院的统一领导下，坚持分级管理、分级响应、条块结合、属地管理为主的原则，建立健全集中统一、坚强有力的指挥机构；发挥我们的政治优势和组织优势，形成强大的社会动员体系；建立健全以事发地党委和政府为主，有关部门和相关地区协调配合的领导责任制；建立健全应急处置的专业救援队伍、专家咨询队伍，充分发挥人民解放军、武警和预备役民兵的重要作用。在运行机制方面，主要是建立健全社会预警体系，形成统一指挥、功能齐全、反应灵敏、运转高效的应急机制。包括建立健全监测预警机制、应急信息报告机制、应急决策和协调机制、分级负责与响应机制、公众沟通与动员机制、应急资源配置与征用机制、奖惩机制和社会治安综合治理、城乡社会管理机制等。在法制建设方面，主要是依法行政，努力使突发公共事件的应急处置逐步走向规范化、制度化、法制化轨道，并注意通过对实践的总结，促进法律、法规和规章的不断完善。

3. 全面落实科学发展观，建立科学的应急体系

在应急管理方面，要进一步加强领导，提高各级领导处置突发公共事件的能力和水平，强化全民的忧患意识和社会责任意识，普及灾害中自救和互救常识。只有各级领导和广大群众既有了忧患意识，又有了自救、互救和应急知识，并通过培训和演练具有了技能，才能说我们中华民族的综合素质真正提高了。要借鉴国内外经验，立足我国国情，符合本地实际。要充分发挥社会主义中国的政治优势、组织优势；要在实践中检验和不断完善应急预案。当前特别要抓好基层，包括社区、农村和重点企事业单位应急预案的编制工作，做到“纵向到底，横向到边”。要组织培训和应急演练，提高指挥员、救援人员和职工群众的应急管理水平、专业技能和自救、互救能力。

在应急管理中，要把建立健全大城市突发公共事件的应急机制作为重点。这是城市灾害的多样性、复杂性、连锁性（次生、衍生和耦合），受灾对象的集中性、灾害的严重性和放大性所决定的。同时必须认识到，高风险的城市和低设防的农村，这就是我国的国情。要充分发挥大中城市在应急救援工作中的骨干和辐射作用，加强农村应急救援工作。要认真贯彻和落实科学发展观，坚持统筹兼顾、协调发展，把安全工作纳入各地、各部门和企事业单位发展的总体布局，做到同步规划、同步实施、同步发展，加强重大危险源的普查监控和重大隐患的整改，加强应急能力的科学评估，切实实施公共安全保障工程，最大限度地减少突发公共事件的发生和造成的损失，保障人民生命财产的安全。

二、灾害应急救援预案的编制要求

灾害包括自然灾害（洪水、台风、地震、海啸、山体滑坡等）和人为过失造成的事故灾害（火灾、爆炸、中毒、交通事故等），灾害（事故）给人们的生命和财产安全带来了极大破坏。当灾害发生时如何把灾害的影响降到最低，把灾害的损失减到最小，需要在灾害发生时，人们采取迅速、正确、有效的应对措施。

1. 应急预案是应急救援系统的重要组成部分

我国有句老话“凡事预则立，不预则废”。灾害（事故）应急系统是指通过事前计划和应急措施，充分利用一切可能的力量，在灾害事故发生后迅速控制事态发展并尽可能削减灾害事故的影响，保护人的生命和财产安全，将事故对人员、财产和环境造成的损失降低至最低程度。应急预案是应急救援系统的重要组成部分，针对各种不同的紧急情况制定有效的应急预案，不仅可以指导应急人员的日常培训和演习，保证各种应急资源处于良好的备战状态，而且可以指导应急救援行动按计划有序进行，防止因行动组织不力或现场救援工作混乱而延误事故应急救援，从而降低人员伤亡和财产损失。应急预案对于如何在事故现场组织开展应急救援工作具有重要的指导意义，它有助于实现应急行动的快速、有序、高效。因此，如何制定有效完善的应急预案具有重要的现实意义。所以说，应急预案是针对各种可能发生的事故所需的应急行动而制定的指导性文件。

2. 应急预案应具有预见性、科学性和可行性

（1）编制应急预案要有预见性。应急预案应对未来可能发生的灾害（事故）作出具体的描述，对灾害（事故）进行危害识别和风险评价，并分析可能由此而引起事态扩大、恶化的形式和后果。对危险场所要进行重大事故危险源的辨识。评估对象可依据《重大危险源辨识》（GB 18218—2000）和评价结果进行，这是制定灾害应急救援预案的基础和出发点。对已确认的重大危险源，应预测发生重大事故的状态和损失程度以及对周边地区可能造成的危害程度。例如：编制地震应急预案，就应先分析当地震对所在地可能造成的危害，由于地震引起的火灾、停电、停水、交通及通信中断等事故，这些事故在平时已经是很严重的灾难，如果集中发生，就更难以应对，所以分析要尽可能地详尽，应从灾难状况的角度去思考问题。特别是一些重点设施如石油化工生产装置、发电厂、供水设施、大型水利枢纽，会由于地震引发一连串的灾难性事故，应重点研究应对措施。

（2）编制应急预案要有科学性。编制应急预案的最基本目的是最大限度地控制灾害（事故）的影响，把损失降到最低。灾害来临时，面对大量的工作要从何下手呢？这就应当

依据危害识别、风险评价的结论分出轻重缓急，对重点目标应优先施救。当灾害发生时现场施救的第一目标应当是救人，预案的措施应当以此为主线展开，当事件的局部已确实无法挽救时，应主动理性地放弃。如石油产品库区的特大型火灾，当事态已经失控时，以采取保护性施救为好。

（3）编制应急预案要有可行性。编制应急预案是为了在灾害（事故）状态下能够按照预案有效地组织施救，所以编制预案要从事故状态下的环境去思考问题。如地震发生时，有可能发生停电、停水。处理地震引发的火灾，就不能按照一般的火灾施救处理。

（4）应急预案应分级编制。各级组织由于所辖范围不同，职责、权限不同、对系统的控制能力也不同。政府有政府的职能，应根据自己的职能编制应急预案。机关、企事业单位应该按照自己的所辖范围编制应急预案。大型企业应根据自身的实际情况编制公司、分厂、各装置的应急预案。这样才能使应急预案更加实用、可靠，更加具有可操作性。

3. 编制应急预案的基本思路与主要内容

编制应急预案的基本思路：将要发生什么；由此会引发什么；有什么危害；哪些危害最严重；应当采取的控制措施；由谁来组织指挥；需要哪些资源；如何得到这些资源；如何实施抢险措施；如何恢复等一系列问题。

编制应急预案内容包括：具体描述灾害（事故）的形态和可能造成的影响及后果；识别重要危险因素，确定重点控制对象和重点控制地区并分析在灾害（事故）状态下可能引发的连锁反应；明确应急组织机构，确定抢险队伍及职责、权限；明确后勤及资源保障等。

4. 应急预案编制的组织

灾害（事故）应急预案涉及多学科、多专业，是复杂的系统工程，鉴于个人的知识、能力、经验的限制，一个人很难独立完成。应当成立由组织的行政负责人、相关专家、现场救护人员组成的应急预案编写组，行政负责人负责协调运作、资源供给；相关专家负责危险识别、评价分析，编制施救程序、制定抢险措施；现场救护人员制定现场抢险战术。通过分工协作，相互取长补短，才有可能编制出较为完善的灾害（事故）应急预案。

灾害（事故）应急预案编制完成后，应当定期或不定期地组织相关方进行预案的演练。通过演练，磨合、协调预案的运作，检验预案实施的效果，发现存在的问题，通过持续改进，使之不断完善。

三、企业应急救援预案的编制与实施

应急救援预案的编制与实施，对于企业提高生产安全事故应急救援能力，降低企业生产安全事故损失具有重大意义。而应急救援预案的建立与实施对许多企业而言是一个较新的课题，如何制定科学、全面的应急救援预案，使其更具有可操作性及预防减灾性，已成为企业在建立与实施应急救援预案时所共同关心的问题。

1. 应急救援预案编制准备

对于企业来讲，编制应急救援预案，要认真做好各项准备工作，使所编织的应急救援预案符合实际。准备工作主要有：

（1）成立预案编制小组。为了做好预案的编制工作，应成立预案编制小组。预案编制小组的负责人应由企业领导担任，这样可以增强预案的权威性，促进工作的实施。小组成员应是预案制定和实施过程起重要作用或是可能在紧急事件中受影响的人员，包括企业管理、安全、生产操作、保卫、设备、卫生、环境、维修、人事、财务等应急救援相关部门，还应包括来自地方政府机构应急救援机构的代表，这样可消除企业应急预案与地方应急预案的不一致性；也可明确当事故影响到厂外时涉及的单位和职责，有利于救援时的协调配合。预案编制小组应对整个预案的编制过程制订详细周密的计划，使得预案编制工作有条不紊地进行。

（2）相关资料收集、整理。在编制预案前，须进行全面、详细的资料收集、整理。企业需要收集、调查的资料主要包括：适用的法律、法规和标准；企业安全记录、事故情况；国内外同类企业事故资料；地理、环境、气象资料；相关企业的应急预案等。

（3）危险源辨识与风险评价。危险源辨识与风险评价是应急预案编制过程的基础和关键，因此企业在编制预案前，首先应对本单位的重大危险源进行辨识，其次对重大危险源的潜在事故和事故后果进行风险评价，根据风险评价结果来编制事故应急救援预案。

（4）应急资源与能力评估。依据危险辨识与风险评价的结果，对已有的应急资源和应急能力进行评估，明确应急资源的需求和不足。应急资源与能力评估应包括如下内容：一是企业内部的应急力量的组成、各自的应急能力及分布情况；二是各种重要应急设备设施、物资的准备、布置情况；三是当地政府救援机构或相邻企业可用的应急资源，如地方应急管理办公室、消防部门、危险物质响应机构、应急医疗服务机构、医院、公安部门、社区服务组织、公用设施管理部门、相关合同方、应急设备供应单位、保险机构等。

2. 应急救援预案的编制

应急预案编制过程是一项细致的工作，不能马马虎虎、粗枝大叶，也不能敷衍了事。应急预案编制过程主要包括：

（1）明确应急救援组织机构、人员及职责。从事故报警到如何实施应急行动或疏散程序。这些行动由企业的哪些部门或人员来完成，即要预先明确各有关部门或人员的应急职责与任务，这是确保应急过程中有关人员迅速各就各位、各司其职，使应急救援工作能迅速有序进行的重要前提。在职责分配时应全面分析并确定需要采取的各种应急行动。例如，紧急疏散、现场警戒、灭火和抢险、通知受影响的相邻单位、指引和接洽外部消防队伍等。应当注意的是，在确定部门职责时，不能仅限于应急行动过程，还应包括事前应急预防、应急准备及事后应急恢复等各阶段的职责。

(2) 确定预案文件体系结构。不同类型、不同规模、不同风险的企业，可以针对企业实际应急需要和自身的管理模式，采取不同的应急预案文件体系结构。

(3) 撰写应急预案。根据已确定的组织机构、人员与职责及预案文件体系结构，制定预案编写任务清单，把预案编写工作落实到具体的部门和人员并确定完成各项工作的时间进度表。

编制预案时应注意的几个问题：一是充分收集和参阅已有的应急救援预案，以最大可能减少工作量和避免应急救援预案的重复和交叉，并确保与其他相关应急救援预案（地方政府预案、上级主管单位以及相关部门的预案）协调一致。二是合理地组织预案的章节，以便每个不同的使用者能快速地找到各自所需要的信息，避免从一堆不相关的信息中去查找。三是保证应急预案每个章节及其组成部分，在内容相互衔接方面避免出现明显的位置不当。四是保证应急预案的每个部分都采用相似的逻辑结构来组织内容。五是应急预案的格式应尽量采取范例的格式，以便各级应急预案能更好地协调和对应。

3. 应急救援预案的评审与发布

为保证应急预案科学性、合理性和有效性，预案编制完成后，应组织各级、各类管理人员，应急响应人员、预案编制人员及有关机构和专家对预案进行评审。

应急预案评审通过后，应由企业最高管理者签署发布，并报送上级主管部门和当地政府负责安全监督管理综合工作的部门备案。

4. 应急救援预案的实施

应急预案的实施包括：开展预案的宣传贯彻，进行预案的培训，落实和检查各个有关部门的职责、程序和资源准备，提高参与应急行动所有相关人员应急救援技能等，为预案的演练做好充分的准备。

为做好预案的实施工作，企业应制订预案实施计划确保预案的宣传、贯彻、培训按计划进行，确保应急资源桉需配备并可用。

针对预案，应制订培训计划。根据各级各类人员在预案并组织实施过程中所承担的职责与任务的不同（应包括事故发生后受影响的场外人员）确定相应的培训内容及培训方式，使培训工作具有针对性和实效性。

5. 应急救援预案的演练

预案的演练是指按一定程式所开展的模拟救援演练。其主要目的在于验证应急预案的整体或关键性局部是否可能有效地付诸实施；验证预案在应对可能出现的各种意外情况所具备的适应性；找出预案可能需要进一步完善和修正的地方；确保建立和保持可靠的通信联络渠道；检查所有相关组织机构、人员是否已经熟悉并履行职责；检查并提高应急救援的启动能力。

演练结束后应组织预案演练的控制人员和评价人员对演练的效果做出评价，并提交演练报告，详细说明演练过程中发现的问题。按照对应急救援工作及时有效性的影响程度，对应急预案加以改进和完善。

6. 应急救援预案的修订与更新

预案的修订与更新是实现企业事故应急救援预案持续改进的重要步骤。应急救援预案是企业事故应急救援工作的指导文件，同时又具有法规权威性，通过定期或不定期的应急演练、应急救援后应对之进行评审，针对企业实际情况的变化以及预案中暴露出的缺陷，不断地更新、完善和改进应急预案文件体系。

当发生以下情况时，应对预案进行适时的修订与更新，以保持预案的科学性和适用性。这些变化包括：企业的布局和设施发生变化；预案演练或紧急情况过程中发现问题；政策和程序发生变化；组织机构或人员发生变化；救援技术的改进；采用新技术、新材料、新工艺；自然条件变化等。

第二节 《突发事件应对法》主要内容

2007 年 8 月 30 日，第十届全国人民代表大会常务委员会第 29 次会议通过了《中华人民共和国突发事件应对法》（以下简称《突发事件应对法》），并于 2007 年 11 月 1 日起施行。

《突发事件应对法》分为七章七十条，各章内容为：第一章“总则”，第二章“预防与应急准备”，第三章“监测与预警”，第四章“应急处置与救援”，第五章“事后恢复与重建”，第六章“法律责任”，第七章“附则”。制定本法的目的，为了预防和减少突发事件的发生，控制、减轻和消除突发事件引起的严重社会危害，规范突发事件应对活动，保护人民生命财产安全，维护国家安全、公共安全、环境安全和社会秩序。本法适用于突发事件的预防与应急准备、监测与预警、应急处置与救援、事后恢复与重建等应对活动。

一、制定《突发事件应对法》意义与思路

我国是一个自然灾害、事故灾难等突发事件较多的国家。各种突发事件的频繁发生，给人民群众的生命财产造成了巨大损失。党和国家历来高度重视突发事件应对工作，采取了一系列措施，建立了许多应急管理制度。

（1）制定《突发事件应对法》的重要意义

近些年来，国家高度重视突发事件应对法制建设，取得了显著成绩。据统计，我国目前已经制定涉及突发事件应对的法律 35 部、行政法规 37 部、部门规章 55 部，有关文件 111 份。国务院和地方人民政府制定了有关自然灾害、事故灾难、公共卫生事件和社会安全事件的应急预案，突发事件应急预案体系初步建立。同时，应急管理机构和应急保障能力建设得到进一步加强。但是，突发事件应对工作还存在一些突出问题：一是应对突发事件的责任不够明确，统一、协调、灵敏的应对体制尚未形成。二是一些行政机关应对突发事件的能力不够强，危机意识不够高，采取的应急处置措施不够充分、有力。三是突发事件的预防与应急准备、监测与预警、应急处置与救援等制度和机制不够完善，导致一些突发事件未能得到有效预防，有的突发事件引起的社会危害未能及时得到控制。四是社会广泛参与应对工作的机制还不够健全，公众的自救与互救能力不够强、危机意识有待提高。

为了提高社会各方面依法应对突发事件的能力，及时有效控制、减轻和消除突发事件引起的严重社会危害，保护人民生命财产安全，维护国家安全、公共安全、环境安全和社会秩序，迫切需要在认真总结我国应对突发事件经验教训、借鉴其他国家成功做法的基础上，根据宪法，制定一部规范应对各类突发事件共同行为的法律。制定《突发事件应对法》、提高依法应对突发事件的能力，是政府全面履行职能、建设服务型政府的迫切需要；是贯彻落实依法治国方略、全面推进依法行政的客观要求；是构建社会主义和谐社会的重要举措。

（2）制定《突发事件应对法》的基本思路

制定《突发事件应对法》的基本思路，主要体现在这样几个方面：

一是重在预防，关口前移，防患于未然，从制度上预防突发事件的发生，及时消除风险隐患。突发事件的演变一般都有一个过程，这个过程从本质上看是可控的，只要措施得力、应对有方，预防和减少突发事件发生，减轻和消除突发事件引起的严重社会危害，是完全可能的。因此，《突发事件应对法》把预防和减少突发事件发生，作为立法的重要目的和出发点，对突发事件的预防、应急准备、监测、预警等制度作了详细规定。

二是既授予政府充分的应急权力，又对其权力行使进行规范。突发事件往往严重威胁、

危害社会的整体利益。为了及时有效处置突发事件，控制、减轻和消除突发事件引起的严重社会危害，需要赋予政府必要的处置权力，坚持效率优先，充分发挥政府的主导作用，以有效整合各种资源，协调指挥各种社会力量。因此，《突发事件应对法》规定了政府应对突发事件可以采取的各种必要措施。同时，为了防止权力滥用，把应对突发事件的代价降到最低限度，《突发事件应对法》在对突发事件进行分类、分级、分期的基础上，明确了权力行使的规则和程序。

三是对公民权利的限制和保护相统一。突发事件往往具有社会危害性，政府固然负有统一领导、组织处置突发事件应对的主要职责，同时社会公众也负有义不容辞的责任。在应对突发事件中，为了维护公共利益和社会秩序，不仅需要公民、法人和其他组织积极参与有关突发事件应对工作，还需要其履行特定义务。因此，《突发事件应对法》对有关单位和个人在突发事件预防和应急准备、监测和预警、应急处置和救援等方面服从指挥、提供协助、给予配合、必要时采取先行处置措施的法定义务作了规定。同时，为了保护公民的权利，《突发事件应对法》确立了比例原则，并规定了征用补偿等制度。

四是建立统一领导、综合协调、分级负责的突发事件应对机制。实行统一的领导体制，整合各种力量，是提高突发事件处置工作效率的根本举措。借鉴世界各国的成功经验，结合我国的具体国情，《突发事件应对法》规定，国家建立统一领导、综合协调、分类管理、分级负责、属地管理为主的应急管理体制。

二、《突发事件应对法》总则中有关原则性的规定

在《突发事件应对法》第一章“总则”中，对相关原则性问题作了规定。

◆突发事件的预防与应急准备、监测与预警、应急处置与救援、事后恢复与重建等应对活动，适用本法。

◆本法所称突发事件，是指突然发生，造成或者可能造成严重社会危害，需要采取应急处置措施予以应对的自然灾害、事故灾难、公共卫生事件和社会安全事件。

按照社会危害程度、影响范围等因素，自然灾害、事故灾难、公共卫生事件分为特别重大、重大、较大和一般四级。法律、行政法规或者国务院另有规定的，从其规定。

◆国家建立统一领导、综合协调、分类管理、分级负责、属地管理为主的应急管理体制。

◆突发事件应对工作实行预防为主、预防与应急相结合的原则。国家建立重大突发事件风险评估体系，对可能发生的突发事件进行综合性评估，减少重大突发事件的发生，最大限度地减轻重大突发事件的影响。

◆国家建立有效的社会动员机制，增强全民的公共安全和防范风险的意识，提高全社

会的避险救助能力。

◆县级人民政府对本行政区域内突发事件的应对工作负责；涉及两个以上行政区域的，由有关行政区域共同的上一级人民政府负责，或者由各有关行政区域的上一级人民政府共同负责。

突发事件发生后，发生地县级人民政府应当立即采取措施控制事态发展，组织开展应急救援和处置工作，并立即向上一级人民政府报告，必要时可以越级上报。

突发事件发生地县级人民政府不能消除或者不能有效控制突发事件引起的严重社会危害的，应当及时向上级人民政府报告。上级人民政府应当及时采取措施，统一领导应急处置工作。

◆国务院和县级以上地方各级人民政府是突发事件应对工作的行政领导机关，其办事机构及具体职责由国务院规定。

◆有关人民政府及其部门作出的应对突发事件的决定、命令，应当及时公布。

◆有关人民政府及其部门采取的应对突发事件的措施，应当与突发事件可能造成的社会危害的性质、程度和范围相适应；有多种措施可供选择的，应当选择有利于最大程度地保护公民、法人和其他组织权益的措施。

公民、法人和其他组织有义务参与突发事件应对工作。

◆有关人民政府及其部门为应对突发事件，可以征用单位和个人的财产。被征用的财产在使用完毕或者突发事件应急处置工作结束后，应当及时返还。财产被征用或者征用后毁损、灭失的，应当给予补偿。

三、预防与应急准备的有关规定

在《突发事件应对法》第二章“预防与应急准备”中，对相关事项作了规定。

◆国家建立健全突发事件应急预案体系。

地方各级人民政府和县级以上地方各级人民政府有关部门根据有关法律、法规、规章、上级人民政府及其有关部门的应急预案以及本地区的实际情况，制定相应的突发事件应急预案。

◆应急预案应当根据本法和其他有关法律、法规的规定，针对突发事件的性质、特点和可能造成的社会危害，具体规定突发事件应急管理工作的组织指挥体系与职责和突发事件的预防与预警机制、处置程序、应急保障措施以及事后恢复与重建措施等内容。

◆城乡规划应当符合预防、处置突发事件的需要，统筹安排应对突发事件所必需的设备和基础设施建设，合理确定应急避难场所。

◆县级人民政府应当对本行政区域内容易引发自然灾害、事故灾难和公共卫生事件的危险源、危险区域进行调查、登记、风险评估，定期进行检查、监控，并责令有关单位采取安全防范措施。

◆县级人民政府及其有关部门、乡级人民政府、街道办事处、居民委员会、村民委员会应当及时调解处理可能引发社会安全事件的矛盾纠纷。

◆所有单位应当建立健全安全管理制度，定期检查本单位各项安全防范措施的落实情况，及时消除事故隐患；掌握并及时处理本单位存在的可能引发社会安全事件的问题，防止矛盾激化和事态扩大；对本单位可能发生的突发事件和采取安全防范措施的情况，应当按照规定及时向所在地人民政府或者人民政府有关部门报告。

◆矿山、建筑施工单位和易燃易爆物品、危险化学品、放射性物品等危险物品的生产、经营、储运、使用单位，应当制定具体应急预案，并对生产经营场所、有危险物品的建筑物、构筑物及周边环境开展隐患排查，及时采取措施消除隐患，防止发生突发事件。

◆公共交通工具、公共场所和其他人员密集场所的经营单位或者管理单位应当制定具体应急预案，为交通工具和有关场所配备报警装置和必要的应急救援设备、设施，注明其使用方法，并显著标明安全撤离的通道、路线，保证安全通道、出口的畅通。

有关单位应当定期检测、维护其报警装置和应急救援设备、设施，使其处于良好状态，确保正常使用。

◆各级各类学校应当把应急知识教育纳入教学内容，对学生进行应急知识教育，培养学生的安全意识和自救与互救能力。

教育主管部门应当对学校开展应急知识教育进行指导和监督。

四、监测与预警的有关规定

在《突发事件应对法》第三章“监测与预警”中，对相关事项作了规定。

◆国务院建立全国统一的突发事件信息系统。

县级以上地方各级人民政府应当建立或者确定本地区统一的突发事件信息系统，汇集、储存、分析、传输有关突发事件的信息，并与上级人民政府及其有关部门、下级人民政府及其有关部门、专业机构和监测网点的突发事件信息系统实现互联互通，加强跨部门、跨地区的信息交流与情报合作。

◆地方各级人民政府应当按照国家有关规定向上级人民政府报送突发事件信息。县级以上人民政府有关主管部门应当向本级人民政府相关部门通报突发事件信息。专业机构、监测网点和信息报告员应当及时向所在地人民政府及其有关主管部门报告突发事件信息。

有关单位和人员报送、报告突发事件信息，应当做到及时、客观、真实，不得迟报、谎报、瞒报、漏报。

◆国家建立健全突发事件监测制度。

县级以上人民政府及其有关部门应当根据自然灾害、事故灾难和公共卫生事件的种类和特点，建立健全基础信息数据库，完善监测网络，划分监测区域，确定监测点，明确监测项目，提供必要的设备、设施，配备专职或者兼职人员，对可能发生的突发事件进行监测。

◆国家建立健全突发事件预警制度。

可以预警的自然灾害、事故灾难和公共卫生事件的预警级别，按照突发事件发生的紧急程度、发展势态和可能造成的危害程度分为一级、二级、三级和四级，分别用红色、橙色、黄色和蓝色标示，一级为最高级别。

◆对即将发生或者已经发生的社会安全事件，县级以上地方各级人民政府及其有关主管部门应当按照规定向上一级人民政府及其有关主管部门报告，必要时可以越级上报。

◆发布突发事件警报的人民政府应当根据事态的发展，按照有关规定适时调整预警级别并重新发布。

有事实证明不可能发生突发事件或者危险已经解除的，发布警报的人民政府应当立即宣布解除警报，终止预警期，并解除已经采取的有关措施。

五、应急处置与救援的有关规定

在《突发事件应对法》第四章“应急处置与救援”中，对相关事项作了规定。

◆突发事件发生后，履行统一领导职责或者组织处置突发事件的人民政府应当针对其性质、特点和危害程度，立即组织有关部门，调动应急救援队伍和社会力量，依照本章的规定和有关法律法规、规章的规定采取应急处置措施。

◆自然灾害、事故灾难或者公共卫生事件发生后，履行统一领导职责的人民政府可以采取下列一项或者多项应急处置措施：

（1）组织营救和救治受害人员，疏散、撤离并妥善安置受到威胁的人员以及采取其他救助措施；

（2）迅速控制危险源，标明危险区域，封锁危险场所，划定警戒区，实行交通管制以及其他控制措施；

（3）立即抢修被损坏的交通、通信、供水、排水、供电、供气、供热等公共设施，向受到危害的人员提供避难场所和生活必需品，实施医疗救护和卫生防疫以及其他保障措施；

（4）禁止或者限制使用有关设备、设施，关闭或者限制使用有关场所，中止人员密集的活动或者可能导致危害扩大的生产经营活动以及采取其他保护措施；

（5）启用本级人民政府设置的财政预备费和储备的应急救援物资，必要时调用其他急

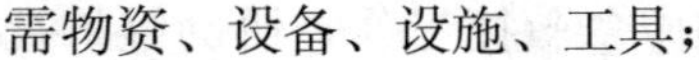

需物资、设备、设施、工具；

（6）组织公民参加应急救援和处置工作，要求具有特定专长的人员提供服务；

（7）保障食品、饮用水、燃料等基本生活必需品的供应；

（8）依法从严惩处囤积居奇、哄抬物价、制假售假等扰乱市场秩序的行为，稳定市场价格，维护市场秩序；

（9）依法从严惩处哄抢财物、干扰破坏应急处置工作等扰乱社会秩序的行为，维护社会治安；

（10）采取防止发生次生、衍生事件的必要措施。

◆社会安全事件发生后，组织处置工作的人民政府应当立即组织有关部门并由公安机关针对事件的性质和特点，依照有关法律、行政法规和国家其他有关规定，采取下列一项或者多项应急处置措施：

（1）强制隔离使用器械相互对抗或者以暴力行为参与冲突的当事人，妥善解决现场纠纷和争端，控制事态发展；

（2）对特定区域内的建筑物、交通工具、设备、设施以及燃料、燃气、电力、水的供应进行控制；

（3）封锁有关场所、道路，查验现场人员的身份证件，限制有关公共场所内的活动；

（4）加强对易受冲击的核心机关和单位的警卫，在国家机关、军事机关、国家通讯社、广播电台、电视台、外国驻华使领馆等单位附近设置临时警戒线；

（5）法律、行政法规和国务院规定的其他必要措施。

严重危害社会治安秩序的事件发生时，公安机关应当立即依法出动警力，根据现场情况依法采取相应的强制性措施，尽快使社会秩序恢复正常。

◆履行统一领导职责或者组织处置突发事件的人民政府，必要时可以向单位和个人征用应急救援所需设备、设施、场地、交通工具和其他物资，请求其他地方人民政府提供人力、物力、财力或者技术支援，要求生产、供应生活必需品和应急救援物资的企业组织生产、保证供给，要求提供医疗、交通等公共服务的组织提供相应的服务。

◆任何单位和个人不得编造、传播有关突发事件事态发展或者应急处置工作的虚假信息。

◆突发事件发生地的居民委员会、村民委员会和其他组织应当按照当地人民政府的决定、命令，进行宣传动员，组织群众开展自救和互救，协助维护社会秩序。

◆突发事件发生地的其他单位应当服从人民政府发布的决定、命令，配合人民政府采取的应急处置措施，做好本单位的应急救援工作，并积极组织人员参加所在地的应急救援和处置工作。

◆突发事件发生地的公民应当服从人民政府、居民委员会、村民委员会或者所属单位的指挥和安排，配合人民政府采取的应急处置措施，积极参加应急救援工作，协助维护社会秩序。

六、事后恢复与重建的有关规定

在《突发事件应对法》第五章“事后恢复与重建”中，对相关事项作了规定。

◆突发事件的威胁和危害得到控制或者消除后，履行统一领导职责或者组织处置突发事件的人民政府应当停止执行依照本法规定采取的应急处置措施，同时采取或者继续实施必要措施，防止发生自然灾害、事故灾难、公共卫生事件的次生、衍生事件或者重新引发社会安全事件。

◆突发事件应急处置工作结束后，履行统一领导职责的人民政府应当立即组织对突发事件造成的损失进行评估，组织受影响地区尽快恢复生产、生活、工作和社会秩序，制定恢复重建计划，并向上一级人民政府报告。

◆公民参加应急救援工作或者协助维护社会秩序期间，其在本单位的工资待遇和福利不变；表现突出、成绩显著的，由县级以上人民政府给予表彰或者奖励。

县级以上人民政府对在应急救援工作中伤亡的人员依法给予抚恤。

七、有关法律责任的规定

在《突发事件应对法》第六章“法律责任”中，对相关事项作了规定。

◆地方各级人民政府和县级以上各级人民政府有关部门违反本法规定，不履行法定职责的，由其上级行政机关或者监察机关责令改正；有下列情形之一的，根据情节对直接负责的主管人员和其他直接责任人员依法给予处分：

（1）未按规定采取预防措施，导致发生突发事件，或者未采取必要的防范措施，导致发生次生、衍生事件的；

（2）迟报、谎报、瞒报、漏报有关突发事件的信息，或者通报、报送、公布虚假信息，造成后果的；

（3）未按规定及时发布突发事件警报、采取预警期的措施，导致损害发生的；

（4）未按规定及时采取措施处置突发事件或者处置不当，造成后果的；

（5）不服从上级人民政府对突发事件应急处置工作的统一领导、指挥和协调的；

（6）未及时组织开展生产自救、恢复重建等善后工作的；

（7）截留、挪用、私分或者变相私分应急救援资金、物资的；

（8）不及时归还征用的单位和个人的财产，或者对被征用财产的单位和个人不按规定给予补偿的。

◆有关单位有下列情形之一的，由所在地履行统一领导职责的人民政府责令停产停业，暂扣或者吊销许可证或者营业执照，并处5万元以上20万元以下的罚款；构成违反治安管理行为的，由公安机关依法给予处罚：

（1）未按规定采取预防措施，导致发生严重突发事件的；

（2）未及时消除已发现的可能引发突发事件的隐患，导致发生严重突发事件的；

（3）未做好应急设备、设施日常维护、检测工作，导致发生严重突发事件或者突发事件危害扩大的；

（4）突发事件发生后，不及时组织开展应急救援工作，造成严重后果的。

◆违反本法规定，编造并传播有关突发事件事态发展或者应急处置工作的虚假信息，或者明知是有关突发事件事态发展或者应急处置工作的虚假信息而进行传播的，责令改正，给予警告；造成严重后果的，依法暂停其业务活动或者吊销其执业许可证；负有直接责任的人员是国家工作人员的，还应当对其依法给予处分；构成违反治安管理行为的，由公安机关依法给予处罚。

◆单位或者个人违反本法规定，不服从所在地人民政府及其有关部门发布的决定、命令或者不配合其依法采取的措施，构成违反治安管理行为的，由公安机关依法给予处罚。

◆单位或者个人违反本法规定，导致突发事件发生或者危害扩大，给他人人身、财产造成损害的，应当依法承担民事责任。

◆违反本法规定，构成犯罪的，依法追究刑事责任。

第三节 《突发事件应对法》相关规定

近年来，国家出台了一系列的应急管理法律、法规与管理标准，并初步建立了以政府为主体的应急管理体系。当前我国的安全生产形势依然严峻，尤其是各类重特大事故频发，导致安全生产伤亡事故的人数居高不下，给国家和社会造成巨大的损失。面对经常发生的各类突发事件，企业必须要提高警惕，居安思危，预先防范，制定相应的应急预案，做好思想和物质上的准备，真正做到有备无患，这样才能应对突发事件，有效化解突发事件造成的危害。

一、《国务院关于进一步加强企业安全生产工作的通知》相关要点

2010年7月19日，国务院印发《关于进一步加强企业安全生产工作的通知》（以下简

称《通知》)(国发〔2010〕23号)。《通知》的制定出台，是党和国家在全国深入贯彻落实科学发展观，转变经济发展方式，调整产业结构，推进经济平稳较快发展和建设和谐社会的重要时期，对安全生产工作作出的重大决策和部署，充分体现了党中央、国务院对安全生产工作的高度重视，对人民群众的深切关怀。

在《通知》的第五部分，专门对建设更加高效的应急救援体系提出要求，其相关内容如下：

◆加快国家安全生产应急救援基地建设。按行业类型和区域分布，依托大型企业，在中央预算内基建投资支持下，先期抓紧建设7个国家矿山应急救援队，配备性能可靠、机动性强的装备和设备，保障必要的运行维护费用。推进公路交通、铁路运输、水上搜救、船舶溢油、油气田、危险化学品等行业(领域)国家救援基地和队伍建设。鼓励和支持各地区、各部门、各行业依托大型企业和专业救援力量，加强服务周边的区域性应急救援能力建设。

◆建立完善企业安全生产预警机制。企业要建立完善安全生产动态监控及预警预报体系，每月进行一次安全生产风险分析。发现事故征兆要立即发布预警信息，落实防范和应急处置措施。对重大危险源和重大隐患要报当地安全生产监管监察部门、负有安全生产监管职责的有关部门和行业管理部门备案。涉及国家秘密的，按有关规定执行。

◆完善企业应急预案。企业应急预案要与当地政府应急预案保持衔接，并定期进行演练。赋予企业生产现场带班人员、班组长和调度人员在遇到险情时第一时间下达停产撤人命令的直接决策权和指挥权。因撤离不及时导致人身伤亡事故的，要从重追究相关人员的法律责任。

二、《关于贯彻落实国务院〈通知〉精神　进一步加强安全生产应急救援体系建设的实施意见》相关要点

2010年11月9日，国务院安全生产委员会办公室下发《关于贯彻落实国务院〈通知〉精神　进一步加强安全生产应急救援体系建设的实施意见》(以下简称《意见》)(安委办〔2010〕25号)。《意见》指出：为深入贯彻落实《国务院关于进一步加强企业安全生产工作的通知》(国发〔2010〕23号，以下简称《国务院通知》)精神，切实落实企业安全生产主体责任，加快建设更加高效的安全生产应急救援体系，提出以下实施意见：

1. 总体要求和工作目标

认真贯彻落实党中央、国务院关于加强安全生产和应急管理工作的一系列重要决策、部署、指示和《国务院通知》精神，进一步强化责任落实、工作落实、政策落实，加大投

入力度，加强安全生产应急救援体系建设，不断提高安全生产应急救援的装备水平、技术水平、管理水平。从现在起到“十二五”期末，国家（区域）矿山、危险化学品应急救援队全部建成，其他重点行业（领域）应急救援队伍建设进一步加强，形成更加完善的安全生产应急救援体系；各省（区、市）、市（地、州）、重点县（市、区）安全生产应急管理（救援指挥）机构全部建立；国家、省、市三级安全生产应急平台体系建设完成，高危行业企业安全生产动态监控及预警预报预防体系普遍建立；应急救援协调联动机制更加完善；安全生产应急预案体系建立健全，质量明显提高。通过强化建设，安全生产应急管理水平和防范、应对事故灾难的能力得到明显提升。

2. 进一步加强安全生产应急救援队伍体系建设

要大力加强矿山应急救援队伍体系建设，包括：加快国家矿山应急救援队建设步伐。加强区域矿山应急救援队建设。加强省级地方骨干矿山应急救援队建设。加强其他地方和基层矿山应急救援队建设。加强矿山企业应急救援队建设。加强矿山医疗救护体系建设。

要大力加强危险化学品和油气田应急救援队伍体系建设。包括：加快推进依托大型石化、石油企业建设国家（区域）危险化学品和油气田应急救援队的步伐。加强省级地方骨干危险化学品应急救援队建设。加强其他地方和基层危险化学品应急救援队建设。加强企业危险化学品应急救援队建设。

要加强其他重点行业（领域）应急救援体系建设。各建筑（隧道）施工、军工、民用爆炸物品等重点行业（领域）企业要根据有关规定和要求，加强专兼职应急救援队的建设，提高应急救援能力。按规定不需建立或不具备建立专职应急救援队条件的企业，必须与当地具备相应能力的相关专职应急救援队签订应急救援协议。各级安全监管部门要加强综合协调，大力支持公安消防、公路交通、铁路运输、水上搜救、船舶溢油、民用航空、电力等行业（领域）专业应急救援体系建设，重点是搞好规划、合理布局、增加装备、健全队伍、提升素质，形成完善的专业应急救援体系。

要加快社会应急救援力量建设步伐。各地要高度重视社会安全生产或综合应急救援组织和志愿者组织建设工作，把具有相关专业知识、技能和装备的社会救援组织、志愿者组织纳入安全生产应急救援体系建设之中，加强引导、推动、扶持和管理，充分利用各种资源，调动各方面的积极性，组织和鼓励社会力量参与安全生产应急救援工作。

3. 进一步加强安全生产应急管理（救援指挥）体系建设

加强企业安全生产应急管理（救援指挥）机构建设；大中型企业必须建立健全安全生产应急管理（救援指挥）机构；高危行业企业要设置或指定安全生产应急工作办事机构，配备专职应急工作人员，具体负责本企业的安全生产应急工作；其他各类企业要确定机构或人员负责安全生产应急工作。

加强省（区、市）、市（地、州）、重点县（市、区）安全生产应急管理（救援指挥）机构建设。

进一步完善安全生产应急救援工作机制。企业要全面建立健全安全生产动态监控及预报预警机制，做好安全生产事故防范和预报预警工作，做到早防御、早响应、早处置。同时，要建立重大危险源管理制度，明确操作规程和应急处置措施，实施不间断的监控。要按照国家有关规定实行重大危险源和重大隐患及有关应急措施备案制度，每月至少要进行一次全面的安全生产风险分析，加强重点岗位和重点部位监控，发现事故征兆要立即发布预警信息，采取有效防范和处置措施，防止事故发生和事故损失扩大。要积极探索与当地政府相关部门和周边企业建立应急联动机制，切实提高协同应对事故灾难的能力。

在《意见》中，还对进一步加强安全生产应急预案体系建设；进一步加强安全生产应急救援装备和保障能力建设；建立并落实进一步加强安全生产应急救援体系建设的保障措施等，提出要求。

三、《国务院办公厅关于加强基层应急队伍建设的意见》相关要点

2009 年 10 月 18 日，国务院办公厅印发《关于加强基层应急队伍建设的意见》（以下简称《意见》）（国办发〔2009〕59 号）。《意见》指出：基层应急队伍是我国应急体系的重要组成部分，是防范和应对突发事件的重要力量。多年来，我国基层应急队伍不断发展，在应急工作中发挥着越来越重要的作用。但是，各地基层应急队伍建设中还存在着组织管理不规范、任务不明确、进展不平衡等问题。为贯彻落实突发事件应对法，进一步加强基层应急队伍建设，经国务院同意，提出如下意见：

1. 基本原则和建设目标

（1）基本原则。坚持专业化与社会化相结合，着力提高基层应急队伍的应急能力和社会参与程度；坚持立足实际、按需发展，兼顾县乡级政府财力和人力，充分依托现有资源，避免重复建设；坚持统筹规划、突出重点，逐步加强和完善基层应急队伍建设，形成规模适度、管理规范的基层应急队伍体系。

（2）建设目标。通过三年左右的努力，县级综合性应急救援队伍基本建成，重点领域专业应急救援队伍得到全面加强；乡镇、街道、企业等基层组织和单位应急救援队伍普遍建立，应急志愿服务进一步规范，基本形成统一领导、协调有序、专兼并存、优势互补、保障有力的基层应急队伍体系，应急救援能力基本满足本区域和重点领域突发事件应对工作需要，为最大程度地减少突发事件及其造成的人员财产损失、维护国家安全和社会稳定

提供有力保障。

2. 加强基层综合性应急救援队伍建设

（1）全面建设县级综合性应急救援队伍。各县级人民政府要以公安消防队伍及其他优势专业应急救援队伍为依托，建立或确定“一专多能”的县级综合性应急救援队伍，在相关突发事件发生后，立即开展救援处置工作。综合性应急救援队伍除承担消防工作以外，同时承担综合性应急救援任务，包括地震等自然灾害，建筑施工事故、道路交通事故、空难等生产安全事故，恐怖袭击、群众遇险等社会安全事件的抢险救援任务，同时协助有关专业队伍做好水旱灾害、气象灾害、地质灾害、森林草原火灾、生物灾害、矿山事故、危险化学品事故、水上事故、环境污染、核与辐射事故和突发公共卫生事件等突发事件的抢险救援工作。各地要根据本行政区域特点和需要，制订综合性应急救援队伍建设方案，细化队伍职责，配备必要的物资装备，加强与专业队伍互动演练，提高队伍综合应急能力。

（2）深入推进街道、乡镇综合性应急救援队伍建设。街道、乡镇要充分发挥民兵、预备役人员、保安员、基层警务人员、医务人员等有相关救援专业知识和经验人员的作用，在防范和应对气象灾害、水旱灾害、地震灾害、地质灾害、森林草原火灾、生产安全事故、环境突发事件、群体性事件等方面发挥就近优势，在相关应急指挥机构组织下开展先期处置，组织群众自救互救，参与抢险救灾、人员转移安置、维护社会秩序，配合专业应急救援队伍做好各项保障，协助有关方面做好善后处置、物资发放等工作。同时发挥信息员作用，发现突发事件苗头及时报告，协助做好预警信息传递、灾情收集上报、灾情评估等工作，参与有关单位组织的隐患排查整改。街道办事处、乡镇政府要加强队伍的建设和管理，严明组织纪律，经常性地开展应急培训，提高队伍的综合素质和应急保障能力。

3. 完善基层专业应急救援队伍体系

各地要在全面加强各专业应急救援队伍建设同时，组织动员社会各方面力量重点加强以下几个方面工作：一是加强基层防汛抗旱队伍组建工作。二是深入推进森林草原消防队伍建设。三是加强气象灾害、地质灾害应急队伍建设。四是加强矿山、危险化学品应急救援队伍建设。五是推进公用事业保障应急队伍建设。六是强化卫生应急队伍建设。七是加强重大动物疫情应急队伍建设。

在加强矿山、危险化学品应急救援队伍建设中，要求煤矿和非煤矿山、危险化学品单位应当依法建立由专职或兼职人员组成的应急救援队伍。不具备单独建立专业应急救援队伍的小型企业，除建立兼职应急救援队伍外，还应当与邻近建有专业救援队伍的企业签订救援协议，或者联合建立专业应急救援队伍。应急救援队伍在发生事故时要及时组织开展抢险救援，平时开展或协助开展风险隐患排查。加强应急救援队伍的资质认定管理。矿山、危险化学品单位属地县、乡级人民政府要组织建立队伍调运机制，组织队伍参加社会化应急救援。应急救援队伍建设及演练工作经费在企业安全生产费用中列支，在矿山、危险化学品工业集中的地方，当地政府可给予适当经费补助。

4. 完善基层应急队伍管理体制机制和保障制度

地方各级人民政府是推进基层应急队伍建设工作的责任主体。县级人民政府要对县级综合性应急救援队伍和专业应急救援队伍建设进行规划，确定各街道、乡镇综合性应急救援队伍和专业应急救援队伍的数量和规模。各有关部门要强化支持政策的研究并加强指导，加强对基层应急队伍建设的督促检查。公安、国土资源、交通、水利、林业、气象、安全监管、环境、电力、通信、建设、卫生、农业等有关部门要明确推进本行业基层应急队伍建设的具体措施，各有关部门要按照各自职责指导推进基层应急队伍组建工作。

各基层应急队伍组成人员平时在各自单位工作，发生突发事件后，立即集结到位，在当地政府或应急现场指挥部的统一领导下，按基层应急管理机构安排开展应急处置工作。县乡级人民政府及其有关部门要切实加强基层综合队伍、专业队伍和志愿者队伍之间的协调配合，建立健全相关应急预案，完善工作制度，实现信息共享和应急联动。同时，建立健全基层应急队伍与其他各类应急队伍及装备统一调度、快速运送、合理调配、密切协作的工作机制，经常性地组织各类队伍开展联合培训和演练，形成有效处置突发事件的合力。

要积极动员社会力量参与应急工作，加大基层应急队伍经费保障力度，完善基层应急队伍建设相关政策。认真研究解决基层应急队伍工作中的实际困难，落实基层应急救援队员医疗、工伤、抚恤，以及应急车辆执行应急救援任务时的免交过路费等政策措施。开展基层应急队伍建设示范工作，推动基层应急管理水平不断提高。

四、《关于加强基层安全生产应急队伍建设的意见》相关要点

2010 年 1 月 22 日，国家安全生产监督管理总局印发《关于加强基层安全生产应急队伍建设的意见》（安监总应急［2010］13 号）。《意见》指出：基层安全生产应急队伍是安全生产应急管理和生产安全事故应急救援的基础力量，是安全生产应急体系的重要组成部分，同时也是自然灾害等其他突发事件抢险救灾的重要力量。为深入贯彻落实《突发事件应对法》和《国务院办公厅关于加强基层应急队伍建设的意见》（国办发［2009］59 号），加强基层安全生产应急队伍建设，全面提高基层安全生产应急能力，现提出如下意见：

1. 基本原则和建设目标

（1）基本原则。坚持以安全生产专业应急队伍为骨干、以兼职安全生产应急队伍、安

全生产应急志愿者队伍等其他应急力量为补充，建设覆盖所有县（市、区）、街道、乡镇的基层安全生产应急队伍体系；坚持统筹规划，各负其责，充分整合利用现有资源，建设与本地、本企业安全生产需要相适应的基层安全生产应急队伍；坚持以矿山、危险化学品应急队伍建设为重点，以处置和预防生产安全事故为主业，努力拓展抢险救灾服务功能，建设"一专多能"的基层安全生产应急队伍；坚持依靠科技进步，依靠专业装备，依靠科学管理，内练素质、外树形象，不断提高基层安全生产应急队伍整体水平。

（2）建设目标。通过三年的努力，重点县（市、区）和高危行业大中型企业全部建立安全生产应急管理和救援指挥机构，其他县（市、区）以及所有社区、街道、乡镇和小型企业都有专人负责安全生产应急管理工作；县（市、区）、社区、街道、乡镇根据实际需要建立或确定本地有关高危行业（领域）安全生产专业骨干应急队伍；矿山、危险化学品等高危行业大中型企业普遍建立专职安全生产应急队伍，其他生产经营单位建立兼职安全生产应急队伍并与邻近专业应急队伍签订救援协议；安全生产专业应急队伍与其他应急队伍之间的协调配合机制进一步健全，社会安全生产应急志愿者队伍服务进一步规范，基本形成由专业队伍、辅助队伍、志愿者队伍构成的基层安全生产应急队伍体系和"统一指挥、反应灵敏、协调有序、运转高效"的基层安全生产应急工作机制，预防和处置各类生产安全事故的能力明显提高。

2. 加强基层安全生产应急队伍体系建设

（1）加强安全生产专业应急队伍建设。按照建设目标要求，大中型矿山、危险化学品等高危行业企业应当依法建立专职安全生产应急队伍（其中矿山救护队必须按照相关建设标准取得相应的资质）。各地要根据本行政区域内矿山、危险化学品企业分布情况和企业专职应急队伍的建立情况，采取依托企业专职应急队伍或独立组建的方式，建立本行政区域安全生产骨干应急队伍，以满足本行政区域预防和处置生产安全事故的需要。地方要为骨干应急队伍配备先进适用装备，给予政策扶持，确保其健康持续发展。基层安全监管监察部门要积极配合和大力支持交通、铁路、质检、电力、建筑等部门建设基层专业应急队伍，建立和完善区域专业联防体系。各地要将矿山医疗救护体系建设纳入本地应急医疗卫生救援体系和安全生产应急救援体系之中，同步规划、同步建设。要依托本地大中型矿山企业医院建立矿山医疗救护骨干队伍，并督促指导矿山企业加强医疗救护队伍建设，将矿山医疗救护网络延伸到每一个矿山企业直至井（坑）口、车间，进一步完善三级矿山医疗救护网络。

（2）强化兼职安全生产应急队伍建设。未明确要求建立专职安全生产应急队伍的生产经营单位，要建立兼职应急队伍或明确专兼职应急救援人员，并与邻近专职安全生产应急队伍签订应急救援协议。本行政区域没有矿山、危险化学品等高危行业企业的地方，要加强其他专业安全生产兼职应急队伍建设，或整合本行政区域应急救援力量组建安全生产兼职应急队伍，或依托本行政区域综合应急队伍充实安全生产应急救援力量，以满足本地生产安全事故应急工作的需要。险时，兼职应急队伍应充分发挥就近和熟悉情况的优势，在相关应急指挥机构组织下开展先期处置，组织群众自救互救，参与抢险救灾、人员转移安置、维护社会秩序，为专业应急队伍提供现场信息，引导专业应急队伍开展救援工作，并配合专业应急队伍做好各项保障，协助有关方面做好善后处置、物资发放等工作。平时，兼职应急队伍应发挥信息员作用，发现事故隐患及时报告，协助做好预警信息传递、灾情收集上报和评估等工作，参与有关单位组织的隐患排查治理。

（3）加快安全生产应急志愿者队伍建设部步伐。基层安全监管监察部门要充分发挥社会志愿者的作用，把具有相关专业知识和技能的志愿者纳入安全生产应急志愿者队伍。要组织对志愿者的安全生产应急知识培训和救援基本技能训练，建立规范的志愿者管理制度。要发挥志愿者的就近优势，险时立即集结到位，在相关应急指挥机构统一指挥下，组织群众疏散，协助维持现场秩序，开展家属安抚和遇险人员心理干预，收集和提供事故情况，配合开展相关辅助工作。

3. 提高基层安全生产应急队伍装备水平

（1）加强基层应急队伍装备建设。基层安全监管监察部门要对本区域应急救援技术装备配置进行统筹规划，协调和督促有关单位按照有关规程和标准规范为基层安全生产应急队伍配备充足的、先进适用的应急救援装备和器材。同时，要支持和督促本地安全生产专业骨干应急队伍配备比较先进的、必要的装备和器材，以适应本地生产安全事故救援工作的需要。

（2）大力推进应急装备的技术进步。要加强应急新技术、新装备的推广、应用，不断提高应急工作的科技水平，推动事故救援现场装备的信息化、安全化、高效化。有条件的地方，要积极引进、消化国外先进的救援技术、装备，不断提高应急处置能力。

（3）加强基层应急信息平台建设。基层安全监管监察部门和有关生产经营单位要加强信息化建设。要加强服务信息平台建设，利用现有的计算机终端与安全生产应急平台联网；地方要积极创造条件，针对危险源、重点部位布设电子监控设备，逐步实现对辖区内的安全生产状况的动态监控和信息、图像的快速采集、处理；生产经营单位应积极建立安全生产应急平台，重点实现监测监控、信息报告、综合研判、指挥调度等功能，实时为上级管理部门及服务区城安全生产应急基地提供相关数据、图像、语音和资料。基层安全生产应急工作机构要建立应急终端，并与基层政府和有关部门及有关生产经营单位的应急平台和系统联网，实现应急信息传递的高效、便捷，提高队伍的应急响应速度。

《意见》还对加强基层安全生产应急基础工作、健全完善基层安全生产应急体制和政策措施、加强领导、落实责任、全力推进基层安全生产应急队伍建设，提出明确的要求。

五、《生产安全事故应急预案管理办法》相关要点

2009年3月20日，国家安全生产监督管理总局局长办公会议审议通过《生产安全事故应急预案管理办法》（国家安全生产监督管理总局令第17号），自2009年5月1日起施行。

《生产安全事故应急预案管理办法》分为七章三十九条，各章内容为：第一章“总则”，第二章“应急预案的编制”，第三章“应急预案的评审”，第四章“应急预案的备案”，第五章“应急预案的实施”，第六章“奖励与处罚”，第七章“附则”。制定本办法的目的，是依据《突发事件应对法》《安全生产法》和国务院有关规定，为了规范生产安全事故应急预案的管理，完善应急预案体系，增强应急预案的科学性、针对性、实效性。本办法适用于生产安全事故应急预案（以下简称应急预案）的编制、评审、发布、备案、培训、演练和修订等工作。

1. 总则中的有关规定

在《生产安全事故应急预案管理办法》第一章“总则”中，对相关事项作了规定。

◆生产安全事故应急预案（以下简称应急预案）的编制、评审、发布、备案、培训、演练和修订等工作，适用本办法。

◆应急预案的管理遵循综合协调、分类管理、分级负责、属地为主的原则。

◆国家安全生产监督管理总局负责应急预案的综合协调管理工作。国务院其他负有安全生产监督管理职责的部门按照各自的职责负责本行业、本领域内应急预案的管理工作。

县级以上地方各级人民政府安全生产监督管理部门负责本行政区域内应急预案的综合协调管理工作。县级以上地方各级人民政府其他负有安全生产监督管理职责的部门按照各自的职责负责辖区内本行业、本领域应急预案的管理工作。

2. 应急预案编制的有关规定

在《生产安全事故应急预案管理办法》第二章“应急预案的编制”中，对相关事项作了规定。

◆应急预案的编制应当符合下列基本要求：

（1）符合有关法律、法规、规章和标准的规定；

（2）结合本地区、本部门、本单位的安全生产实际情况；

（3）结合本地区、本部门、本单位的危险性分析情况；

（4）应急组织和人员的职责分工明确，并有具体的落实措施；

（5）有明确、具体的事故预防措施和应急程序，并与其应急能力相适应；

（6）有明确的应急保障措施，并能满足本地区、本部门、本单位的应急工作要求；

（7）预案基本要素齐全、完整，预案附件提供的信息准确；

（8）预案内容与相关应急预案相互衔接。

◆生产经营单位应当根据有关法律、法规和《生产经营单位安全生产事故应急预案编制导则》（AQ/T 9002—2006），结合本单位的危险源状况、危险性分析情况和可能发生的事故特点，制定相应的应急预案。

生产经营单位的应急预案按照针对情况的不同，分为综合应急预案、专项应急预案和现场处置方案。

◆生产经营单位风险种类多、可能发生多种事故类型的，应当组织编制本单位的综合应急预案。

综合应急预案应当包括本单位的应急组织机构及其职责、预案体系及响应程序、事故预防及应急保障、应急培训及预案演练等主要内容。

◆对于某一种类的风险，生产经营单位应当根据存在的重大危险源和可能发生的事故类型，制定相应的专项应急预案。

专项应急预案应当包括危险性分析、可能发生的事故特征、应急组织机构与职责、预防措施、应急处置程序和应急保障等内容。

◆对于危险性较大的重点岗位，生产经营单位应当制定重点工作岗位的现场处置方案。

现场处置方案应当包括危险性分析、可能发生的事故特征、应急处置程序、应急处置要点和注意事项等内容。

◆生产经营单位编制的综合应急预案、专项应急预案和现场处置方案之间应当相互衔接，并与所涉及的其他单位的应急预案相互衔接。

◆应急预案应当包括应急组织机构和人员的联系方式、应急物资储备清单等附件信息。附件信息应当经常更新，确保信息准确有效。

3. 应急预案评审的有关规定

在《生产安全事故应急预案管理办法》第三章“应急预案的评审”中，对相关事项作了规定。

◆地方各级安全生产监督管理部门应当组织有关专家对本部门编制的应急预案进行审定；必要时，可以召开听证会，听取社会有关方面的意见。涉及相关部门职能或者需要有关部门配合的，应当征得有关部门同意。

◆矿山、建筑施工单位和易燃易爆物品、危险化学品、放射性物品等危险物品的生产、经营、储存、使用单位和中型规模以上的其他生产经营单位，应当组织专家对本单位编制的应急预案进行评审。评审应当形成书面纪要并附有专家名单。

◆参加应急预案评审的人员应当包括应急预案涉及的政府部门工作人员和有关安全生产及应急管理方面的专家。

◆应急预案的评审或者论证应当注重应急预案的实用性、基本要素的完整性、预防措施的针对性、组织体系的科学性、响应程序的操作性、应急保障措施的可行性、应急预案的衔接性等内容。

◆生产经营单位的应急预案经评审或者论证后，由生产经营单位主要负责人签署公布。

4. 应急预案备案的有关规定

在《生产安全事故应急预案管理办法》第四章“应急预案的备案”中，对相关事项作了规定。

◆地方各级安全生产监督管理部门的应急预案，应当报同级人民政府和上一级安全生产监督管理部门备案。

其他负有安全生产监督管理职责的部门的应急预案，应当抄送同级安全生产监督管理部门。

◆中央管理的总公司（总厂、集团公司、上市公司）的综合应急预案和专项应急预案，报国务院国有资产监督管理部门、国务院安全生产监督管理部门和国务院有关主管部门备案；其所属单位的应急预案分别抄送所在地的省、自治区、直辖市或者设区的市人民政府安全生产监督管理部门和有关主管部门备案。

前款规定以外的其他生产经营单位中涉及实行安全生产许可的，其综合应急预案和专项应急预案，按照隶属关系报所在地县级以上地方人民政府安全生产监督管理部门和有关主管部门备案；未实行安全生产许可的，其综合应急预案和专项应急预案的备案，由省、自治区、直辖市人民政府安全生产监督管理部门确定。

煤矿企业的综合应急预案和专项应急预案除按照本条第一款、第二款的规定报安全生产监督管理部门和有关主管部门备案外，还应当抄报所在地的煤矿安全监察机构。

◆生产经营单位申请应急预案备案，应当提交以下材料：

（1）应急预案备案申请表；

（2）应急预案评审或者论证意见；

（3）应急预案文本及电子文档。

◆受理备案登记的安全生产监督管理部门应当对应急预案进行形式审查，经审查符合要求的，予以备案并出具应急预案备案登记表；不符合要求的，不予备案并说明理由。

对于实行安全生产许可的生产经营单位，已经进行应急预案备案登记的，在申请安全生产许可证时，可以不提供相应的应急预案，仅提供应急预案备案登记表。

◆各级安全生产监督管理部门应当指导、督促检查生产经营单位做好应急预案的备案登记工作，建立应急预案备案登记建档制度。

5. 应急预案实施的有关规定

在《生产安全事故应急预案管理办法》第五章“应急预案的实施”中，对相关事项作了规定。

◆各级安全生产监督管理部门、生产经营单位应当采取多种形式开展应急预案的宣传教育，普及生产安全事故预防、避险、自救和互救知识，提高从业人员安全意识和应急处置技能。

◆各级安全生产监督管理部门应当将应急预案的培训纳入安全生产培训工作计划，并组织实施本行政区域内重点生产经营单位的应急预案培训工作。

生产经营单位应当组织开展本单位的应急预案培训活动，使有关人员了解应急预案内容，熟悉应急职责、应急程序和岗位应急处置方案。

应急预案的要点和程序应当张贴在应急地点和应急指挥场所，并设有明显的标志。

◆各级安全生产监督管理部门应当定期组织应急预案演练，提高本部门、本地区生产安全事故应急处置能力。

◆生产经营单位应当制定本单位的应急预案演练计划，根据本单位的事故预防重点，每年至少组织一次综合应急预案演练或者专项应急预案演练，每半年至少组织一次现场处置方案演练。

◆应急预案演练结束后，应急预案演练组织单位应当对应急预案演练效果进行评估，撰写应急预案演练评估报告，分析存在的问题，并对应急预案提出修订意见。

◆各级安全生产监督管理部门应当每年对应急预案的管理情况进行总结。应急预案管理工作总结应当报上一级安全生产监督管理部门。

其他负有安全生产监督管理职责的部门的应急预案管理工作总结应当抄送同级安全生产监督管理部门。

◆地方各级安全生产监督管理部门制定的应急预案，应当根据预案演练、机构变化等情况适时修订。

生产经营单位制定的应急预案应当至少每三年修订一次，预案修订情况应有记录并归档。

◆有下列情形之一的，应急预案应当及时修订：

（1）生产经营单位因兼并、重组、转制等导致隶属关系、经营方式、法定代表人发生变化的；

（2）生产经营单位生产工艺和技术发生变化的；

（3）周围环境发生变化，形成新的重大危险源的；

（4）应急组织指挥体系或者职责已经调整的；

（5）依据的法律、法规、规章和标准发生变化的；

（6）应急预案演练评估报告要求修订的；

（7）应急预案管理部门要求修订的。

◆生产经营单位应当及时向有关部门或者单位报告应急预案的修订情况，并按照有关应急预案报备程序重新备案。

◆生产经营单位应当按照应急预案的要求配备相应的应急物资及装备，建立使用状况档案，定期检测和维护，使其处于良好状态。

◆生产经营单位发生事故后，应当及时启动应急预案，组织有关力量进行救援，并按照规定将事故信息及应急预案启动情况报告安全生产监督管理部门和其他负有安全生产监督管理职责的部门。

6. 奖励与处罚的有关规定

在《生产安全事故应急预案管理办法》第六章“奖励与处罚”中，对相关事项作了规定。

◆对于在应急预案编制和管理工作中做出显著成绩的单位和人员，安全生产监督管理部门、生产经营单位可以给予表彰和奖励。

◆生产经营单位应急预案未按照本办法规定备案的，由县级以上安全生产监督管理部门给予警告，并处3万元以下罚款。

◆生产经营单位未制定应急预案或者未按照应急预案采取预防措施，导致事故救援不力或者造成严重后果的，由县级以上安全生产监督管理部门依照有关法律、法规和规章的规定，责令停产停业整顿，并依法给予行政处罚。

六、《安全生产应急管理“十二五”规划》相关要点

为加强安全生产应急管理工作，促进全国安全生产形势持续稳定好转，依据《中华人民共和国国民经济和社会发展第十二个五年规划纲要》、《安全生产“十二五”规划》、《国务院关于进一步加强企业安全生产工作的通知》（国发〔2010〕23号）精神，制定本规划。

1. 规划目标

到2015年，基本建成符合我国国情的安全生产应急管理体系，完善分类管理、分级负责、条块结合、属地为主的应急管理体制和统一指挥、反应灵敏、协调有序、运转高效的

应急管理机制，应急能力全面加强，适应有效应对各类生产安全事故灾难的需要，并为其他灾害的应急救援提供有力支持。一是在法制建设方面，颁布实施《安全生产应急管理条例》及与之配套的规章、标准和政策措施，形成基本完善的安全生产应急管理法规体系。二是在机构、机制建设方面，建立完善国家、省、市、重点县以及高危行业（领域）大中型企业应急管理机构，形成完善的应急管理机制。三是在应急救援队伍建设方面，按照“国内领先、国际一流”的标准完成国家级应急救援队建设任务，骨干应急救援队伍救援能力大幅提升，基层队伍专业水平显著提高，形成完善的国家（区域）、骨干和基层三级安全生产应急救援队伍体系。四是在应急预案与演练方面，高危行业（领域）中央企业应急预案覆盖率、备案率、培训演练率达到100%，其他达到80%以上。五是在应急管理培训方面，各级安全生产应急管理人员、应急救援指战员培训率达到100%，高危行业企业从业人员应急知识培训全覆盖，应急知识普及进社区、进学校。六是在应急平台体系建设方面，国家、省、市、高危行业（领域）中央企业应急平台建设率达100%，重点县（市、区）、高危行业地方大中型企业应急平台建设率达80%以上，基本实现互联互通和信息共享。

2. 主要任务

（1）完善安全生产应急管理法规、政策、标准体系。推动《安全生产应急管理条例》颁布实施，制定修订与其配套的安全生产应急预案管理、资源管理、信息管理、科技管理、队伍建设与管理以及培训教育、运行保障等规章和标准。建设安全生产应急管理统计指标体系。完善应急救援队伍经费保障、装备器材征用补偿、装备购置税费减免以及表彰奖励等政策措施。形成国家、地方、企业及社会多元化的应急体系建设保障制度。研究探索社会捐助、保险等支持安全生产应急救援的途径。

（2）建立健全安全生产应急管理机构。建立完善省、市和重点县三级安全生产应急管理机构，加强人员、装备配置，强化技术培训，落实运行经费，制定工作制度和协调指挥程序，提高应急管理能力和救援决策水平。加强高危行业企业应急管理机构建设，落实应急管理与救援责任。

（3）理顺和完善应急管理与指挥协调机制。完善国家、省级相关部门安全生产应急救援联动机制和联络员制度，健全各级应急管理机构之间、应急管理机构与救援队伍之间的工作机制和应急值守、信息报告制度，建立健全区域间协同应对重特大生产安全事故的应急联动机制，建立完善事故现场救援队伍协调指挥制度。

（4）加强应急救援队伍体系建设。建设国家（区域）矿山、国家（区域）危险化学品应急救援队和部分中央企业应急救援队，以及矿山、危险化学品骨干应急救援队伍，建立健全高危行业企业应急救援队伍，完善队伍体系，形成区域救援能力。注重培养“一专多能”的各级救援队伍，实施社会化服务，发挥救援队伍在预防性检查、预案演练、应急培训等方面的作用。鼓励和引导各类社会力量参与应急救援。将应急救援队伍建设纳入各级经济和社会发展规划，加大资金、政策扶持力度。将矿山医疗救护体系纳入各地区医疗卫生应急救援体系和安全生产应急救援体系，同步规划、同步建设。开展化工园区、矿山企业聚集区应急救援队伍一体化示范建设。加强安全生产应急救援队伍资质管理，促进队伍素质提高。积极配合有关部门推进公路交通、铁路交通、水上搜救、船舶溢油、建筑施工、电力、旅游等行业国家级救援基地和队伍建设，配合各地公安消防部队加强综合应急救援队伍建设。

（5）完善应急预案体系。建立完善政府部门、重点行业企业应急预案体系，实现政府部门与企业应急预案有效衔接。规范预案编制内容，提高预案编制质量，加强预案审查，建立健全预案数据库。编制应急演练评估标准，完善应急预案演练制度，规范应急预案演练，提高演练效果。

（6）加快安全生产应急管理宣教和培训体系建设。将安全生产应急管理培训纳入安全生产教育培训总体规划，统一部署，充分利用各级政府和有关部门、大型企业现有的应急培训资源，完善培训设施，加强师资队伍建设，健全安全生产应急培训体系。制定培训规划和考核标准。加强各级安全生产应急管理人员和救援队伍指战员培训。充分利用各种新闻媒体和网络等，面向从业人员和社会公众开展安全生产应急管理宣传教育，普及防灾避险、自救互救知识，增强全民应对事故灾难的意识和能力。

（7）推动应急救援科技进步。坚持以应急救援需求为导向，自主创新和引进消化吸收相结合，形成安全生产应急救援科技原始研发、创造创新、成果转化的能力和机制。鼓励应急装备和物资生产企业、教学科研机构搞好产学研结合，加强应急救援新技术、新装备的研发。扶持和培育应急救援技术装备研发机构和制造产业。积极推广应用先进适用的应急救援技术和装备，以煤矿、金属非金属矿山、危险化学品、烟花爆竹等高危行业（领域）为重点，优先推广应用紧急避险、应急救援、逃生、报警等先进适用技术和装备。强制淘汰不适应救援需要、不符合相关标准、性能不高的救援技术装备。

（8）加强应急救援支撑保障能力建设。在矿山、危险化学品等重点行业（领域）选择优势科研机构，重点建设一批安全生产应急救援技术支持保障机构，加强应急救援技术装备科技研发、检测检验等能力建设。加快国家（区域）应急救援队伍大型救援装备储备，依托有关企业、单位储备必要的物资装备和生产能力，建立安全生产应急物资储备制度和调运机制，形成布局合理、多层次、多形式的应急救援物资储备体系。支持有关大专院校加强安全生产应急管理学科建设，培养专业人才。建立和完善各类应急专家库，为应急管理和应急救援工作提供智力支持。

（9）深化应急平台体系建设和应用。加快省、市和重点县以及高危行业（领域）大中型企业应急平台建设，完善安全生产应急平台体系，强化各级平台间的互联互通，加强物联网等新技术的应用。深化应急平台在救援指挥、资源管理、重大危险源监管监控等方面的应用，注重通过应急平台体系，动态掌握各类应急资源的分布情况。

（10）加快建立重大危险源监管体系。落实企业主体责任，明确监控重点目标，建立健全企业重大危险源安全监控系统，提升重大危险源监控能力。开展重大危险源普查登记、分级分类、检测检验和安全评估。建立国家、省、市、县四级重大危险源动态数据库和分级监管系统，构建重大危险源监测预警机制。

3. 重点工程

重点工程主要有：国家（区域）矿山应急救援队建设工程、高危行业中央企业重点救援队伍建设工程、矿山医疗救护队伍建设工程、重大应急救援技术与装备研发工程、安全生产应急平台体系建设工程、应急救援装备产业示范园区建设工程等。

第八章　安全生产法律法规相关知识

从我国安全生产的现状看，由于党和国家的高度重视，经过各方面不懈的努力，近年来安全生产状况呈现出不断好转的态势，事故总量、事故起数、重特大事故起数都呈现出下降的趋势。但是，安全生产工作不能有丝毫的松懈，必须要警钟长鸣，要坚决贯彻执行国务院加强安全生产的工作意见，不断加强安全生产的监督管理，防止和减少生产安全事故，保障人民群众生命和财产安全，促进经济发展。

第一节　国务院加强企业安全生产工作意见

安全生产是要在生产经营活动的过程中保证安全，不是单纯为安全而安全，不能脱离生产经营活动讲安全。保证生产安全，本身也是为了保证生产经营活动的正常进行，促进经济的健康发展，这也是制定安全生产法律法规的目的之一。从人类生产活动的现实情况看，要想在生产经营活动中完全避免安全事故还难以做到，但只要对安全生产高度的重视、尊重科学、措施得当，事故是可以预防和减少的。

一、国务院《关于进一步加强企业安全生产工作的通知》（以下简称《通知》）相关要点

1.《通知》的主要内容

2010年7月19日，国务院印发了《关于进一步加强企业安全生产工作的通知》。《通知》共9部分、32条，是党和国家在全国深入贯彻落实科学发展观，转变经济发展方式，调整产业结构，推进经济平稳较快发展和建设和谐社会的重要时期，对安全生产工作作出的重大决策和部署，充分体现了党中央、国务院对安全生产工作的高度重视，对人民群众的深切关怀。《通知》体现了“安全发展，预防为主”的原则要求和安全生产工作标本兼治、重在治本，重心下移、关口前移的总体思路。

《通知》9个部分的主要内容是：（1）总体要求；（2）严格企业安全管理；（3）建设坚实的技术保障体系；（4）实施更加有力的监督管理；（5）建设更加高效的应急救援体系；（6）严格行业安全准入；（7）加强政策引导；（8）更加注重经济发展方式转变；（9）实行更加严格的考核和责任追究

2.《通知》的工作要求

《通知》中提出的工作要求是：深入贯彻落实科学发展观，坚持以人为本，牢固树立安全发展的理念，切实转变经济发展方式，调整产业结构，提高经济发展的质量和效益，把经济发展建立在安全生产有可靠保障的基础上；坚持“安全第一、预防为主、综合治理”的方针，全面加强企业安全管理，健全规章制度，完善安全标准，提高企业技术水平，夯实安全生产基础；坚持依法依规生产经营，切实加强安全监管，强化企业安全生产主体责任落实和责任追究，促进我国安全生产形势实现根本好转。

3.《通知》的主要任务

《通知》的主要任务是：以煤矿、非煤矿山、交通运输、建筑施工、危险化学品、烟花爆竹、民用爆炸物品、冶金等行业（领域）为重点，全面加强企业安全生产工作。要通过更加严格的目标考核和责任追究，采取更加有效的管理手段和政策措施，集中整治非法违法生产行为，坚决遏制重特大事故发生；要尽快建成完善的国家安全生产应急救援体系，在高危行业强制推行一批安全适用的技术装备和防护设施，最大程度减少事故造成的损失；要建立更加完善的技术标准体系，促进企业安全生产技术装备全面达到国家和行业标准，实现我国安全生产技术水平的提高；要进一步调整产业结构，积极推进重点行业的企业重组和矿产资源开发整合，彻底淘汰安全性能低下、危及安全生产的落后产能；以更加有力的政策引导，形成安全生产长效机制。

4.《通知》制定的背景和意义

《通知》的制定出台，是党和国家在全国深入贯彻落实科学发展观，转变经济发展方式，调整产业结构，推进经济平稳较快发展和建设和谐社会的重要时期，对安全生产工作作出的重大决策和部署，充分体现了党中央、国务院对安全生产工作的高度重视，对人民群众的深切关怀。

国务院制定出台这个文件，主要基于以下几点：

（1）进一步巩固发展安全生产形势。党中央、国务院对安全生产工作始终高度重视，相继出台了加强安全生产工作的一系列政策措施，去年以来又在全国广泛深入开展“安全生产年”活动。在党中央、国务院的高度重视和正确领导下，在国家相关部门的指导推动下，通过各地区、各部门和各单位的共同努力，全国安全生产状况呈现总体稳定、趋于好转的发展态势。2009 年全国生产安全事故死亡人数在 2008 年降到 10 万人以下的基础上又降到了 9 万人以下，事故起数和死亡人数连续 7 年实现了“双下降”。在新的历史时期，针对经济社会发展特别是在转变经济发展方式中出现的新形势新情况，需要进一步制定和完

善相关政策措施，继续把安全生产工作推向深入，巩固和发展不断取得的安全生产成效。

（2）重点解决当前安全生产暴露出的突出问题。由于受生产力发展不均衡和基础薄弱的制约，安全生产形势仍然严峻，今年上半年在事故总量同比继续下降的同时，重特大事故有所反弹，尤其是先后发生6起一次死亡30人以上的特别重大事故，给人民群众生命财产安全造成重大损失，在社会上产生恶劣影响。事故多发的原因主要是：一些企业在经济回升向好的情况下，盲目追求经济效益，重生产轻安全，安全管理薄弱，安全生产主体责任不落实；无证或证照不全非法生产，超能力、超强度、超定员违法违规生产，小煤矿整合技改期间非法组织生产；一些地方和部门安全监管责任不落实、措施不到位等。这些问题的解决，在《通知》的具体内容中都做了重点解答，制定了更加严厉的政策、制度和措施。

（3）切实强化企业安全生产主体责任落实。企业的安全生产状况关系安全生产大局，企业是安全生产的根本，国家有关安全生产法律法规最终要落实到企业，全国安全生产整体水平的提高最终也必须体现在企业。各级政府、部门以及企业本身所做的努力，都是为了促进企业安全管理的不断加强，保证人民群众生命财产安全。只有提高企业的安全生产水平，才能真正实现安全生产形势的持续稳定好转。因此，做好安全生产工作，切实有效的遏制重特大事故，首先是也必须要紧紧抓住企业这个“主体”，通过加强安全管理、加大安全投入、强化技术装备、严格安全监管、严肃责任追究等有力措施，督促提高企业的安全生产保障能力。

5.《通知》的制度创新

从现行有关法律法规和规章制度来看，《通知》的一些条文突破了原有的规定，具有明显的创新性；同时在现有政策措施的基础上，对一些规定又作了相应的完善和调整，进一步做了强化和规范。

制度创新比较突出的有以下十项：

（1）重大隐患治理和重大事故查处督办制度。对重大安全隐患治理实行逐级挂牌督办、公告制度，国家相关部门加强督促检查；对事故查处实行层层挂牌督办，重大事故查处由国务院安委会挂牌督办。

（2）领导干部轮流现场带班制度。要求企业负责人和领导班子成员要轮流现场带班，其中煤矿和非煤矿山要有矿领导带班并与工人同时下井、升井。对发生事故而没有领导干部现场带班的，要严肃处理。

（3）先进适用技术装备强制推行制度。对安全生产起到重要支撑和促进作用的安全生产技术装备，规定推广应用到位的时限要求，其中煤矿“六大系统”要在3年之内完成。逾期未安装的，要依法暂扣安全生产许可证和生产许可证。

(4) 安全生产长期投入制度。规定企业在制定财务预算中必须确定必要的安全投入，落实地方和企业对国家投入的配套资金，研究提高危行业安全生产费用提取下限标准并适当扩大范围，加强道路交通事故社会求助基金制度建设，积极稳妥推行安全生产责任保险制度等。

(5) 企业安全生产信用挂钩联动制度。规定要将安全生产标准化分级评价结果，作为信用评级的重要考核依据；对发生重特大事故或一年内发生2次以上较大事故的，一年内严格限制新增项目核准、用地审批、证券融资等，并作为银行贷款的重要参考依据。

(6) 应急救援基地建设制度。规定先期建设7支国家矿山救援队，配备性能先进、机动性强的装备和设备；明确进一步推进6个行业领域的国家救援基地和队伍建设。

(7) 现场紧急撤人避险制度。赋予企业生产现场带班人员、班组长和调度人员在遇到险情第一时间下达停产撤人命令的直接决策权和指挥权。

(8) 高危企业安全生产标准核准制度。规定加快制定修订各行业的生产、安全技术和高危行业从业人员资格标准，要把符合安全生产标准要求作为高危行业企业准入的前置条件，严把安全准入关。

(9) 工伤事故死亡职工一次性赔偿制度。规定提高赔偿标准，对因生产安全事故造成的职工死亡，其一次工亡补助标准调整为按全国上一年度城镇居民人均可支配收入的20倍计算。

(10) 企业负责人职业资格否决制度。规定对重大、特别重大事故负有主要责任的企业，其主要负责人，终身不得担任本行业企业的矿长（厂长、经理）

6.《通知》对安全工作的完善和强调

《通知》还就十个方面的工作作了完善和强调：

(1) 强化隐患整改效果，要求做到整改措施、责任、资金、时限和预案“五到位”，实行以安全生产专业人员为主导的隐患整改效果评价制度。强调企业要每月进行一次安全生产风险分析，建立预警机制。

(2) 要求全面开展安全生产标准化达标建设，做到岗位达标、专业达标和企业达标，并强调通过严格生产许可证和安全生产许可证管理，推进达标工作。

(3) 加强安全生产技术管理和技术装备研发，要求健全机构，配备技术人员，强化企业主要技术负责人技术决策和指挥权；将安全生产关键技术和装备纳入国家科学技术领域支持范围和国家“十二五”规划重点推进。

(4) 安全生产综合监管、行业管理和司法机关联合执法，严厉打击非法违法生产、经营和建设，取缔非法企业。

(5) 强化企业安全生产属地管理，对当地包括中央和省属企业安全生产实行严格的监

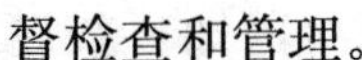

督检查和管理。

(6) 积极开展社会监督和舆论监督，维护和落实职工对安全生产的参与权与监督权，鼓励职工监督举报各类安全隐患。

(7) 严格限定对严重违法违规行为的执法裁量权，规定对企业“三超”(超能力、超强度、超定员) 组织生产的、无企业负责人带班下井或该带班而未带班的等，要求按有关规定的上限处罚；对以整合技改名义违规组织生产的、拒不执行监管指令的、违反建设项目“三同时”规定和安全培训有关规定的等，要依法加重处罚。

(8) 进一步加强安全教育培训，鼓励进一步扩大采矿、机电、地质、通风、安全等专业技术和技能人才培养。

(9) 强化安全生产责任追究，规定要加大重特大事故的考核权重，发生特别重大生产安全事故的，要视情节追究地级及以上政府(部门) 领导的责任；加大对发生重大和特别重大事故企业负责人或企业实际控制人以及上级企业主要负责人的责任追究力度；强化打击非法生产的地方责任。

(10) 强调要结合转变经济发展方式，就加快推进安全发展、强制淘汰落后技术产品、加快产业重组步伐提出了明确要求。这充分体现了安全生产与经济社会发展密不可分、协调推进的要求，通过不断提高生产力发展水平，从根本上促进企业安全生产水平的提高。

7. 有关政策规定的说明

《通知》规定提高工伤事故死亡职工一次性赔偿标准，这是一项新制度。事故发生单位对事故造成的人员伤亡、财产损失，应当承担赔偿责任，这是《安全生产法》等法律法规要求必须履行的法定义务。为维护伤亡职工和家属的权益，提高事故单位的违法成本，近年来一些地方在制定的《安全生产法实施条例》中也作了明确规定，如规定赔偿总额不低于 20 万元的标准，一些地方在实际赔偿中还高于上述标准，但其规范性、制度性和法规的强制性不足。

国务院《通知》规定的标准，具有两个突出特点：

(1) 大幅度提高了赔偿额度。2004 年实施的《工伤保险条例》规定，一次性工亡补助金，按当地 48～60 个月平均工资计算，取全国平均值最高为 15 万元。《通知》明确一次性工亡补助金调整为按全国上一年度城镇居民人均可支配收入的 20 倍计算。经测算，按 2009 年度全国平均城镇居民人均可支配收入 17175 元的水平，全国平均一次性工亡补助金为 34.35 万元，比原规定翻一番还多，加上同时实行的丧葬补助金和供养亲属抚恤金(按供养 2 位亲属测算)，三项合计约为 61.8 万元。其中前两项为一次性支出，后一项按工亡职工供养人口长期、按月发放。

(2) 具有法律效力。目前国务院法制办正在牵头修订《工伤保险条例》，有关条款将与

《通知》规定相衔接，确保2011年1月1日公布实施时保持一致，从而保证《通知》新规定的法律效力。

《工伤保险条例》将依据不同地区和企业单位的安全生产状况，实行浮动费用率和差别费率，对发生重特大事故或事故多发的企业单位，通过调整缴费比例，促进加强安全生产工作。因此，《通知》规定，既体现了以人为本、关爱生命，维护职工合法权益的精神，同时又是推进不断提高企业安全生产水平的新制度、新举措。

二、国务院《关于坚持科学发展安全发展　促进安全生产形势持续稳定好转的意见》相关要点

2011年11月26日，国务院印发《国务院关于坚持科学发展安全发展促进安全生产形势持续稳定好转的意见》（以下简称《意见》）。这是以国务院名义下发的关于安全生产工作的又一重要文件。国务院在《意见》中指出：安全生产事关人民群众生命财产安全，事关改革开放、经济发展和社会稳定大局，事关党和政府形象和声誉。为深入贯彻落实科学发展观，实现安全发展，促进全国安全生产形势持续稳定好转，提出以下意见：

1. 充分认识坚持科学发展安全发展的重大意义

（1）坚持科学发展安全发展是对安全生产实践经验的科学总结。多年来，各地区、各部门、各单位深入贯彻落实科学发展观，按照党中央、国务院的决策部署，大力推进安全发展，全国安全生产工作取得了积极进展和明显成效。“十一五”期间，事故总量和重特大事故大幅度下降，全国各类事故死亡人数年均减少约1万人，反映安全生产状况的各项指标显著改善，安全生产形势持续稳定好转。实践表明，坚持科学发展安全发展，是对新时期安全生产客观规律的科学认识和准确把握，是保障人民群众生命财产安全的必然选择。

（2）坚持科学发展安全发展是解决安全生产问题的根本途径。我国正处于工业化、城镇化快速发展进程中，处于生产安全事故易发多发的高峰期，安全基础仍然比较薄弱，重特大事故尚未得到有效遏制，非法违法生产经营建设行为屡禁不止，安全责任不落实、防范和监督管理不到位等问题在一些地方和企业还比较突出。安全生产工作既要解决长期积累的深层次、结构性和区域性问题，又要应对不断出现的新情况、新问题，根本出路在于坚持科学发展安全发展。要把这一重要思想和理念落实到生产经营建设的每一个环节，使之成为衡量各行业领域、各生产经营单位安全生产工作的基本标准，自觉做到不安全不生产，实现安全与发展的有机统一。

（3）坚持科学发展安全发展是经济发展社会进步的必然要求。随着经济发展和社会进步，全社会对安全生产的期待不断提高，广大从业人员“体面劳动”意识不断增强，对加

强安全监管监察、改善作业环境、保障职业安全健康权益等方面的要求越来越高。这就要求各地区、各部门、各单位必须始终把安全生产摆在经济社会发展重中之重的位置，自觉坚持科学发展安全发展，把安全真正作为发展的前提和基础，使经济社会发展切实建立在安全保障能力不断增强、劳动者生命安全和身体健康得到切实保障的基础之上，确保人民群众平安幸福地享有经济发展和社会进步的成果。

2. 指导思想和基本原则

（1）指导思想。坚持以邓小平理论和“三个代表”重要思想为指导，深入贯彻落实科学发展观，牢固树立以人为本、安全发展的理念，始终把保障人民群众生命财产安全放在首位，大力实施安全发展战略，紧紧围绕科学发展主题和加快转变经济发展方式主线，自觉坚持“安全第一、预防为主、综合治理”方针，坚持速度、质量、效益与安全的有机统一，以强化和落实企业主体责任为重点，以事故预防为主攻方向，以规范生产为保障，以科技进步为支撑，认真落实安全生产各项措施，标本兼治、综合治理，有效防范和坚决遏制重特大事故，促进安全生产与经济社会同步协调发展。

（2）基本原则。一是统筹兼顾，协调发展。正确处理安全生产与经济社会发展、与速度质量效益的关系，坚持把安全生产放在首要位置，促进区域、行业领域的科学、安全、可持续发展。二是依法治安，综合治理。健全完善安全生产法律法规、制度标准体系，严格安全生产执法，严厉打击非法违法行为，综合运用法律、行政、经济等手段，推动安全生产工作规范、有序、高效开展。三是突出预防，落实责任。加大安全投入，严格安全准入，深化隐患排查治理，筑牢安全生产基础，全面落实企业安全生产主体责任、政府及部门监管责任和属地管理责任。四是依靠科技，创新管理。加快安全科技研发应用，加强专业技术人才队伍和高素质的职工队伍培养，创新安全管理体制机制和方式方法，不断提升安全保障能力和安全管理水平。

3. 进一步加强安全生产法制建设

（1）健全完善安全生产法律制度体系。加快推进安全生产法等相关法律法规的修订制定工作。适应经济社会快速发展的新要求，制定高速铁路、高速公路、大型桥梁隧道、超高层建筑、城市轨道交通和地下管网等建设、运行、管理方面的安全法规规章。根据技术进步和产业升级需要，抓紧修订完善国家和行业安全技术标准，尽快健全覆盖各行业领域的安全生产标准体系。进一步建立完善安全生产激励约束、督促检查、行政问责、区域联动等制度，形成规范有力的制度保障体系。

（2）加大安全生产普法执法力度。加强安全生产法制教育，普及安全生产法律知识，提高全民安全法制意识，增强依法生产经营建设的自觉性。加强安全生产日常执法、重点执法和跟踪执法，强化相关部门及与司法机关的联合执法，确保执法实效。继续依法严厉打击各类非法违法生产经营建设行为，切实落实停产整顿、关闭取缔、严格问责的惩治措施。强化地方人民政府特别是县乡级人民政府责任，对打击非法生产不力的，要严肃追究责任。

（3）依法严肃查处各类事故。严格按照“科学严谨、依法依规、实事求是、注重实效”的原则，认真调查处理每一起事故，查明原因，依法严肃追究事故单位和有关责任人的责任，严厉查处事故背后的腐败行为，及时向社会公布调查进展和处理结果。认真落实事故查处分级挂牌督办、跟踪督办、警示通报、诫勉约谈和现场分析制度，深刻吸取事故教训，查找安全漏洞，完善相关管理措施，切实改进安全生产工作。

在《意见》中，还对全面落实安全生产责任、着力强化安全生产基础、深化重点行业领域安全专项整治、大力加强安全保障能力建设、建设更加高效的应急救援体系、积极推进安全文化建设、切实加强组织领导和监督等事项提出要求。

第二节　安全生产其他相关法规

建立完善的安全生产法律法规体系，应以《安全生产法》为核心，以安全生产的基本法律制度为骨架，从我国国情和安全生产工作的实际需要出发，以控制重大、特大事故为重点，抓住需要解决的关键问题和薄弱环节，制定配套法规；坚持科学发展观，与时俱进，根据实际需要，发扬创新精神，不断完善安全生产法规体系。在此介绍工伤保险、事故报告调查、危险化学品安全管理等法律法规知识，这都是安全生产关系很大，而且与企业职工关系很大的法律法规。

一、《工伤保险条例》相关要点

2010 年 12 月 8 日，国务院第 136 次常务会议通过《国务院关于修改〈工伤保险条例〉的决定》（国务院令第 586 号），自 2011 年 1 月 1 日起施行。

制定《工伤保险条例》的目的，是为了保障因工作遭受事故伤害或者患职业病的职工获得医疗救治和经济补偿，促进工伤预防和职业康复，分散用人单位的工伤风险。《工伤保险条例》分为八章六十七条，各章内容为：第一章“总则”，第二章“工伤保险基金”，第三章“工伤认定”，第四章“劳动能力鉴定”，第五章“工伤保险待遇”，第六章“监督管理”，第七章“法律责任”，第八章“附则”。

1.《工伤保险条例》总则和工伤保险基金的有关规定

在《工伤保险条例》第一章“总则”和第二章“工伤保险基金”中，对一些原则问题和工伤保险基金作了明确的规定。

◆国务院社会保险行政部门负责全国的工伤保险工作。

县级以上地方各级人民政府社会保险行政部门负责本行政区域内的工伤保险工作。

社会保险行政部门按照国务院有关规定设立的社会保险经办机构（以下称经办机构）具体承办工伤保险事务。

◆工伤保险基金由用人单位缴纳的工伤保险费、工伤保险基金的利息和依法纳入工伤保险基金的其他资金构成。

◆工伤保险费根据以支定收、收支平衡的原则，确定费率。

国家根据不同行业的工伤风险程度确定行业的差别费率，并根据工伤保险费使用、工伤发生率等情况在每个行业内确定若干费率档次。行业差别费率及行业内费率档次由国务院社会保险行政部门制定，报国务院批准后公布施行。

统筹地区经办机构根据用人单位工伤保险费使用、工伤发生率等情况，适用所属行业内相应的费率档次确定单位缴费费率。

◆用人单位应当按时缴纳工伤保险费。职工个人不缴纳工伤保险费。

用人单位缴纳工伤保险费的数额为本单位职工工资总额乘以单位缴费费率之积。

对难以按照工资总额缴纳工伤保险费的行业，其缴纳工伤保险费的具体方式，由国务院社会保险行政部门规定。

◆工伤保险基金逐步实行省级统筹。

◆工伤保险基金应当留有一定比例的储备金，用于统筹地区重大事故的工伤保险待遇支付；储备金不足支付的，由统筹地区的人民政府垫付。储备金占基金总额的具体比例和储备金的使用办法，由省、自治区、直辖市人民政府规定。

2. 工伤认定的有关规定

在《工伤保险条例》第三章“工伤认定”中，对相关事项作了规定。

◆职工有下列情形之一的，应当认定为工伤：

（1）在工作时间和工作场所内，因工作原因受到事故伤害的；

（2）工作时间前后在工作场所内，从事与工作有关的预备性或者收尾性工作受到事故伤害的；

（3）在工作时间和工作场所内，因履行工作职责受到暴力等意外伤害的；

（4）患职业病的；

(5) 因工外出期间，由于工作原因受到伤害或者发生事故下落不明的；

(6) 在上下班途中，受到非本人主要责任的交通事故或者城市轨道交通、客运轮渡、火车事故伤害的；

(7) 法律、行政法规规定应当认定为工伤的其他情形。

◆职工有下列情形之一的，视同工伤：

(1) 在工作时间和工作岗位，突发疾病死亡或者在48小时之内经抢救无效死亡的；

(2) 在抢险救灾等维护国家利益、公共利益活动中受到伤害的；

(3) 职工原在军队服役，因战、因公负伤致残，已取得革命伤残军人证，到用人单位后旧伤复发的。

◆职工有下列情形之一的，不得认定为工伤或者视同工伤：

(1) 故意犯罪的；

(2) 醉酒或者吸毒的；

(3) 自残或者自杀的。

◆职工发生事故伤害或者按照职业病防治法规定被诊断、鉴定为职业病，所在单位应当自事故伤害发生之日或者被诊断、鉴定为职业病之日起30日内，向统筹地区社会保险行政部门提出工伤认定申请。遇有特殊情况，经报社会保险行政部门同意，申请时限可以适当延长。

用人单位未按前款规定提出工伤认定申请的，工伤职工或者其近亲属、工会组织在事故伤害发生之日或者被诊断、鉴定为职业病之日起1年内，可以直接向用人单位所在地统筹地区社会保险行政部门提出工伤认定申请。

◆提出工伤认定申请应当提交下列材料：

(1) 工伤认定申请表；

(2) 与用人单位存在劳动关系（包括事实劳动关系）的证明材料；

(3) 医疗诊断证明或者职业病诊断证明书（或者职业病诊断鉴定书）。

工伤认定申请表应当包括事故发生的时间、地点、原因以及职工伤害程度等基本情况。

工伤认定申请人提供材料不完整的，社会保险行政部门应当一次性书面告知工伤认定申请人需要补正的全部材料。申请人按照书面告知要求补正材料后，社会保险行政部门应当受理。

◆社会保险行政部门受理工伤认定申请后，根据审核需要可以对事故伤害进行调查核实，用人单位、职工、工会组织、医疗机构以及有关部门应当予以协助。职业病诊断和诊断争议的鉴定，依照职业病防治法的有关规定执行。对依法取得职业病诊断证明书或者职业病诊断鉴定书的，社会保险行政部门不再进行调查核实。

职工或者其近亲属认为是工伤，用人单位不认为是工伤的，由用人单位承担举证责任。

◆社会保险行政部门应当自受理工伤认定申请之日起60日内作出工伤认定的决定，并书面通知申请工伤认定的职工或者其近亲属和该职工所在单位。

社会保险行政部门对受理的事实清楚、权利义务明确的工伤认定申请，应当在15日内作出工伤认定的决定。

作出工伤认定决定需要以司法机关或者有关行政主管部门的结论为依据的，在司法机关或者有关行政主管部门尚未作出结论期间，作出工伤认定决定的时限中止。

3. 劳动能力鉴定的有关规定

在《工伤保险条例》第四章“劳动能力鉴定”中，对相关事项作了规定。

◆职工发生工伤，经治疗伤情相对稳定后存在残疾、影响劳动能力的，应当进行劳动能力鉴定。

◆劳动能力鉴定是指劳动功能障碍程度和生活自理障碍程度的等级鉴定。

劳动功能障碍分为十个伤残等级，最重的为一级，最轻的为十级。

生活自理障碍分为三个等级：生活完全不能自理、生活大部分不能自理和生活部分不能自理。

◆劳动能力鉴定由用人单位、工伤职工或者其近亲属向设区的市级劳动能力鉴定委员会提出申请，并提供工伤认定决定和职工工伤医疗的有关资料。

◆省、自治区、直辖市劳动能力鉴定委员会和设区的市级劳动能力鉴定委员会分别由省、自治区、直辖市和设区的市级社会保险行政部门、卫生行政部门、工会组织、经办机构代表以及用人单位代表组成。

◆劳动能力鉴定工作应当客观、公正。劳动能力鉴定委员会组成人员或者参加鉴定的专家与当事人有利害关系的，应当回避。

◆自劳动能力鉴定结论作出之日起1年后，工伤职工或者其近亲属、所在单位或者经办机构认为伤残情况发生变化的，可以申请劳动能力复查鉴定。

4. 工伤保险待遇的有关规定

在《工伤保险条例》第五章“工伤保险待遇”中，对相关事项作了规定。

◆职工因工作遭受事故伤害或者患职业病进行治疗，享受工伤医疗待遇。

职工治疗工伤应当在签订服务协议的医疗机构就医，情况紧急时可以先到就近的医疗机构急救。

◆社会保险行政部门作出认定为工伤的决定后发生行政复议、行政诉讼的，行政复议和行政诉讼期间不停止支付工伤职工治疗工伤的医疗费用。

◆工伤职工因日常生活或者就业需要，经劳动能力鉴定委员会确认，可以安装假肢、矫形器、假眼、假牙和配置轮椅等辅助器具，所需费用按照国家规定的标准从工伤保险基金支付。

◆职工因工作遭受事故伤害或者患职业病需要暂停工作接受工伤医疗的，在停工留薪期内，原工资福利待遇不变，由所在单位按月支付。

◆工伤职工已经评定伤残等级并经劳动能力鉴定委员会确认需要生活护理的，从工伤保险基金按月支付生活护理费。

生活护理费按照生活完全不能自理、生活大部分不能自理或者生活部分不能自理 3 个不同等级支付，其标准分别为统筹地区上年度职工月平均工资的 50%、40%或者 30%。

◆职工因工死亡，其近亲属按照下列规定从工伤保险基金领取丧葬补助金、供养亲属抚恤金和一次性工亡补助金。

（1）丧葬补助金为 6 个月的统筹地区上年度职工月平均工资

（2）供养亲属抚恤金按照职工本人工资的一定比例发给由因工死亡职工生前提供主要生活来源、无劳动能力的亲属。标准为：配偶每月 40%，其他亲属每月 30%，孤寡老人或者孤儿每人每月在上述标准的基础上增加 10%。核定的各供养亲属的抚恤金和不应高于因工死亡职工生前的工资。供养亲属的具体范围由国务院社会保险行政部门规定

（3）一次性工亡补助金标准为上一年度全国城镇居民人均可支配收入的 20 倍。

◆伤残津贴、供养亲属抚恤金、生活护理费由统筹地区社会保险行政部门根据职工平均工资和生活费用变化等情况适时调整。调整办法由省、自治区、直辖市人民政府规定。

◆职工因工外出期间发生事故或者在抢险救灾中下落不明的，从事故发生当月起 3 个月内照发工资，从第 4 个月起停发工资，由工伤保险基金向其供养亲属按月支付供养亲属抚恤金。生活有困难的，可以预支一次性工亡补助金的 50%。职工被人民法院宣告死亡的，按照本条例第三十九条职工因工死亡的规定处理。

◆工伤职工有下列情形之一的，停止享受工伤保险待遇：

（1）丧失享受待遇条件的；

（2）拒不接受劳动能力鉴定的；

（3）拒绝治疗的。

◆用人单位分立、合并、转让的，承继单位应当承担原用人单位的工伤保险责任；原用人单位已经参加工伤保险的，承继单位应当到当地经办机构办理工伤保险变更登记。

用人单位实行承包经营的，工伤保险责任由职工劳动关系所在单位承担。

职工被借调期间受到工伤事故伤害的，由原用人单位承担工伤保险责任，但原用人单位与借调单位可以约定补偿办法。

企业破产的，在破产清算时依法拨付应当由单位支付的工伤保险待遇费用。

◆职工被派遣出境工作，依据前往国家或者地区的法律应当参加当地工伤保险的，参

加当地工伤保险，其国内工伤保险关系中止；不能参加当地工伤保险的，其国内工伤保险关系不中止。

◆职工再次发生工伤，根据规定应当享受伤残津贴的，按照新认定的伤残等级享受伤残津贴待遇。

5. 监督管理的有关规定

在《工伤保险条例》第六章“监督管理”中，对相关事项作了规定。

◆经办机构具体承办工伤保险事务，履行下列职责：

(1) 根据省、自治区、直辖市人民政府规定，征收工伤保险费；

(2) 核查用人单位的工资总额和职工人数，办理工伤保险登记，并负责保存用人单位缴费和职工享受工伤保险待遇情况的记录；

(3) 进行工伤保险的调查、统计；

(4) 按照规定管理工伤保险基金的支出；

(5) 按照规定核定工伤保险待遇；

(6) 为工伤职工或者其近亲属免费提供咨询服务。

◆任何组织和个人对有关工伤保险的违法行为，有权举报。社会保险行政部门对举报应当及时调查，按照规定处理，并为举报人保密。

◆工会组织依法维护工伤职工的合法权益，对用人单位的工伤保险工作实行监督。

◆职工与用人单位发生工伤待遇方面的争议，按照处理劳动争议的有关规定处理。

◆有下列情形之一的，有关单位或者个人可以依法申请行政复议，也可以依法向人民法院提起行政诉讼：

(1) 申请工伤认定的职工或者其近亲属、该职工所在单位对工伤认定申请不予受理的决定不服的；

(2) 申请工伤认定的职工或者其近亲属、该职工所在单位对工伤认定结论不服的；

(3) 用人单位对经办机构确定的单位缴费费率不服的；

(4) 签订服务协议的医疗机构、辅助器具配置机构认为经办机构未履行有关协议或者规定的；

(5) 工伤职工或者其近亲属对经办机构核定的工伤保险待遇有异议的。

6. 法律责任的有关规定

在《工伤保险条例》第七章“法律责任”中，对相关事项作了规定。

◆社会保险行政部门工作人员有下列情形之一的，依法给予处分；情节严重，构成犯罪的，依法追究刑事责任：

（1）无正当理由不受理工伤认定申请，或者弄虚作假将不符合工伤条件的人员认定为工伤职工的；

（2）未妥善保管申请工伤认定的证据材料，致使有关证据灭失的；

（3）收受当事人财物的。

◆用人单位、工伤职工或者其近亲属骗取工伤保险待遇，医疗机构、辅助器具配置机构骗取工伤保险基金支出的，由社会保险行政部门责令退还，处骗取金额 2 倍以上 5 倍以下的罚款；情节严重，构成犯罪的，依法追究刑事责任。

◆用人单位依照本条例规定应当参加工伤保险而未参加的，由社会保险行政部门责令限期参加，补缴应当缴纳的工伤保险费，并自欠缴之日起，按日加收万分之五的滞纳金；逾期仍不缴纳的，处欠缴数额 1 倍以上 3 倍以下的罚款。

依照本条例规定应当参加工伤保险而未参加工伤保险的用人单位职工发生工伤的，由该用人单位按照本条例规定的工伤保险待遇项目和标准支付费用。

用人单位参加工伤保险并补缴应当缴纳的工伤保险费、滞纳金后，由工伤保险基金和用人单位依照本条例的规定支付新发生的费用。

二、《生产安全事故报告和调查处理条例》相关要点

《生产安全事故报告和调查处理条例》（国务院令第 493 号），于 2007 年 4 月 9 日公布，自 2007 年 6 月 1 日起施行。国务院 1989 年 3 月 29 日公布的《特别重大事故调查程序暂行规定》和 1991 年 2 月 22 日公布的《企业职工伤亡事故报告和处理规定》同时废止。

《生产安全事故报告和调查处理条例》分为六章四十六条，各章内容为：第一章“总则”，第二章“事故报告”，第三章“事故调查”，第四章“事故处理”，第五章“法律责任”，第六章“附则”。

制定《生产安全事故报告和调查处理条例》的目的，是根据《安全生产法》和有关法律，为了规范生产安全事故的报告和调查处理，落实生产安全事故责任追究制度，防止和减少生产安全事故。

《生产安全事故报告和调查处理条例》适用于生产经营活动中发生的造成人身伤亡或者直接经济损失的生产安全事故的报告和调查处理。

1. 制定《生产安全事故报告和调查处理条例》的意义

生产安全事故的报告和调查处理，是安全生产工作的重要环节。随着社会主义市场经济的发展，安全生产领域出现了一些新情况、新问题。比如，生产经营单位的所有制形式多元化，由过去以国有和集体所有为主发展为多种所有制的生产经营单位并存，特别是私

营、个体等非公有生产经营单位在数量上占据多数，并且出现了公司、合伙企业、合作企业、个人独资企业等多样化的组织形式，生产经营单位的内部管理和决策机制也随之多样化、复杂化，给安全生产监督管理提出了新的课题；在经济持续快速发展的同时，安全生产面临着严峻形势，特别是矿山、危险化学品、建筑施工、道路交通等行业或者领域事故多发的势头没有得到根本遏制；安全生产监管体制发生了较大变化，各级政府特别是地方政府在安全生产工作中负有越来越重要的职责；社会各界对于生产安全事故报告和调查处理的关注度越来越高，强烈呼吁采取更加有效的措施，进一步规范事故报告和调查处理。为了适应安全生产的新形势、新情况，迫切需要在总结经验的基础上，制定一部全面、系统地规范生产安全事故报告和调查处理的行政法规，为规范事故报告和调查处理工作，落实事故责任追究制度，维护事故受害人的合法权益和社会稳定，预防和减少事故发生，进一步提供法律保障。

2. 总则中的有关规定

在《生产安全事故报告和调查处理条例》第一章“总则”中，对一些原则问题作了规定。

◆根据生产安全事故（以下简称事故）造成的人员伤亡或者直接经济损失，事故一般分为以下等级：

（1）特别重大事故，是指造成30人以上死亡，或者100人以上重伤（包括急性工业中毒，下同），或者1亿元以上直接经济损失的事故；

（2）重大事故，是指造成10人以上30人以下死亡，或者50人以上100人以下重伤，或者5 000万元以上1亿元以下直接经济损失的事故；

（3）较大事故，是指造成3人以上10人以下死亡，或者10人以上50人以下重伤，或者1 000万元以上5 000万元以下直接经济损失的事故；

（4）一般事故，是指造成3人以下死亡，或者10人以下重伤，或者1 000万元以下直接经济损失的事故。

◆事故报告应当及时、准确、完整，任何单位和个人对事故不得迟报、漏报、谎报或者瞒报。

事故调查处理应当坚持实事求是、尊重科学的原则，及时、准确地查清事故经过、事故原因和事故损失，查明事故性质，认定事故责任，总结事故教训，提出整改措施，并对事故责任者依法追究责任。

◆县级以上人民政府应当依照本条例的规定，严格履行职责，及时、准确地完成事故调查处理工作。

事故发生地有关地方人民政府应当支持、配合上级人民政府或者有关部门的事故调查处理工作，并提供必要的便利条件。

参加事故调查处理的部门和单位应当互相配合，提高事故调查处理工作的效率。

◆工会依法参加事故调查处理，有权向有关部门提出处理意见。

◆任何单位和个人不得阻挠和干涉对事故的报告和依法调查处理。

◆对事故报告和调查处理中的违法行为，任何单位和个人有权向安全生产监督管理部门、监察机关或者其他有关部门举报，接到举报的部门应当依法及时处理。

3. 事故报告的有关规定

在《生产安全事故报告和调查处理条例》第二章“事故报告”中，对相关事项作了规定。

◆事故发生后，事故现场有关人员应当立即向本单位负责人报告；单位负责人接到报告后，应当于1小时内向事故发生地县级以上人民政府安全生产监督管理部门和负有安全生产监督管理职责的有关部门报告。

情况紧急时，事故现场有关人员可以直接向事故发生地县级以上人民政府安全生产监督管理部门和负有安全生产监督管理职责的有关部门报告。

◆报告事故应当包括下列内容：

(1) 事故发生单位概况；

(2) 事故发生的时间、地点以及事故现场情况；

(3) 事故的简要经过；

(4) 事故已经造成或者可能造成的伤亡人数（包括下落不明的人数）和初步估计的直接经济损失；

(5) 已经采取的措施；

(6) 其他应当报告的情况。

◆事故报告后出现新情况的，应当及时补报。

自事故发生之日起30日内，事故造成的伤亡人数发生变化的，应当及时补报。道路交通事故、火灾事故自发生之日起7日内，事故造成的伤亡人数发生变化的，应当及时补报。

◆事故发生单位负责人接到事故报告后，应当立即启动事故相应应急预案，或者采取有效措施，组织抢救，防止事故扩大，减少人员伤亡和财产损失。

◆事故发生地有关地方人民政府、安全生产监督管理部门和负有安全生产监督管理职责的有关部门接到事故报告后，其负责人应当立即赶赴事故现场，组织事故救援。

◆事故发生后，有关单位和人员应当妥善保护事故现场以及相关证据，任何单位和个人不得破坏事故现场、毁灭相关证据。

因抢救人员、防止事故扩大以及疏通交通等原因，需要移动事故现场物件的，应当做出标志，绘制现场简图并做出书面记录，妥善保存现场重要痕迹、物证。

◆事故发生地公安机关根据事故的情况，对涉嫌犯罪的，应当依法立案侦查，采取强制措施和侦查措施。犯罪嫌疑人逃匿的，公安机关应当迅速追捕归案。

◆安全生产监督管理部门和负有安全生产监督管理职责的有关部门应当建立值班制度，并向社会公布值班电话，受理事故报告和举报。

4. 事故调查与事故处理的有关规定

在《生产安全事故报告和调查处理条例》第三章“事故调查”和第四章“事故处理”中，对相关事项作了规定。

◆特别重大事故由国务院或者国务院授权有关部门组织事故调查组进行调查。

重大事故、较大事故、一般事故分别由事故发生地省级人民政府、设区的市级人民政府、县级人民政府负责调查。省级人民政府、设区的市级人民政府、县级人民政府可以直接组织事故调查组进行调查，也可以授权或者委托有关部门组织事故调查组进行调查。

未造成人员伤亡的一般事故，县级人民政府也可以委托事故发生单位组织事故调查组进行调查。

◆事故调查组履行下列职责：

（1）查明事故发生的经过、原因、人员伤亡情况及直接经济损失；

（2）认定事故的性质和事故责任；

（3）提出对事故责任者的处理建议；

（4）总结事故教训，提出防范和整改措施；

（5）提交事故调查报告。

◆事故调查组有权向有关单位和个人了解与事故有关的情况，并要求其提供相关文件、资料，有关单位和个人不得拒绝。

事故发生单位的负责人和有关人员在事故调查期间不得擅离职守，并应当随时接受事故调查组的询问，如实提供有关情况。

事故调查中发现涉嫌犯罪的，事故调查组应当及时将有关材料或者其复印件移交司法机关处理。

◆事故调查报告应当包括下列内容：

（1）事故发生单位概况；

（2）事故发生经过和事故救援情况；

（3）事故造成的人员伤亡和直接经济损失；

（4）事故发生的原因和事故性质；

（5）事故责任的认定以及对事故责任者的处理建议；

（6）事故防范和整改措施。

事故调查报告应当附具有关证据材料。事故调查组成员应当在事故调查报告上签名。

◆事故发生单位应当认真吸取事故教训，落实防范和整改措施，防止事故再次发生。防范和整改措施的落实情况应当接受工会和职工的监督。

2007 年 7 月 3 日，国家安全生产监督管理总局局长办公会议审议通过《〈生产安全事故报告和调查处理条例〉罚款处罚暂行规定》，自公布之日（2007 年 7 月 12 日）起施行（该条例于 2011 年再次修订）。在规定中，对迟报、漏报、谎报和瞒报行为，对伪造、故意破坏事故现场，或者转移、隐匿资金、财产、销毁有关证据、资料，或者拒绝接受调查，或者拒绝提供有关情况和资料，或者在事故调查中作伪证，或者指使他人作伪证的，事故发生后逃匿的行为等，明确规定了给予处罚的具体额度和方式。

三、《煤矿生产安全事故报告和调查处理规定》相关要点

2008 年 12 月 11 日，国家安全生产监督管理总局、国家煤矿安全监察局发布《煤矿生产安全事故报告和调查处理规定》（安监总政法〔2008〕212 号），自发布之日（2008 年 12 月 11 日）起施行。

《煤矿生产安全事故报告和调查处理规定》分为六章三十八条，各章内容为：第一章“总则”，第二章“事故分级”，第三章“事故报告”，第四章“事故现场处置和保护”，第五章“事故调查”，第六章“事故处理”。

制定《煤矿生产安全事故报告和调查处理规定》的目的，是依照《生产安全事故报告和调查处理条例》《煤矿安全监察条例》和国务院有关规定，为了规范煤矿生产安全事故报告和调查处理，落实事故责任追究，防止和减少煤矿生产安全事故。

《煤矿生产安全事故报告和调查处理规定》所称煤矿生产安全事故（以下简称事故），是指各类煤矿（包括与煤炭生产直接相关的煤矿地面生产系统、附属场所）发生的生产安全事故。

1.《煤矿生产安全事故报告和调查处理规定》的主要内容

◆根据事故造成的人员伤亡或者直接经济损失，煤矿事故分为以下等级：

（1）特别重大事故，是指造成 30 人以上死亡，或者 100 人以上重伤（包括急性工业中毒，下同），或者 1 亿元以上直接经济损失的事故；

（2）重大事故，是指造成 10 人以上 30 人以下死亡，或者 50 人以上 100 人以下重伤，或者 5 000 万元以上 1 亿元以下直接经济损失的事故；

（3）较大事故，是指造成 3 人以上 10 人以下死亡，或者 10 人以上 50 人以下重伤，或

者 1 000 万元以上 5 000 万元以下直接经济损失的事故；

(4) 一般事故，是指造成 3 人以下死亡，或者 10 人以下重伤，或者 1 000 万元以下直接经济损失的事故。

本条所称的“以上”包括本数，所称的“以下”不包括本数。

◆事故造成的直接经济损失包括：

(1) 人身伤亡后所支出的费用，含医疗费用（含护理费用），丧葬及抚恤费用，补助及救济费用，歇工工资；

(2) 善后处理费用，含处理事故的事务性费用，现场抢救费用，清理现场费用，事故赔偿费用；

(3) 财产损失价值，含固定资产损失价值，流动资产损失价值。

◆煤矿发生事故后，事故现场有关人员应当立即报告煤矿负责人；煤矿负责人接到报告后，应当于 1 小时内报告事故发生地县级以上人民政府安全生产监督管理部门、负责煤矿安全生产监督管理的部门和驻地煤矿安全监察机构。

情况紧急时，事故现场有关人员可以直接向事故发生地县级以上人民政府安全生产监督管理部门、负责煤矿安全生产监督管理的部门和煤矿安全监察机构报告。

◆报告事故应当包括下列内容：

(1) 事故发生单位概况（单位全称、所有制形式和隶属关系、生产能力、证照情况等）；

(2) 事故发生的时间、地点以及事故现场情况；

(3) 事故类别（顶板、瓦斯、机电、运输、放炮、水害、火灾、其他）；

(4) 事故的简要经过，入井人数、生还人数和生产状态等；

(5) 事故已经造成伤亡人数、下落不明的人数和初步估计的直接经济损失；

(6) 已经采取的措施；

(7) 其他应当报告的情况。

以上报告内容，初次报告由于情况不明没有报告的，应在查清后及时续报。

◆事故报告后出现新情况的，应当及时补报或者续报。事故伤亡人数发生变化的，有关单位应当在发生的当日内及时补报或者续报。

◆事故报告应当及时、准确、完整，任何单位和个人不得迟报、漏报、谎报或者瞒报事故。

◆煤矿安全监察机构接到事故报告后，按照规定，有关负责人应当立即赶赴事故现场，协助事故发生地有关人民政府做好应急救援工作。

◆事故发生后，有关单位和人员应当妥善保护事故现场以及相关证据。任何单位和个人不得破坏事故现场、毁灭证据。

◆因事故抢险救援必须改变事故现场状况的，应当绘制现场简图并做出书面记录，妥善保存现场重要痕迹、物证。抢险救灾结束后，现场抢险救援指挥部应当及时向事故调查组提交抢险救援报告及有关图纸、记录等资料。

◆特别重大事故由国务院组织事故调查组进行调查，或者根据国务院授权，由国家安全生产监督管理总局组织国务院事故调查组进行调查。

重大事故由省级煤矿安全监察机构组织事故调查组进行调查。

较大事故由煤矿安全监察分局组织事故调查组进行调查。

一般事故中造成人员死亡的，由煤矿安全监察分局组织事故调查组进行调查；没有造成人员死亡的，煤矿安全监察分局可以委托地方人民政府负责煤矿安全生产监督管理的部门或者事故发生单位组织事故调查组进行调查。

◆事故调查组应当坚持实事求是、依法依规、注重实效的三项基本要求和“四不放过”的原则，做到诚信公正、恪尽职守、廉洁自律，遵守事故调查组的纪律，保守事故调查的秘密，不得包庇、袒护负有事故责任的人员或者借机打击报复。

◆事故调查报告应当包括下列内容：

（1）事故发生单位基本情况；

（2）事故发生经过、事故救援情况和事故类别；

（3）事故造成的人员伤亡和直接经济损失；

（4）事故发生的直接原因、间接原因和事故性质；

（5）事故责任的认定以及对事故责任人员和责任单位的处理建议；

（6）事故防范和整改措施。

四、《危险化学品安全管理条例》相关要点

2011 年 2 月 16 日，国务院第 144 次常务会议修订通过《危险化学品安全管理条例》（国务院令第 591 号），自 2011 年 12 月 1 日起施行。

制定和修订《危险化学品安全管理条例》的目的，是为了加强危险化学品的安全管理，预防和减少危险化学品事故，保障人民群众生命财产安全，保护环境。《危险化学品安全管理条例》分为八章一百零二条，各章内容为：第一章“总则”，第二章“生产、储存安全”，第三章“使用安全”，第四章“经营安全”，第五章“运输安全”，第六章“危险化学品登记与事故应急救援”，第七章“法律责任”，第八章“附则”。

1.《危险化学品安全管理条例》总则中的有关规定

在《危险化学品安全管理条例》第一章“总则”中，对相关事项作了规定。

◆危险化学品生产、储存、使用、经营和运输的安全管理，适用本条例。

◆本条例所称危险化学品，是指具有毒害、腐蚀、爆炸、燃烧、助燃等性质，对人体、设施、环境具有危害的剧毒化学品和其他化学品。

◆危险化学品安全管理，应当坚持“安全第一、预防为主、综合治理”的方针，强化和落实企业的主体责任。

生产、储存、使用、经营、运输危险化学品的单位（以下统称危险化学品单位）的主要负责人对本单位的危险化学品安全管理工作全面负责。

危险化学品单位应当具备法律、行政法规规定和国家标准、行业标准要求的安全条件，建立、健全安全管理规章制度和岗位安全责任制度，对从业人员进行安全教育、法制教育和岗位技术培训。从业人员应当接受教育和培训，考核合格后上岗作业；对有资格要求的岗位，应当配备依法取得相应资格的人员。

◆任何单位和个人不得生产、经营、使用国家禁止生产、经营、使用的危险化学品。国家对危险化学品的使用有限制性规定的，任何单位和个人不得违反限制性规定使用危险化学品。

◆对危险化学品的生产、储存、使用、经营、运输实施安全监督管理的有关部门（以下统称负有危险化学品安全监督管理职责的部门），依照下列规定履行职责：

（1）安全生产监督管理部门负责危险化学品安全监督管理综合工作，组织确定、公布、调整危险化学品目录，对新建、改建、扩建生产、储存危险化学品（包括使用长输管道输送危险化学品，下同）的建设项目进行安全条件审查，核发危险化学品安全生产许可证、危险化学品安全使用许可证和危险化学品经营许可证，并负责危险化学品登记工作。

（2）公安机关负责危险化学品的公共安全管理，核发剧毒化学品购买许可证、剧毒化学品道路运输通行证，并负责危险化学品运输车辆的道路交通安全管理。

（3）质量监督检验检疫部门负责核发危险化学品及其包装物、容器（不包括储存危险化学品的固定式大型储罐，下同）生产企业的工业产品生产许可证，并依法对其产品质量实施监督，负责对进出口危险化学品及其包装实施检验。

（4）环境保护主管部门负责废弃危险化学品处置的监督管理，组织危险化学品的环境危害性鉴定和环境风险程度评估，确定实施重点环境管理的危险化学品，负责危险化学品环境管理登记和新化学物质环境管理登记；依照职责分工调查相关危险化学品环境污染事故和生态破坏事件，负责危险化学品事故现场的应急环境监测。

（5）交通运输主管部门负责危险化学品道路运输、水路运输的许可以及运输工具的安全管理，对危险化学品水路运输安全实施监督，负责危险化学品道路运输企业、水路运输企业驾驶人员、船员、装卸管理人员、押运人员、申报人员、集装箱装箱现场检查员的资格认定。铁路主管部门负责危险化学品铁路运输的安全管理，负责危险化学品铁路运输承运人、托运人的资质审批及其运输工具的安全管理。民用航空主管部门负责危险化学品航空运输以及航空运输企业及其运输工具的安全管理。

(6) 卫生主管部门负责危险化学品毒性鉴定的管理，负责组织、协调危险化学品事故受伤人员的医疗卫生救援工作。

(7) 工商行政管理部门依据有关部门的许可证件，核发危险化学品生产、储存、经营、运输企业营业执照，查处危险化学品经营企业违法采购危险化学品的行为。

(8) 邮政管理部门负责依法查处寄递危险化学品的行为。

◆负有危险化学品安全监督管理职责的部门依法进行监督检查，可以采取下列措施：

(1) 进入危险化学品作业场所实施现场检查，向有关单位和人员了解情况，查阅、复制有关文件、资料；

(2) 发现危险化学品事故隐患，责令立即消除或者限期消除；

(3) 对不符合法律、行政法规、规章规定或者国家标准、行业标准要求的设施、设备、装置、器材、运输工具，责令立即停止使用；

(4) 经本部门主要负责人批准，查封违法生产、储存、使用、经营危险化学品的场所，扣押违法生产、储存、使用、经营、运输的危险化学品以及用于违法生产、使用、运输危险化学品的原材料、设备、运输工具；

(5) 发现影响危险化学品安全的违法行为，当场予以纠正或者责令限期改正。

负有危险化学品安全监督管理职责的部门依法进行监督检查，监督检查人员不得少于2人，并应当出示执法证件；有关单位和个人对依法进行的监督检查应当予以配合，不得拒绝、阻碍。

◆县级以上人民政府应当建立危险化学品安全监督管理工作协调机制，支持、督促负有危险化学品安全监督管理职责的部门依法履行职责，协调、解决危险化学品安全监督管理工作中的重大问题。

◆任何单位和个人对违反本条例规定的行为，有权向负有危险化学品安全监督管理职责的部门举报。负有危险化学品安全监督管理职责的部门接到举报，应当及时依法处理；对不属于本部门职责的，应当及时移送有关部门处理。

◆国家鼓励危险化学品生产企业和使用危险化学品从事生产的企业采用有利于提高安全保障水平的先进技术、工艺、设备以及自动控制系统，鼓励对危险化学品实行专门储存、统一配送、集中销售。

2. 生产、储存安全的有关规定

在《危险化学品安全管理条例》第二章“生产、储存安全”中，对相关事项作了规定。

◆国家对危险化学品的生产、储存实行统筹规划、合理布局。

◆新建、改建、扩建生产、储存危险化学品的建设项目（以下简称建设项目），应当由安全生产监督管理部门进行安全条件审查。

◆生产、储存危险化学品的单位，应当对其铺设的危险化学品管道设置明显标志，并对危险化学品管道定期检查、检测。

◆危险化学品生产企业进行生产前，应当依照《安全生产许可证条例》的规定，取得危险化学品安全生产许可证。

◆危险化学品生产企业应当提供与其生产的危险化学品相符的化学品安全技术说明书，并在危险化学品包装（包括外包装件）上粘贴或者拴挂与包装内危险化学品相符的化学品安全标签。化学品安全技术说明书和化学品安全标签所载明的内容应当符合国家标准的要求。

◆生产实施重点环境管理的危险化学品的企业，应当按照国务院环境保护主管部门的规定，将该危险化学品向环境中释放等相关信息向环境保护主管部门报告。环境保护主管部门可以根据情况采取相应的环境风险控制措施。

◆危险化学品的包装应当符合法律、行政法规、规章的规定以及国家标准、行业标准的要求。

危险化学品包装物、容器的材质以及危险化学品包装的型式、规格、方法和单件质量（重量），应当与所包装的危险化学品的性质和用途相适应。

◆生产列入国家实行生产许可证制度的工业产品目录的危险化学品包装物、容器的企业，应当依照《中华人民共和国工业产品生产许可证管理条例》的规定，取得工业产品生产许可证；其生产的危险化学品包装物、容器经国务院质量监督检验检疫部门认定的检验机构检验合格，方可出厂销售。

对重复使用的危险化学品包装物、容器，使用单位在重复使用前应当进行检查；发现存在安全隐患的，应当维修或者更换。使用单位应当对检查情况作出记录，记录的保存期限不得少于2年。

◆危险化学品生产装置或者储存数量构成重大危险源的危险化学品储存设施（运输工具加油站、加气站除外），与下列场所、设施、区域的距离应当符合国家有关规定：

（1）居住区以及商业中心、公园等人员密集场所；

（2）学校、医院、影剧院、体育场（馆）等公共设施；

（3）饮用水源、水厂以及水源保护区；

（4）车站、码头（依法经许可从事危险化学品装卸作业的除外）、机场以及通信干线、通信枢纽、铁路线路、道路交通干线、水路交通干线、地铁风亭以及地铁站出入口；

（5）基本农田保护区、基本草原、畜禽遗传资源保护区、畜禽规模化养殖场（养殖小区）、渔业水域以及种子、种畜禽、水产苗种生产基地；

(6) 河流、湖泊、风景名胜区、自然保护区;

(7) 军事禁区、军事管理区;

(8) 法律、行政法规规定的其他场所、设施、区域。

已建的危险化学品生产装置或者储存数量构成重大危险源的危险化学品储存设施不符合前款规定的，由所在地设区的市级人民政府安全生产监督管理部门会同有关部门监督其所属单位在规定期限内进行整改；需要转产、停产、搬迁、关闭的，由本级人民政府决定并组织实施。

储存数量构成重大危险源的危险化学品储存设施的选址，应当避开地震活动断层和容易发生洪灾、地质灾害的区域。

◆生产、储存危险化学品的单位，应当根据其生产、储存的危险化学品的种类和危险特性，在作业场所设置相应的监测、监控、通风、防晒、调温、防火、灭火、防爆、泄压、防毒、中和、防潮、防雷、防静电、防腐、防泄漏以及防护围堤或者隔离操作等安全设施、设备，并按照国家标准、行业标准或者国家有关规定对安全设施、设备进行经常性维护、保养，保证安全设施、设备的正常使用。

生产、储存危险化学品的单位，应当在其作业场所和安全设施、设备上设置明显的安全警示标志。

◆生产、储存危险化学品的单位，应当在其作业场所设置通信、报警装置，并保证处于适用状态。

◆生产、储存危险化学品的企业，应当委托具备国家规定的资质条件的机构，对本企业的安全生产条件每 3 年进行一次安全评价，提出安全评价报告。安全评价报告的内容应当包括对安全生产条件存在的问题进行整改的方案。

生产、储存危险化学品的企业，应当将安全评价报告以及整改方案的落实情况报所在地县级人民政府安全生产监督管理部门备案。在港区内储存危险化学品的企业，应当将安全评价报告以及整改方案的落实情况报港口行政管理部门备案。

◆生产、储存剧毒化学品或者国务院公安部门规定的可用于制造爆炸物品的危险化学品（以下简称易制爆危险化学品）的单位，应当如实记录其生产、储存的剧毒化学品、易制爆危险化学品的数量、流向，并采取必要的安全防范措施，防止剧毒化学品、易制爆危险化学品丢失或者被盗；发现剧毒化学品、易制爆危险化学品丢失或者被盗的，应当立即向当地公安机关报告。

生产、储存剧毒化学品、易制爆危险化学品的单位，应当设置治安保卫机构，配备专职治安保卫人员。

◆危险化学品应当储存在专用仓库、专用场地或者专用储存室（以下统称专用仓库）内，并由专人负责管理；剧毒化学品以及储存数量构成重大危险源的其他危险化学品，应当在专用仓库内单独存放，并实行双人收发、双人保管制度。

◆储存危险化学品的单位应当建立危险化学品出入库核查、登记制度。

◆危险化学品专用仓库应当符合国家标准、行业标准的要求，并设置明显的标志。储存剧毒化学品、易制爆危险化学品的专用仓库，应当按照国家有关规定设置相应的技术防范设施。

储存危险化学品的单位应当对其危险化学品专用仓库的安全设施、设备定期进行检测、检验。

◆生产、储存危险化学品的单位转产、停产、停业或者解散的，应当采取有效措施，及时、妥善处置其危险化学品生产装置、储存设施以及库存的危险化学品，不得丢弃危险化学品；处置方案应当报所在地县级人民政府安全生产监督管理部门、工业和信息化主管部门、环境保护主管部门和公安机关备案。安全生产监督管理部门应当会同环境保护主管部门和公安机关对处置情况进行监督检查，发现未依照规定处置的，应当责令其立即处置。

3. 使用安全的有关规定

在《危险化学品安全管理条例》第三章“使用安全”中，对相关事项作了规定。

◆使用危险化学品的单位，其使用条件（包括工艺）应当符合法律、行政法规的规定和国家标准、行业标准的要求，并根据所使用的危险化学品的种类、危险特性以及使用量和使用方式，建立、健全使用危险化学品的安全管理规章制度和安全操作规程，保证危险化学品的安全使用。

◆使用危险化学品从事生产并且使用量达到规定数量的化工企业（属于危险化学品生产企业的除外，下同），应当依照本条例的规定取得危险化学品安全使用许可证。

◆申请危险化学品安全使用许可证的化工企业，除应当符合本条例的规定外，还应当具备下列条件：

（1）有与所使用的危险化学品相适应的专业技术人员；

（2）有安全管理机构和专职安全管理人员；

（3）有符合国家规定的危险化学品事故应急预案和必要的应急救援器材、设备；

（4）依法进行了安全评价。

◆申请危险化学品安全使用许可证的化工企业，应当向所在地设区的市级人民政府安全生产监督管理部门提出申请，并提交其符合本条例第三十条规定条件的证明材料。设区的市级人民政府安全生产监督管理部门应当依法进行审查，自收到证明材料之日起 45 日内作出批准或者不予批准的决定。予以批准的，颁发危险化学品安全使用许可证；不予批准的，书面通知申请人并说明理由。

安全生产监督管理部门应当将其颁发危险化学品安全使用许可证的情况及时向同级环

境保护主管部门和公安机关通报。

4. 经营安全的有关规定

在《危险化学品安全管理条例》第四章“经营安全”中，对相关事项作了规定。

◆国家对危险化学品经营（包括仓储经营，下同）实行许可制度。未经许可，任何单位和个人不得经营危险化学品。

依法设立的危险化学品生产企业在其厂区范围内销售本企业生产的危险化学品，不需要取得危险化学品经营许可。

◆从事危险化学品经营的企业应当具备下列条件：

（1）有符合国家标准、行业标准的经营场所，储存危险化学品的，还应当有符合国家标准、行业标准的储存设施；

（2）从业人员经过专业技术培训并经考核合格；

（3）有健全的安全管理规章制度；

（4）有专职安全管理人员；

（5）有符合国家规定的危险化学品事故应急预案和必要的应急救援器材、设备；

（6）法律、法规规定的其他条件。

◆从事剧毒化学品、易制爆危险化学品经营的企业，应当向所在地设区的市级人民政府安全生产监督管理部门提出申请，从事其他危险化学品经营的企业，应当向所在地县级人民政府安全生产监督管理部门提出申请（有储存设施的，应当向所在地设区的市级人民政府安全生产监督管理部门提出申请）。设区的市级人民政府安全生产监督管理部门或者县级人民政府安全生产监督管理部门应当依法进行审查，并对申请人的经营场所、储存设施进行现场核查，自收到证明材料之日起 30 日内作出批准或者不予批准的决定。予以批准的，颁发危险化学品经营许可证；不予批准的，书面通知申请人并说明理由。

◆危险化学品经营企业储存危险化学品的，应当遵守本条例第二章关于储存危险化学品的规定。危险化学品商店内只能存放民用小包装的危险化学品。

◆危险化学品经营企业不得向未经许可从事危险化学品生产、经营活动的企业采购危险化学品，不得经营没有化学品安全技术说明书或者化学品安全标签的危险化学品。

◆依法取得危险化学品安全生产许可证、危险化学品安全使用许可证、危险化学品经营许可证的企业，凭相应的许可证件购买剧毒化学品、易制爆危险化学品。民用爆炸物品生产企业凭民用爆炸物品生产许可证购买易制爆危险化学品。

个人不得购买剧毒化学品（属于剧毒化学品的农药除外）和易制爆危险化学品。

◆申请取得剧毒化学品购买许可证，申请人应当向所在地县级人民政府公安机关提交下列材料：

（1）营业执照或者法人证书（登记证书）的复印件；

（2）拟购买的剧毒化学品品种、数量的说明；

（3）购买剧毒化学品用途的说明；

（4）经办人的身份证明。

县级人民政府公安机关应当自收到前款规定的材料之日起 3 日内，作出批准或者不予批准的决定。予以批准的，颁发剧毒化学品购买许可证；不予批准的，书面通知申请人并说明理由。

◆危险化学品生产企业、经营企业销售剧毒化学品、易制爆危险化学品，应当查验本条例第三十八条第一款、第二款规定的相关许可证件或者证明文件，不得向不具有相关许可证件或者证明文件的单位销售剧毒化学品、易制爆危险化学品。对持剧毒化学品购买许可证购买剧毒化学品的，应当按照许可证载明的品种、数量销售。

禁止向个人销售剧毒化学品（属于剧毒化学品的农药除外）和易制爆危险化学品。

◆危险化学品生产企业、经营企业销售剧毒化学品、易制爆危险化学品，应当如实记录购买单位的名称、地址、经办人的姓名、身份证号码以及所购买的剧毒化学品、易制爆危险化学品的品种、数量、用途。销售记录以及经办人的身份证明复印件、相关许可证件复印件或者证明文件的保存期限不得少于1年。

剧毒化学品、易制爆危险化学品的销售企业、购买单位应当在销售、购买后 5 日内，将所销售、购买的剧毒化学品、易制爆危险化学品的品种、数量以及流向信息报所在地县级人民政府公安机关备案，并输入计算机系统。

◆使用剧毒化学品、易制爆危险化学品的单位不得出借、转让其购买的剧毒化学品、易制爆危险化学品；因转产、停产、搬迁、关闭等确需转让的，应当向具有本条例第三十八条第一款、第二款规定的相关许可证件或者证明文件的单位转让，并在转让后将有关情况及时向所在地县级人民政府公安机关报告。

5. 运输安全的有关规定

在《危险化学品安全管理条例》第五章“运输安全”中，对相关事项作了规定。

◆从事危险化学品道路运输、水路运输的，应当分别依照有关道路运输、水路运输的法律、行政法规的规定，取得危险货物道路运输许可、危险货物水路运输许可，并向工商行政管理部门办理登记手续。

危险化学品道路运输企业、水路运输企业应当配备专职安全管理人员。

◆危险化学品道路运输企业、水路运输企业的驾驶人员、船员、装卸管理人员、押运人员、申报人员、集装箱装箱现场检查员应当经交通运输主管部门考核合格，取得从业资格。具体办法由国务院交通运输主管部门制定。

危险化学品的装卸作业应当遵守安全作业标准、规程和制度，并在装卸管理人员的现场指挥或者监控下进行。水路运输危险化学品的集装箱装箱作业应当在集装箱装箱现场检查员的指挥或者监控下进行，并符合积载、隔离的规范和要求；装箱作业完毕后，集装箱装箱现场检查员应当签署装箱证明书。

◆运输危险化学品，应当根据危险化学品的危险特性采取相应的安全防护措施，并配备必要的防护用品和应急救援器材。

用于运输危险化学品的槽罐以及其他容器应当封口严密，能够防止危险化学品在运输过程中因温度、湿度或者压力的变化发生渗漏、洒漏；槽罐以及其他容器的溢流和泄压装置应当设置准确、起闭灵活。

运输危险化学品的驾驶人员、船员、装卸管理人员、押运人员、申报人员、集装箱装箱现场检查员，应当了解所运输的危险化学品的危险特性及其包装物、容器的使用要求和出现危险情况时的应急处置方法。

◆通过道路运输危险化学品的，托运人应当委托依法取得危险货物道路运输许可的企业承运。

◆通过道路运输危险化学品的，应当按照运输车辆的核定载质量装载危险化学品，不得超载。危险化学品运输车辆应当符合国家标准要求的安全技术条件，并按照国家有关规定定期进行安全技术检验。危险化学品运输车辆应当悬挂或者喷涂符合国家标准要求的警示标志。

◆通过道路运输危险化学品的，应当配备押运人员，并保证所运输的危险化学品处于押运人员的监控之下。

运输危险化学品途中因住宿或者发生影响正常运输的情况，需要较长时间停车的，驾驶人员、押运人员应当采取相应的安全防范措施；运输剧毒化学品或者易制爆危险化学品的，还应当向当地公安机关报告。

◆未经公安机关批准，运输危险化学品的车辆不得进入危险化学品运输车辆限制通行的区域。危险化学品运输车辆限制通行的区域由县级人民政府公安机关划定，并设置明显的标志。

◆通过道路运输剧毒化学品的，托运人应当向运输始发地或者目的地县级人民政府公安机关申请剧毒化学品道路运输通行证。

◆剧毒化学品、易制爆危险化学品在道路运输途中丢失、被盗、被抢或者出现流散、泄漏等情况的，驾驶人员、押运人员应当立即采取相应的警示措施和安全措施，并向当地公安机关报告。公安机关接到报告后，应当根据实际情况立即向安全生产监督管理部门、环境保护主管部门、卫生主管部门通报。有关部门应当采取必要的应急处置措施。

◆通过水路运输危险化学品的，应当遵守法律、行政法规以及国务院交通运输主管部门关于危险货物水路运输安全的规定。

◆禁止通过内河封闭水域运输剧毒化学品以及国家规定禁止通过内河运输的其他危险化学品。

◆通过内河运输危险化学品，应当由依法取得危险货物水路运输许可的水路运输企业承运，其他单位和个人不得承运。托运人应当委托依法取得危险货物水路运输许可的水路运输企业承运，不得委托其他单位和个人承运。

◆通过内河运输危险化学品，应当使用依法取得危险货物适装证书的运输船舶。水路运输企业应当针对所运输的危险化学品的危险特性，制定运输船舶危险化学品事故应急救援预案，并为运输船舶配备充足、有效的应急救援器材和设备。

通过内河运输危险化学品的船舶，其所有人或者经营人应当取得船舶污染损害责任保险证书或者财务担保证明。船舶污染损害责任保险证书或者财务担保证明的副本应当随船携带。

◆通过内河运输危险化学品，危险化学品包装物的材质、型式、强度以及包装方法应当符合水路运输危险化学品包装规范的要求。国务院交通运输主管部门对单船运输的危险化学品数量有限制性规定的，承运人应当按照规定安排运输数量。

◆用于危险化学品运输作业的内河码头、泊位应当符合国家有关安全规范，与饮用水取水口保持国家规定的距离。有关管理单位应当制定码头、泊位危险化学品事故应急预案，并为码头、泊位配备充足、有效的应急救援器材和设备。

◆船舶载运危险化学品进出内河港口，应当将危险化学品的名称、危险特性、包装以及进出港时间等事项，事先报告海事管理机构。海事管理机构接到报告后，应当在国务院交通运输主管部门规定的时间内作出是否同意的决定，通知报告人，同时通报港口行政管理部门。定船舶、定航线、定货种的船舶可以定期报告。

◆载运危险化学品的船舶在内河航行、装卸或者停泊，应当悬挂专用的警示标志，按照规定显示专用信号。

◆载运危险化学品的船舶在内河航行，应当遵守法律、行政法规和国家其他有关饮用水水源保护的规定。内河航道发展规划应当与依法经批准的饮用水水源保护区划定方案相协调。

◆托运危险化学品的，托运人应当向承运人说明所托运的危险化学品的种类、数量、危险特性以及发生危险情况的应急处置措施，并按照国家有关规定对所托运的危险化学品妥善包装，在外包装上设置相应的标志。运输危险化学品需要添加抑制剂或者稳定剂的，托运人应当添加，并将有关情况告知承运人。

◆托运人不得在托运的普通货物中夹带危险化学品，不得将危险化学品匿报或者谎报为普通货物托运。

任何单位和个人不得交寄危险化学品或者在邮件、快件内夹带危险化学品，不得将危险化学品匿报或者谎报为普通物品交寄。邮政企业、快递企业不得收寄危险化学品。

◆通过铁路、航空运输危险化学品的安全管理，依照有关铁路、航空运输的法律、行政法规、规章的规定执行。

6. 危险化学品登记与事故应急救援的有关规定

在《危险化学品安全管理条例》第六章“危险化学品登记与事故应急救援”中，对相关事项作了规定。

◆国家实行危险化学品登记制度，为危险化学品安全管理以及危险化学品事故预防和应急救援提供技术、信息支持。

◆危险化学品生产企业、进口企业，应当向国务院安全生产监督管理部门负责危险化学品登记的机构（以下简称危险化学品登记机构）办理危险化学品登记。

◆危险化学品单位应当制定本单位危险化学品事故应急预案，配备应急救援人员和必要的应急救援器材、设备，并定期组织应急救援演练。危险化学品单位应当将其危险化学品事故应急预案报所在地设区的市级人民政府安全生产监督管理部门备案。

◆发生危险化学品事故，事故单位主要负责人应当立即按照本单位危险化学品应急预案组织救援，并向当地安全生产监督管理部门和环境保护、公安、卫生主管部门报告；道路运输、水路运输过程中发生危险化学品事故的，驾驶人员、船员或者押运人员还应当向事故发生地交通运输主管部门报告。

◆发生危险化学品事故，有关地方人民政府应当立即组织安全生产监督管理、环境保护、公安、卫生、交通运输等有关部门，按照本地区危险化学品事故应急预案组织实施救援，不得拖延、推诿。

7. 法律责任的有关规定

在《危险化学品安全管理条例》第七章“法律责任”中，对相关事项作了规定。

◆生产、经营、使用国家禁止生产、经营、使用的危险化学品的，由安全生产监督管理部门责令停止生产、经营、使用活动，处20万元以上50万元以下的罚款，有违法所得的，没收违法所得；构成犯罪的，依法追究刑事责任。

◆未经安全条件审查，新建、改建、扩建生产、储存危险化学品的建设项目的，由安全生产监督管理部门责令停止建设，限期改正；逾期不改正的，处50万元以上100万元以下的罚款；构成犯罪的，依法追究刑事责任。

◆未依法取得危险化学品安全生产许可证从事危险化学品生产，或者未依法取得工业产品生产许可证从事危险化学品及其包装物、容器生产的，分别依照《安全生产许可证条例》《中华人民共和国工业产品生产许可证管理条例》的规定处罚。

违反本条例规定，化工企业未取得危险化学品安全使用许可证，使用危险化学品从事生产的，由安全生产监督管理部门责令限期改正，处10万元以上20万元以下的罚款；逾期不改正的，责令停产整顿。

违反本条例规定，未取得危险化学品经营许可证从事危险化学品经营的，由安全生产监督管理部门责令停止经营活动，没收违法经营的危险化学品以及违法所得，并处10万元以上20万元以下的罚款；构成犯罪的，依法追究刑事责任。

◆有下列情形之一的，由安全生产监督管理部门责令改正，可以处5万元以下的罚款；拒不改正的，处5万元以上10万元以下的罚款；情节严重的，责令停产停业整顿：

(1) 生产、储存危险化学品的单位未对其铺设的危险化学品管道设置明显的标志，或者未对危险化学品管道定期检查、检测的；

(2) 进行可能危及危险化学品管道安全的施工作业，施工单位未按照规定书面通知管道所属单位，或者未与管道所属单位共同制定应急预案、采取相应的安全防护措施，或者管道所属单位未指派专门人员到现场进行管道安全保护指导的；

(3) 危险化学品生产企业未提供化学品安全技术说明书，或者未在包装（包括外包装件）上粘贴、拴挂化学品安全标签的；

(4) 危险化学品生产企业提供的化学品安全技术说明书与其生产的危险化学品不相符，或者在包装（包括外包装件）粘贴、拴挂的化学品安全标签与包装内危险化学品不相符，或者化学品安全技术说明书、化学品安全标签所载明的内容不符合国家标准要求的；

(5) 危险化学品生产企业发现其生产的危险化学品有新的危险特性不立即公告，或者不及时修订其化学品安全技术说明书和化学品安全标签的；

(6) 危险化学品经营企业经营没有化学品安全技术说明书和化学品安全标签的危险化学品的；

(7) 危险化学品包装物、容器的材质以及包装的型式、规格、方法和单件质量（重量）与所包装的危险化学品的性质和用途不相适应的；

(8) 生产、储存危险化学品的单位未在作业场所和安全设施、设备上设置明显的安全警示标志，或者未在作业场所设置通信、报警装置的；

(9) 危险化学品专用仓库未设专人负责管理，或者对储存的剧毒化学品以及储存数量构成重大危险源的其他危险化学品未实行双人收发、双人保管制度的；

(10) 储存危险化学品的单位未建立危险化学品出入库核查、登记制度的；

(11) 危险化学品专用仓库未设置明显标志的；

(12) 危险化学品生产企业、进口企业不办理危险化学品登记，或者发现其生产、进口的危险化学品有新的危险特性不办理危险化学品登记内容变更手续的。

◆危险化学品包装物、容器生产企业销售未经检验或者经检验不合格的危险化学品包装物、容器的，由质量监督检验检疫部门责令改正，处10万元以上20万元以下的罚款，有违法所得的，没收违法所得；拒不改正的，责令停产停业整顿；构成犯罪的，依法追究刑事责任。

◆生产、储存、使用危险化学品的单位有下列情形之一的，由安全生产监督管理部门责令改正，处5万元以上10万元以下的罚款；拒不改正的，责令停产停业整顿直至由原发证机关吊销其相关许可证件，并由工商行政管理部门责令其办理经营范围变更登记或者吊销其营业执照；有关责任人员构成犯罪的，依法追究刑事责任：

（1）对重复使用的危险化学品包装物、容器，在重复使用前不进行检查的；

（2）未根据其生产、储存的危险化学品的种类和危险特性，在作业场所设置相关安全设施、设备，或者未按照国家标准、行业标准或者国家有关规定对安全设施、设备进行经常性维护、保养的；

（3）未依照本条例规定对其安全生产条件定期进行安全评价的；

（4）未将危险化学品储存在专用仓库内，或者未将剧毒化学品以及储存数量构成重大危险源的其他危险化学品在专用仓库内单独存放的；

（5）危险化学品的储存方式、方法或者储存数量不符合国家标准或者国家有关规定的；

（6）危险化学品专用仓库不符合国家标准、行业标准的要求的；

（7）未对危险化学品专用仓库的安全设施、设备定期进行检测、检验的。

◆有下列情形之一的，由公安机关责令改正，可以处1万元以下的罚款；拒不改正的，处1万元以上5万元以下的罚款：

（1）生产、储存、使用剧毒化学品、易制爆危险化学品的单位不如实记录生产、储存、使用的剧毒化学品、易制爆危险化学品的数量、流向的；

（2）生产、储存、使用剧毒化学品、易制爆危险化学品的单位发现剧毒化学品、易制爆危险化学品丢失或者被盗，不立即向公安机关报告的；

（3）储存剧毒化学品的单位未将剧毒化学品的储存数量、储存地点以及管理人员的情况报所在地县级人民政府公安机关备案的；

（4）危险化学品生产企业、经营企业不如实记录剧毒化学品、易制爆危险化学品购买单位的名称、地址、经办人的姓名、身份证号码以及所购买的剧毒化学品、易制爆危险化学品的品种、数量、用途，或者保存销售记录和相关材料的时间少于1年的；

（5）剧毒化学品、易制爆危险化学品的销售企业、购买单位未在规定的时限内将所销售、购买的剧毒化学品、易制爆危险化学品的品种、数量以及流向信息报所在地县级人民政府公安机关备案的；

（6）使用剧毒化学品、易制爆危险化学品的单位依照本条例规定转让其购买的剧毒化学品、易制爆危险化学品，未将有关情况向所在地县级人民政府公安机关报告的。

◆危险化学品经营企业向未经许可违法从事危险化学品生产、经营活动的企业采购危险化学品的，由工商行政管理部门责令改正，处10万元以上20万元以下的罚款；拒不改正的，责令停业整顿直至由原发证机关吊销其危险化学品经营许可证，并由工商行政管理部门责令其办理经营范围变更登记或者吊销其营业执照。

◆未依法取得危险货物道路运输许可、危险货物水路运输许可，从事危险化学品道路运输、水路运输的，分别依照有关道路运输、水路运输的法律、行政法规的规定处罚。

◆危险化学品单位发生危险化学品事故，其主要负责人不立即组织救援或者不立即向有关部门报告的，依照《生产安全事故报告和调查处理条例》的规定处罚。

危险化学品单位发生危险化学品事故，造成他人人身伤害或者财产损失的，依法承担赔偿责任。

◆发生危险化学品事故，有关地方人民政府及其有关部门不立即组织实施救援，或者不采取必要的应急处置措施减少事故损失，防止事故蔓延、扩大的，对直接负责的主管人员和其他直接责任人员依法给予处分；构成犯罪的，依法追究刑事责任。

◆负有危险化学品安全监督管理职责的部门的工作人员，在危险化学品安全监督管理工作中滥用职权、玩忽职守、徇私舞弊，构成犯罪的，依法追究刑事责任；尚不构成犯罪的，依法给予处分。

◆危险化学品的进出口管理，依照有关对外贸易的法律、行政法规、规章的规定执行；进口的危险化学品的储存、使用、经营、运输的安全管理，依照本条例的规定执行。